珍藏版

故宫营建
600年

晋宏逵 —— 著

中信出版集团 | 北京

目录

序	001
第一章　元大都城的规划结构与特色	005
大都城建设极简史	007
大都的城池	010
大都的宫殿和御苑	017
大都的街巷、庙社、衙署和水系	024
第二章　明代都城建设	033
洪武时期定都南京	035
○ 慎重而艰难的选择	035
○ 南京都城规制	039
成功的旧城改造	047
○ 改元大都城为北平府城	048
○ 依元旧皇城基改造王府	049

- 升北平府为北京 *055*
- 营建北京宫殿的筹备阶段 *056*
- 营建北京坛庙宫殿 *065*
- 修整北京城垣 *073*

嘉靖时期增建北京外城 *077*
建设北京的功臣们 *080*

第三章　故宫建筑的格局 *091*

明清北京城的格局 *093*
- 城池 *094*
- 坛庙 *104*
- 街市与水系 *107*
- 衙署 *110*

初创时期北京宫城的格局 *113*
- 各区域的建筑构成 *113*
- 五门三朝与前朝后寝 *120*
- 三殿二宫与东西六宫 *123*
- 中轴线与对称 *125*

明代中后期和清代中期的改造 *130*
- 改建慈宁宫和慈庆宫 *130*

○	提升潜龙邸	*131*
○	增加太后宫	*133*
○	改建南三所	*136*
○	兴建太上皇宫殿	*137*

第四章　故宫的建筑艺术　*139*

故宫古建筑的一般常识　*141*

○	台基	*142*
○	屋身·大木构架与斗栱	*147*
○	屋身·外檐装修	*152*
○	屋顶	*156*

故宫建筑的装饰艺术　*166*

○	石雕	*166*
○	琉璃	*174*
○	建筑彩画	*183*
○	内檐装修	*192*

故宫建筑的空间艺术　*202*

第五章　故宫建筑的保护和延续　*217*

紫禁城建筑维修的回顾　*219*

○	重建、岁修保养与阶段性修缮	*219*

— III

- 从故宫到故宫博物院　　222
- 中国古建筑保护的探索　　225
- 中国加入《保护世界文化和自然遗产公约》　　230

故宫整体维修启动　　231
- 对故宫建筑现状进行全面的调查研究　　232
- 制订《故宫保护总体规划大纲（2002—2020）》　　234

故宫整体维修工程实例　　242
- 总体进展情况　　242
- 午门正楼维修和展厅建设　　244
- 钦安殿维修　　248
- 太和殿维修　　253
- 倦勤斋内檐装修修复　　265
- 故宫古建筑彩画保护　　271

北京会议与《北京文件》　　279

后记　　285

序

  大明永乐十八年十一月初四日，皇帝颁布诏书，将营建北京告成的喜讯郑重地昭告天下。我们把这一天看作是明代北京城与明代北京皇宫建筑的诞辰，按公历是 1420 年 12 月 8 日，至今已经 600 余年。

  在十个甲子的漫长岁月里，明代京师及其核心皇宫建筑，后来被清代统治者顺理成章地全盘接收为自己的都城及紫禁城。再往后，在近 100 多年以来国家政治制度革命的惊涛骇浪中，北京从帝都演变为中华人民共和国的首都。明清故宫幸运地得到完整保存，并就其原址建立了故宫博物院，对故宫建筑和其中藏品进行保护、研究和展示。1961 年，国务院公布故宫为第一批全国重点文物保护单位，实施国家保护。1987 年，联合国教科文组织将故宫纳入世界文化遗产名录第一批中国项目，认定故宫在世界范围具有突出、普遍的文化遗产价值。2019 年参观故宫博物院的游客达到 1800 万人，反映了中外民众对故宫的强烈兴趣和喜爱。

在我看来，故宫博物院最具唯一性的收藏品就是故宫古建筑群。

中国自秦建立统一国家以来，经历了十多次政权的兴替，还有更多次割据政权的兴亡，每个政权都建造了自己的宫殿。历史文献中对人间仙境般的宫阙的描述，令人神往。但是2200多年来，完整地保存下来，进入现代社会的宫城只有明清故宫。所以它是中国历史上产生过的数十座宫殿建筑仅存的硕果，极其珍贵。

明清故宫是中国古代宫殿建筑的集大成者，保存和延续了中国最后三个王朝都城的遗址遗迹。一方面，它以宫殿的规划与建筑为语言，清晰地解说了中国传统文化体系，是典范。另一方面，它用艺术手法塑造了中国传统宫殿建筑突出的特色，是杰作。它们是如何保存下来的，将如何延续下去，也是大家关心的国家大事。

2001年11月19日，国务院在故宫博物院召开现场办公会议，研究故宫文物保护、合理利用、占用故宫场地等问题，决定开展一次"整体维修"。我也因此从国家文物局调至故宫博物院，担任故宫副院长一职，主要任务是协助院长，管理维修工程的一应庶务。故宫维修，并非一般的"建筑工程项目"，它需要通过工程的每一个环节，把《世界遗产公约》所强调的保护文化遗产的真实性和整体性要求落实下来，为此研究工作要贯穿始终。所以我"进宫"之初，设置了20余项研究工作，以其成果为维修工程做基础。收集梳理明清宫廷建筑史料以建立"故宫建筑史"的工作是其中规模最大的一组。只有全面地掌握故宫的"前生今世"，才能正确地认识故宫百科全书式的价值所在，从而加以妥善保护。此项工作庞大而复杂，成果有多种形式，至今仍在持续进行中。

本书的写作，是对建立"故宫建筑史"的一个新尝试[1]。内容分为五章：

1　2004年，沈阳故宫也扩展进入世界遗产名录"明清故宫"之中。它作为明末清初一个割据政权都城的宫殿建筑，在清中期曾经扩建成为清代皇家的纪念地，也是皇帝谒陵时的行宫，具有突出的文物价值。但是它毕竟不是北京故宫的客观构成，所以这本小书所讲明清故宫没有包括沈阳故宫。

第一章，介绍元代大都城建设的简史和它的规划结构与特色。中国古代王宫或皇宫是城池的核心，建设城池的目的是保卫王宫或皇宫。所谓"凡邑有宗庙先君之主曰都"，"筑城以卫君，造郭以守民"。要介绍北京故宫就不能不介绍北京城。明北京不是平地起建的新城，而是利用元朝的都城加以改造的。所以需要简略介绍元大都城的规划结构和特点，为明代做些必要的铺垫。

第二章，介绍明代都城建设的曲折过程和最终成果。明太祖朱元璋在取得集庆路之后，就定都问题亲自调查，反复与谋臣讨论，先后在南京、凤阳进行了大规模的都城建设。他首先要考虑有利于政权发展与稳定的大问题，他高举的旗帜是扫荡胡俗，"悉复中国之旧"，一切以儒家经典为依据，最终定都南京。明成祖以"靖难""清君侧"的名义得天下，他高举的旗帜是"恢复祖制"，所以北京建设唯南京的制度是遵。因此北京闪烁着中都凤阳、京师南京的光芒，这座15世纪建设的帝都处处透露出周礼的规矩。明代改造大都城的工程，其核心是建造明都城必备的天地坛、太庙、社稷坛等礼制建筑和大内宫殿建筑，开凿了南海，改建了城墙。其他则全盘继承了元代、金代乃至更早时期的北京地区先民创造的成果，元大都城中居民也基本没有扰动。明北京城移植了明初都城建设的图式，把传统文化中都城建设的原则再现到元都给定的框架之内，规划和分步实施的水平极其高超。

第三章，介绍北京皇宫建筑的格局。明代是创造者，清代统治者以继承者的身份继续使用明代都城建设的全部成果，只是开放了明代的皇城禁区。乾隆时对紫禁城内部的建筑做了较大规模的改建，但是并没有突破原有的格局。

第四章，介绍故宫的建筑艺术。建筑活动是人类基本的生产实践活动之一，创造了最庞大、最复杂和最耐久的物质产品。而同时它也是一个艺术创造的活动，追求建筑形体和建筑环境的美观和意境。故宫建筑群满足了皇帝统治天下、皇后统御后宫的全部功能，通过空间规划和建筑布局，显示出雄伟壮丽的主题和等级秩序。通过遍布全城的石雕、琉璃构件和彩画装饰，营造了整体统一和谐、局部丰富多彩的艺术效果。同时，建筑物的室内装修高贵典雅，精巧绝伦，创造出个性鲜明的室内空间气氛。由于叙述的需要，本章之初非常简要地介绍一些中国古建筑的名物制度。

第五章，介绍2001年启动的故宫大修工程。六百年故宫得以保存至今是民族之幸，文化之幸。作为古建筑群，它时刻面临来自人为因素和自然因素的威胁。辛亥革命以后故宫有几次几乎遭到灭顶之灾，所幸都在有识之士的努力下得到化解。而及时消除自然侵蚀，中国古建筑的"岁修保养"制度起到了至关重要的作用。故宫博物院成立近百年来，延续了传统的古建筑维修的长处。成为全国重点文物保护单位和世界文化遗产以后，对古建筑的维修和保护也进入一个新的阶段。

本书构思与写作的过程，实际上就是梳理传统文化资源的过程，我很享受这个过程。我衷心地期待有更多的晶读者读到本书，从而更加热爱故宫，理解、支持并参与到对故宫古代建筑以及我国其他文物建筑的研究和保护当中来。

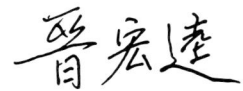

第一章

元大都城的规划
结构与特色

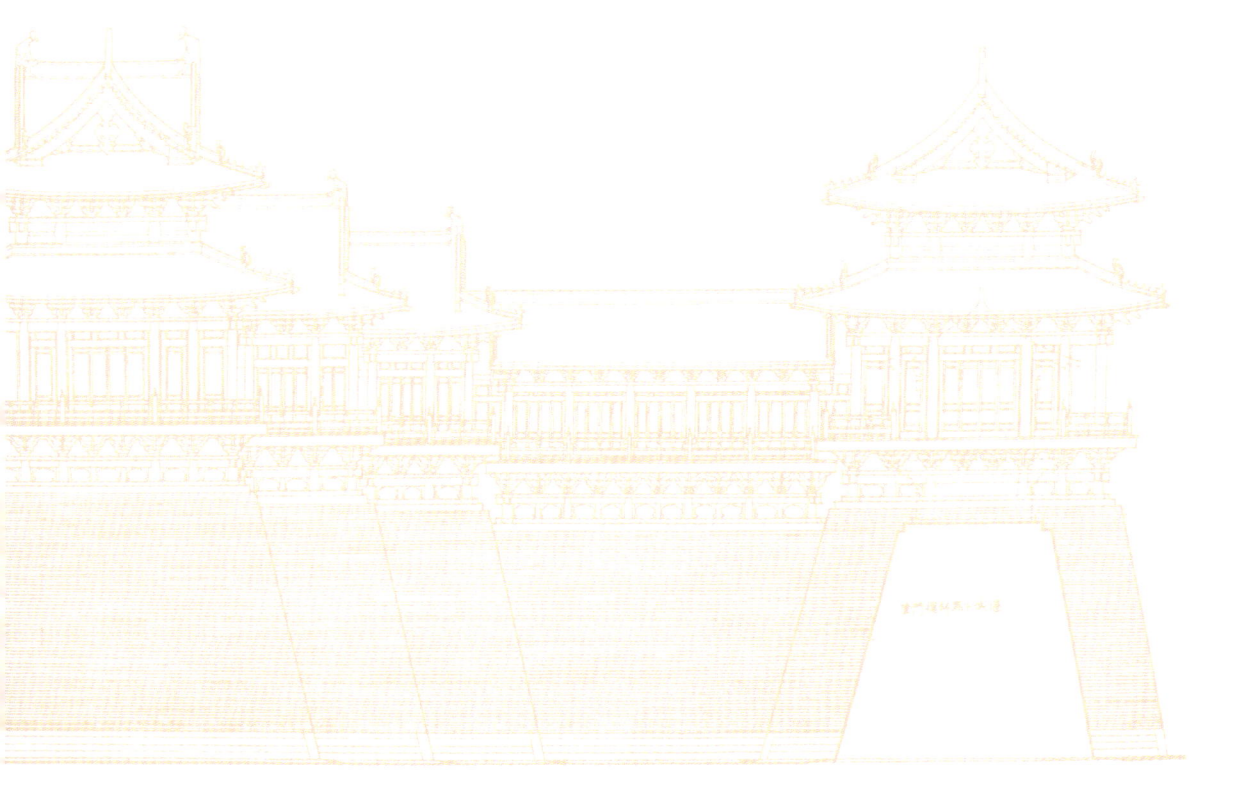

北京所在的小平原地理位置优越，适合人类居住。考古工作者在今房山琉璃河发现了西周燕国始封地的遗址。隋唐时期这里是军事重镇，建有幽州城。辽会同元年（938）十一月，辽太宗耶律德光将幽州升格为南京，又名燕京，是辽国四个陪都之一。辽末在东北地区兴起的女真族建立了金国，先后灭掉辽及北宋。金天德三年（1151）三月壬辰海陵王"诏广燕城，建宫室"。"四月丙午，诏迁都燕京。辛酉，有司图上燕城宫室制度，营建阴阳五姓所宜。海陵曰：'国家吉凶，在德不在地。使桀、纣居之，虽卜善地何益。使尧、舜居之，何用卜为。'"（《金史》卷五《海陵本纪》）两年以后实施迁都，改燕京为中都。值得注意的是，金在扩建燕京时处处学习北宋汴京的制度，如大城、皇城、宫城层层相套；力求使皇宫居中；皇城北门拱辰门以及宫城的东华门、西华门，名称也与汴梁一样；甚至直接拆取汴梁宫殿的门窗，还把艮岳的太湖石运到中都御苑。中都近郊建了一批园林和行宫。大定十九年（1179）金世宗在城东北郊建大宁宫，以后先后更名寿宁、寿安、万宁。宫内有亭台楼阁和湖泊，宫左引泉水种稻，岁获万斛，应该是一座水源很充足的行宫。

大都城建设极简史

金贞祐三年（1215），在蒙古军队围困下，金中都举城请降。蒙古中统元年（1260），元世祖忽必烈称帝，定都开平（今内蒙古自治区锡林郭勒盟正蓝旗境内），以燕京为陪都，仍名中都。蒙古军以中都为基地在汉族地区推进军事进攻，同时辅以"汉化"的政策，中都为统一全国发挥了重要的作用。中统三年（1262），开始在金万宁宫旧址重新建造琼华岛。同时以此为中心，筹备兴建一座全新的都城。新建工程大约在至元三年（1266）从宫城开始，到至元十三年（1276）大都城池建成。其间，至元八年（1271），忽必烈改国号为大元，次年，命名新城为大都。关于大都建设和琼华岛重修的起止时间，诸书记载颇多异同。这里所采用的，可视为一种可能性。

忽必烈早有统一中原的大志。在即位蒙古国主之前，他曾经与木华黎的孙子霸突鲁讨论天下形势，霸突鲁说："幽燕之地，龙蟠虎踞，形势雄伟，南控江淮，北连朔漠。且天子必居中以受四方朝觐。大王果欲经营天下，驻跸之所，非燕不可。"（《元史》卷一一九《霸突鲁附传》）这次事关重大的讨论，促成了后来元世祖定都燕京的决策。世祖曾说："朕居此以临天下，霸突鲁之力也。"

大都建设的主持人是刘秉忠，顺德府邢台人。年轻时为生活所迫，在邢台节度使府做令吏。有一天事不如意，他慨叹自己本累世衣冠，不应该做此刀笔吏。于是跑到武安山隐居起来，在天宁禅寺出家做了和尚，僧名子聪。后来得到临济宗海云大师知遇，推荐给忽必烈，"参帷幄之密谋，定社稷之大计"，"世祖大爱之"，人称聪书记。忽必烈的哥哥蒙哥即位大汗以后，忽必烈总领漠南汉地军国庶务。于是忽必烈在宪宗六年（1256），命刘秉忠在都城和林迤南，桓州东、滦水北的地方，择地建城，三年而成，命名开平。至元四年（1267），"又命秉忠筑中都城，始建宗庙宫室"。（《元史》

卷一五七《刘秉忠传》）

　　这两次重大工程的主持人刘秉忠是一位极具传奇色彩的人物。元博州路总管徐世隆在刘秉忠去世后，悼念他说："首出襄国，学际天人，道冠儒释。初冠章甫，潜心孔氏，又学葆真，复参灵济。其藏无尽，其境无涯，凿开三室，混为一家。逆知天命，早识龙颜，情好日密，话必夜阑。……道人之形，宰相其心，谁其似之，黑衣惠琳。数精皇极，祸福能决。谁其似之，邵君康节。……相宅卜宫，两都并雄，公于是时，周之召公。"（元·徐世隆《祭太保刘公文》，苏天爵《元文类》卷四七）他认为刘秉忠学问淹贯儒释道，博洽天地人。在朝廷上，可比南朝刘宋的黑衣宰相僧慧琳（即"惠琳"）；在易学术数的修养上，可比北宋五子之一邵雍；在创建两京方面，可比西周召公。元代末年诗人张昱《辇下曲》对元大都城的描写"大都周遭十一门，草苫土筑那吒城。讖言若以砖石裹，长似天王衣甲兵"，就令人联想到刘秉忠的易学背景。（《张光弼诗集》，《四部丛刊续编》集部，涵芬楼影印铁琴铜剑楼藏明抄本）

　　元代熊梦祥具体描述了刘秉忠的功劳："至元四年世祖皇帝筑新城，命太保刘秉忠辨方位。得省基（作者按：中书省）在今凤池坊之北，以城制地分，纪于紫微垣之次。枢密院在武曲星之次。御史台在左右执法天门上。太庙在震位（原注：即青宫）天师宫在艮位（原注：鬼尸上）其内外城制与宫室公府并系圣裁，与刘秉忠率按地理经纬以王气为主，故能匡辅帝业，恢图丕基，乃不易之成规，衍无疆之运祚。"（元·熊梦祥《析津志》，徐苹芳抄本下册，北京联合出版公司2017年版。另有《析津志辑佚》，北京图书馆善本组辑，北京古籍出版社1983年版。徐苹芳抄本的优点是保留了原格式）按照现代的职业分工，称刘秉忠是元大都建造的主持人兼规划师，应该是有道理的。

　　同时还有一位赵秉温，也对大都规划发挥了重要作用。"（至元）三年，诏择吉土建两都，命公与太保刘公同相宅，公因图上山川形势、城郭经纬，与夫祖社朝市之位，经营制作之方，帝命有司稽图赴功。"（元·苏天爵

《故昭文馆大学士中奉大夫知太史院侍仪事赵文昭公行状》,《滋溪文集》卷二二)

《日下旧闻考》从《永乐大典》中抄录了一篇《大都赋》,大约作于元代大德年间,文辞华丽,颇多铺张,对我们理解元代人的风水观大有裨益,读起来也很有趣味。

"昔周髀之言,天如盖倚而笠欹,帝车运乎中央。北辰居而不移,临制四方。下直幽都,仰观天文,则北乃天之中也。维昆仑之结根,并河流而东驰。历上谷而龙蟠,向离明而正基。"从天文说起,描绘幽燕的山川形势,即大风水。从幽燕观天象,北极星在正北方,为天之中。山脉从昆仑发起,大河向东奔流。背倚群山、南向建都是符合天象的。

"厥土既重,厥水惟甘。俯察地理,则燕乃地之胜也。顾瞻乾维,则崇冈飞舞,峗岑芾郁。近掎军都,远摽恒岳。表以仰峰莲顶之奇,擢以玉泉三洞之秀。周视巽隅,则川隰回洑,案衍澶漫。带绕潞沽,股浸渤海。抱以涞、涿、滹沱之流,潴以雍奴、漷阴之浸。浮游近郊,则腴原爽垲,坰野倘博。绳直准平,宜植宜牧。延芳下马,淀泊参错。"燕京的平原土壤肥厚,水质甘甜。燕京的地理,西北方是有如飞舞的群山,近处的军都山,远处的北岳恒山,联络成脉。仰峰莲顶之美可以为表,玉泉三洞之山突起于原。燕京东南方泉源丰富,或川流,或伏流,或在平漫之处汇为湖泊。潞河、沽水,奔流入渤海。涞水、涿水、滹沱河以及雍奴和漷阴之湖对燕京形成环抱之势。燕京的郊区,平坦宽广,非常适宜种植与放牧,延芳淀、下马泊等湖泊点缀其中。

再进一步,说到燕地民风淳朴,多忠义之士;物产丰富,特别是宛平的煤、琉璃、香水梨、冈子桃;还有丰厚的文化遗产。"访遗迹则金台之旧址,石鼓之断籀,东掖之铜马,间城之石兽。经山之镌刻,芦沟之结构。指故城而吊英杰于既往,谒古刹而念忠义之不朽。"如此形胜,堪称地宝,确实是建都的不二之选。这些,应该是刘秉忠和赵秉温"相宅"的宏观内容。

"是以皇元之宅是都也,睿哲元览,讦谟辰告。狭旧制之陋侧,相新基而改造。面平原之莽苍，背群山之缴绕。据龙首，定龟兆。度经纬，植臬表。""相宅"之后要做"营都"的技术工作。首先要占卜，来确定具体的位置和开工吉期。要进行大地测量，定中线和地平，根据天之中确定地之中。还要根据天文星座，把城制对应为地面的分野，象天法地，参照五行的运作，把赵秉温图上的城郭和祖社朝市落到幽燕的大地上。至于"诏山虞使抡材，命司徒往掌要，戒陶人播其埴，程匠师致其巧"，这些繁杂的工程，更是非刘太保这样学问广博、极具权威的重臣来管理组织不可。

大都的城池

大都城建筑的方位制度，《大都赋》中也有不少描述，但是限于文体难以具体化，我们还需要借助更多的历史文献。元代陶宗仪辑录的《宫阙制度》堪称系统而翔实。该文末有一小段跋语："史官虞集曰，尝观纪籍所载，秦汉隋唐之宫阙，其宏丽可怖也。……集佐修经世大典，将作所疏宫阙制度为详。于是知大有径庭于古也。"（元·陶宗仪《宫阙制度》，《南村辍耕录》卷二一，《元明史料笔记丛刊》，中华书局1959年版，第257页）奎章阁学士虞集所说《经世大典》是一部奉敕旨编纂的政书，他任副执笔。该书全部取材于元代朝廷各部院司府的存档案牍，各衙门送来的一律登录，原有记录遗失的决不擅自妄补，只是有时需要把蒙古语译为汉语，汉语文书在语言和文体上稍做改动。这样把元代立国以来的典章制度归纳为十典，"工典"是其中一典，"宫苑"是该典一目。虞集的跋语，说明了《宫阙制度》来自"将作"衙门，很可能是来自大都留守司兼少府监及其所辖各局。《经世大典》明中期已经亡佚，《宫阙制度》能留存下来是十分幸运的。

此外，较系统记录元大都宫城与宫殿的古代文献还有：1.《故宫遗录》，明初萧洵作，书前有两篇序言。序一署名洪武二十九年松陵生吴节，说大明建元，萧洵奉命随大臣"至北平毁元旧都，因得遍阅经历"。序二署名清常道人赵琦美，他是清代著名藏书家。明史专家王剑英先生指出，该书特点是"较为详实的游记式的描述，补充了《辍耕录·宫阙制度》之后40年间元末新添的建筑"，他认为序言有两个错误：一是萧洵身份是工部主事，不是郎中；二是明初并没有毁元旧都。2.《禁扁》，元通事舍人王士点等撰。记载元代及以前历代宫殿建筑的匾额题名。3.《析津志》，也称《析津志典》，是元代末年（14世纪中期）的作品，作者熊梦祥，该书大约在明代万历年间失传了，目前散见在《日下旧闻考》等书籍中，所以不成系统。书中保存了很丰富的描写元大都街市、闸坝、桥梁、风俗的内容，元大都的皇家和市井文化，历历如在目前，这些恰恰是《宫阙制度》《故宫遗录》所没有的内容。这些书是研究元大都的主要文献依据。

近人对元大都进行了综合的长期研究，主要是把文献研究与城市考古结合起来，辨识历史遗迹，对照城市布局，把成果科学地标示在地图上。在北京大学侯仁之教授主持下，1988年《北京历史地图集》出版，其中《元大都（至正年间）图》集中了前人研究成果，也代表了当时学术界对元大都城市研究达到的水平。对照这幅地图我们可以很方便地理解元大都城规划结构的各要素（图一）。

元大都城平面是一个南北略长的长方形。"京城……城方六十里，十一门：正南曰丽正，南之右曰顺承，南之左曰文明。北之东曰安贞，北之西曰健德。正东曰崇仁，东之右曰齐化，东之左曰光熙。正西曰和义，西之右曰肃清，西之左曰平则。"（《元史》卷五八《地理志》）从1969年开始的两三年间，中国科学院考古研究所和北京市文物管理处联合对元大都遗址进行了考古勘查和发掘，取得很大收获。实际测量了城墙各面长度，北面6730米，东面7590米，西面7600米，南面6680米；城墙周长约28600米。折算起来，与"方六十里"正相一致。肃清门和光熙门的地基夯筑得很坚固，城门建筑是被焚毁的，大量的木炭和烧土的遗迹表明，城门洞还是唐宋以来木结构的形式，即沿门洞两侧立排叉柱，柱顶架梁承重，而

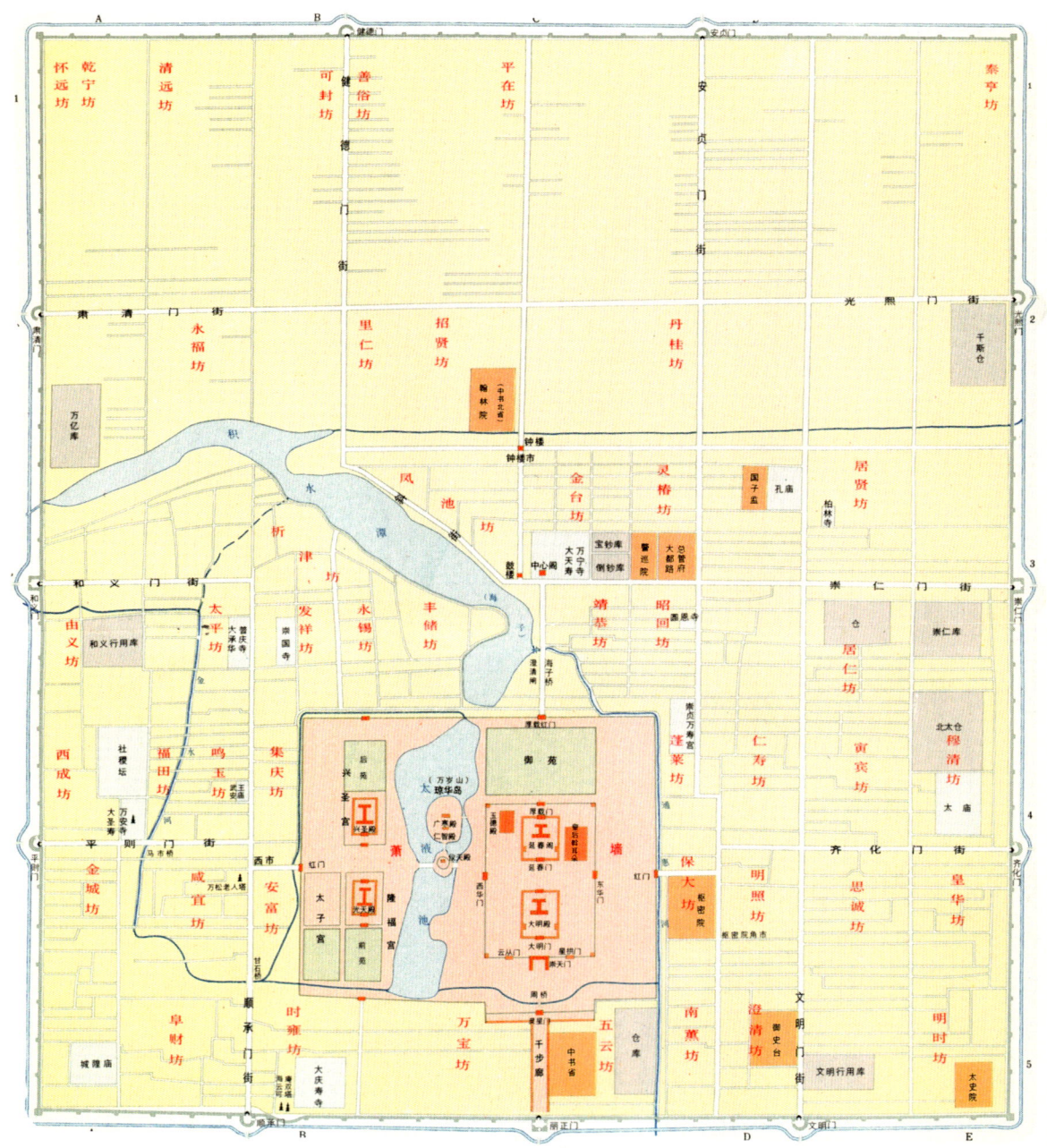

图一 ◆ 元大都（至正年间）图（引自侯仁之主编《北京历史地图集》，北京出版社1988年版）

不是明清时代常用的砖券洞。城的四角都建有巨大的角楼。今建国门南侧的明清古观象台，就设在元大都东南角楼的城台上。城墙外侧，等距离地建有凸出墙体的马面。城外环绕着护城河。勘查还发现，城墙全部用夯土筑成，地下的墙基宽达24米。城墙下厚上薄，"收分"很大，墙基宽、墙高和墙顶宽的比例是3∶2∶1。这个比例有利于土城的坚固。为了增强稳定性，还在夯土中使用了木柱和横木条，称为永定柱和纴木。在西城墙的顶上，顺城墙的方向，还发现有断断续续长达300余米的半圆形瓦管。元大都城墙设有排水设施，这是以前从来不知道的。《元史·顺帝本纪》记载，至正十九年（1359）十月，诏京师十一门皆筑瓮城、造吊桥。1969年，在拆除明清西直门箭楼时，发现了包砌在明清城墙里的元代和义门瓮城遗址（图二）。它建造草率，甚至没有地基。门洞采用了砖发券的形式，还在门楼的地面下设了水槽，直通木制的大门楣，明显是一种防火的设施。有意思的是，门洞里抹的灰皮上留下了至正十八年（1358）四月刻划的文字，正好与元史的记载相验证。（《元大都的勘查和发掘》，《考古》1972年第1期）元大都北城墙遗址（图三），现

图二 ◆ 和义门瓮城遗址
（引自北京市文物局编《北京文物地图集》上册，科学出版社2009年版，第225页）

图三 ◆ 元大都北城墙遗址

在还留在地面上，明清以来一直被称为"土城"。2006年被国务院公布为全国重点文物保护单位。北京市政府在旧址上建设了元大都遗址公园。

元大都的皇城位于全城南部偏西，距离大城南墙很近，仅经过一段千步廊的距离。"南丽正门内千步廊，可七百步，建灵星门。门建萧墙，周回可二十里，俗呼红门阑马墙。"（明·萧洵《故宫遗录》，北京古籍出版社1983年版，第73页）为了叙述方便，我们姑且将萧墙称之为皇城。皇城制度是隋代首都大兴城创立的，唐长安、洛阳都在宫城前面建立皇城，专门安置朝廷的各中枢衙门。北宋汴梁因为是在旧城基础上陆续改建的，所以在宋代文献当中，"皇城""宫城"所指称的对象不是很清晰。但是在皇城外有一周内城则是毫无疑问的，它就是唐代汴州旧城的城墙。于是就形成了北宋汴梁城墙层层相套的格局：外城，周围五十里一百六十五步；旧城，周围二十里一百五十五步；皇城，周围九里十三步；最内部是宫城或者大内，周回五里。大内正门、皇城正门、旧城正门和外城正门，从里向外，从北朝南，连成一条笔直的轴线。（郭黛姮主编《中国古代建筑史》第三卷，第二章第一节，中国建筑工业出版社2003年版）元大都萧墙的尺度，与北宋东京汴梁的旧城基本相同，而且其城内只安排宫城、苑囿和太后、太子宫，所以从功能上我们可以把它看作是元大都的皇城。

丽正门与灵星门之间的千步廊是交通要道。"崇天门，正南出周桥，灵星三门，外分三道，中千步廊街，出丽正门。门有三，正中惟车驾行幸郊坛则开，西一门亦不开，止东一门以通车马往来。"（《辑本析津志》，徐苹芳整理，北京联合出版公司2017年版）看来，大都西南地区主要出入口应该是顺承门。灵星门是元大都皇城正门的名称。明清时期在陵寝或礼制、祭祀建筑中，常有一种被称为"棂星门"的建筑物，表达空间次序。比如地坛的棂星三门（图四）。但是元皇城的灵星门形制是否与棂星门相同或相似，则难以判断。萧墙在官方文件中被称为"外周垣"。"外周垣红门十有五，内苑红门五，御苑红门四。此两垣之内也。"（《宫阙制度》）外周垣里面，宫城及其御苑占了东侧的一半。剩下的一半，靠宫城是贯通南北的太液池，

池中耸立琼华岛。池西岸，南部有隆福宫和西御苑，北部有兴圣宫和后苑。考古勘查的结果，萧墙东墙在今南、北河沿的西侧，西墙在今西皇城根，北墙在今地安门南，南墙在今东华门、西华门大街以南。墙基宽约3米，所以应该是砖墙。红门的具体情况恐怕很难有机会搞清楚了。

元大都的宫城占据了大都城南半部的中心位置，文献中经常被称为大内。因为在太液池东，而且西边还有隆福、兴圣二宫，所以大内也称东内。进入灵星门，金水河从西到东横亘在大内之前。河上"建白石桥三座，名周桥，皆琢龙凤祥云，明莹如玉。桥下有四白石龙擎戴水中，甚壮。绕桥尽高柳，郁郁万株，远与内城西宫海子相望"。（《故宫遗录》，第73页）从这段文字中，可以读出作者刚入萧墙时，美丽风景和精美石雕对他的震撼。诗人张昱也吟咏过这一带的景致："拦马墙临海子边，红葵高柳碧参天。过人不敢论量数，雨露相将近百年。""棂星门与州桥近，黄道中间御气高。拜伏龙眠金水上，镇安四海息波涛。"官方语言则这样表达："直崇天门有白玉石桥三虹，上分三道，中为御道，镌百花蟠龙。"（《宫阙制度》）根据这些记载我们判断，灵星门内跨金水河并列三座石桥，名周

图四 ◆ 北京地坛棂星三门

桥或州桥，建筑材料是汉白玉，构造形式是拱桥。三座桥对应着灵星门到崇天门的三条道路，中间是御路，桥面石上雕刻百花和龙凤。至于桥下的白石龙，由于没有实物遗存，很难臆测它们的位置、形象和作用。

桥北就是宫城了。"宫城周回九里三十步，东西四百八十步，南北六百十五步，高三十五尺，砖甃。"（《宫阙制度》）周长尺寸与汴梁皇城几乎相同。宫城建有六座城门：南面建三座城门，正门名崇天门，开五个门洞。崇天门左建星拱门，右建云从门，各开一个门洞。东西两面城墙的中间位置，分别建东华门和西华门，各开三个门洞。北面中间建厚载门，开一个门洞。每座城门上都建有城楼，宫城四角各建有角楼。有考古工作者认为，"宫城的南门（崇天门），约在今故宫太和殿的位置；北门（厚载门）在今景山公园少年宫前，它的夯土基础已经发现。东、西两垣约在今故宫的东、西两垣附近。宫城的墙基，由于明代的拆除改建，保存不好，残存的最宽处尚超过16米"。（《元大都的勘查和发掘》）崇天门实际上是一个建筑组合：下部的城台呈凹字形，正面的"一"字上，中央建有

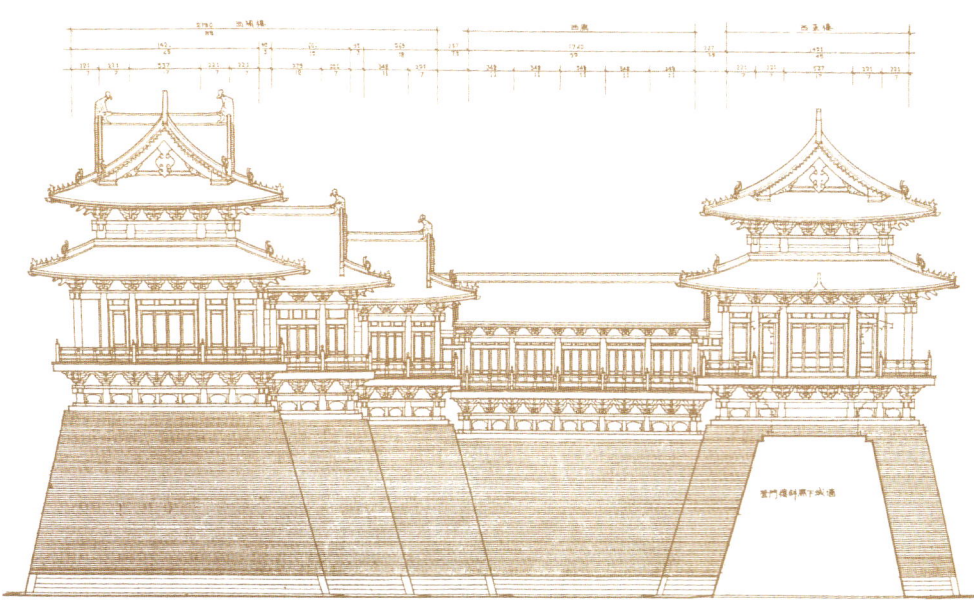

图五 ◆ 崇天门西阙楼、西趓楼及西庑东立面复原图
（引自《元大都大内宫殿的复原研究》，《傅熹年建筑史论文集》，文物出版社1998年版）

016 —— 第一章 元大都城的规划结构与特色

十一间门楼,两端各建一座趱楼,三楼之间用登门斜庑连接。城台两侧向南伸出去成为两观,各建一座阙楼,采取复杂华丽的三趱楼样式,也用庑房与正面趱楼相连接。所谓"三趱楼",按萧洵的说法就是"旁出,为十字角楼,高下三级"。(《故宫遗录》)我国著名建筑史学家傅熹年院士对元大都大内宫殿进行了复原研究,就是根据《宫阙制度》等文献记载的各建筑布局和尺度,和宋代《营造法式》对北宋木结构建筑的构造法和尺寸标准,对照现存的宋、元建筑实物和绘画的形象,将元大内的主要建筑物科学地再现在图纸上,帮助我们理解和形象地认识元大都宫殿的建筑及艺术成就。崇天门是其中一座(图五)。

大都的宫殿和御苑

宫城内最重要的建筑在中轴线上前后排为两组,称为"大内前位"与"大内后位"。南以大明殿为中心,北以延春阁为中心,各自用廊庑围合成封闭院落,称为周庑。前位周庑的南面,中央部分建正门七间,叫大明门。左右还各有三间便门,东叫日精门,西叫月华门。院子东西两面各建左右门五间,门南方的廊庑中部,东面还建五间钟楼,名为文楼;对面建五间鼓楼,名为武楼。院子北面也建正门和便门。大明殿坐落在院落的中心位置,是皇帝举办登极、朝会,庆祝寿诞和元旦等重大活动的"正衙",面阔十一间。它的北面有寝殿,主体建筑五间,左右各有三间夹室,后边又连着三间香阁。大明殿和寝殿之间连以柱廊,形成工字殿的格局。在考古发掘的简报里,我们看到在讲究一些的元代住宅中,中心建筑也采取了工字殿的方式。大内后位与前位格局相同,只是正殿减为九间,但是采用了两层楼阁,更显得高耸华丽。寝殿东西各有三间殿,还加了轩以扩大面积。分别名慈福殿、明仁殿,又叫东、西暖殿,室内应该是有特殊的装置。

图六 ◆ 元中都遗址出土的螭首

《宫阙制度》和《故宫遗录》都用了许多笔墨来形容大内宫殿的色彩与装饰。大明殿的殿基之下，有高三重的"殿陛"，周围环绕着龙凤白石栏杆。每根栏杆望柱之下，都向外挑出鳌头（即螭首）（图六）。大殿的柱础用青石和白石两种材料。地面铺出自浚州的花斑石，"磨以核桃，光彩若镜"。檐柱用五六尺粗的方柱，白石柱础雕刻龙云，柱子漆成红色，绘蟠龙，贴金。柱头之上，斗栱（现常写作"斗拱"，本书采用古建筑术语写法。——编者注）逐间攒成一间一间的"鹿顶"，每间中央的藻井里盘着黄金双龙。殿四周用华丽的金琐窗，漆朱红色，周围加金线边。殿基周围立着红色的勾栏，望柱顶安装鎏金铜帽，帽上装饰着金雕。诗人张昱形容："黄金大殿万斯年，十二丹楹日月边。伞盖葳蕤当御榻，珠光照曜九重天。""五垓十陛立朝廷，槛首铜雕一丈翎。不待来仪威凤至，日闻韶濩在青冥。"大明殿内所有建筑的色彩，包括城楼、角楼，基本是统一的，都是红柱、红墙、红窗；

018 —— 第一章 元大都城的规划结构与特色

屋顶用"剪边"的做法，即只在屋脊和屋顶周围装饰琉璃瓦，其他位置铺普通瓦；木结构的梁枋上画着彩画。区别仅仅在于，皇帝临御的宫殿彩画要加贴金，称为"间金"。城楼、角楼和周庑均不贴金（图七）。

宫城之北有一座御苑，宽度与宫城一样，向北一直到皇城北门，面积约达到宫城一半（图八）。苑内种植五谷蔬菜，也设有花房。引海子之水进行灌溉，还建有一座水碾。宫城之西，太液池里种植着荷花。湖泊的北半部，碧波中有两座岛，南北相邻。北面的大一些，金代称为琼华岛，元中统三年开始重修，至元八年赐名万寿山。元代文献也多称万岁山。如"*山万岁之嶙峋，冠广寒之峥嵘。池太液之浩荡，泛龙舟之敖翔*"。（李洧孙《大都赋》）南面的小一些，称为瀛洲或者圆坻。登岛要通过四座桥梁。东岸有登圆坻的木桥，长一百二十尺。登万岁山的石桥，长七十六尺，桥上还有渡槽，把金水河水引上万岁山。从西岸登圆坻有木吊桥，长四百七十尺，中间空着

图七 ◆ 傅熹年《大明殿建筑群复原鸟瞰图》
（引自《元大都大内宫殿的复原研究》图一六）

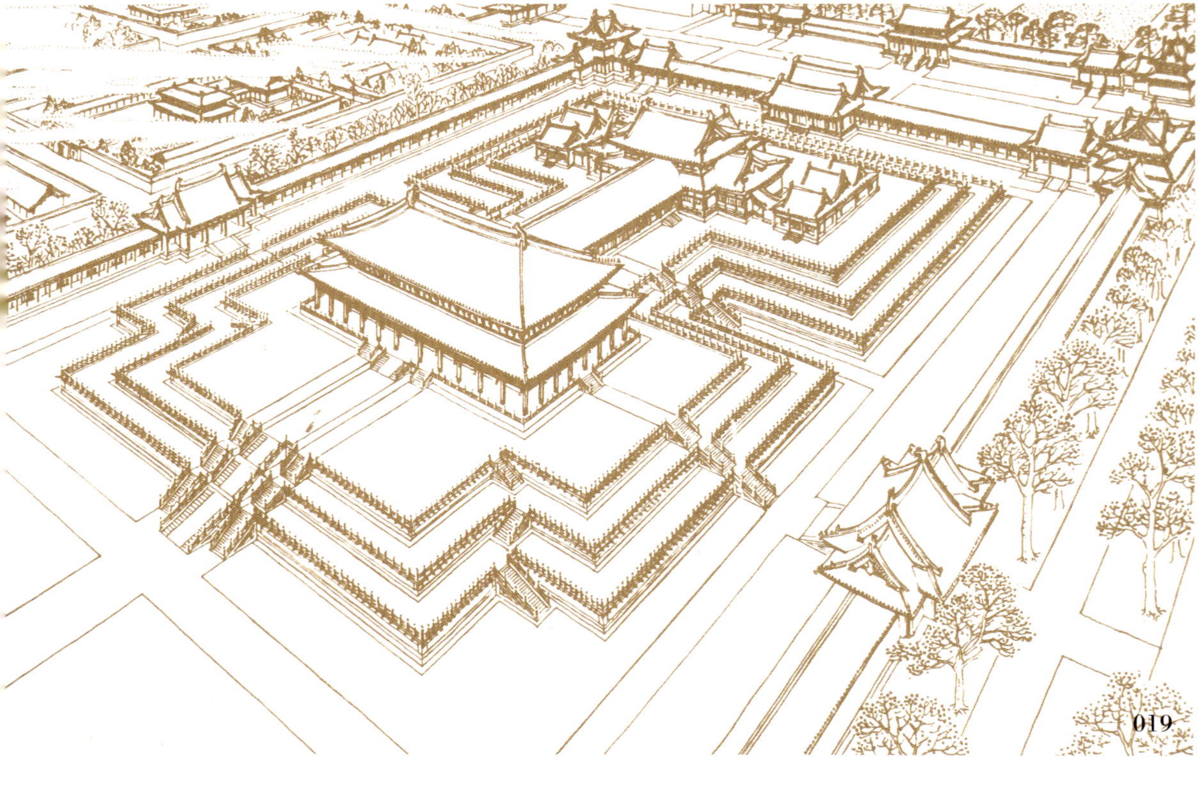

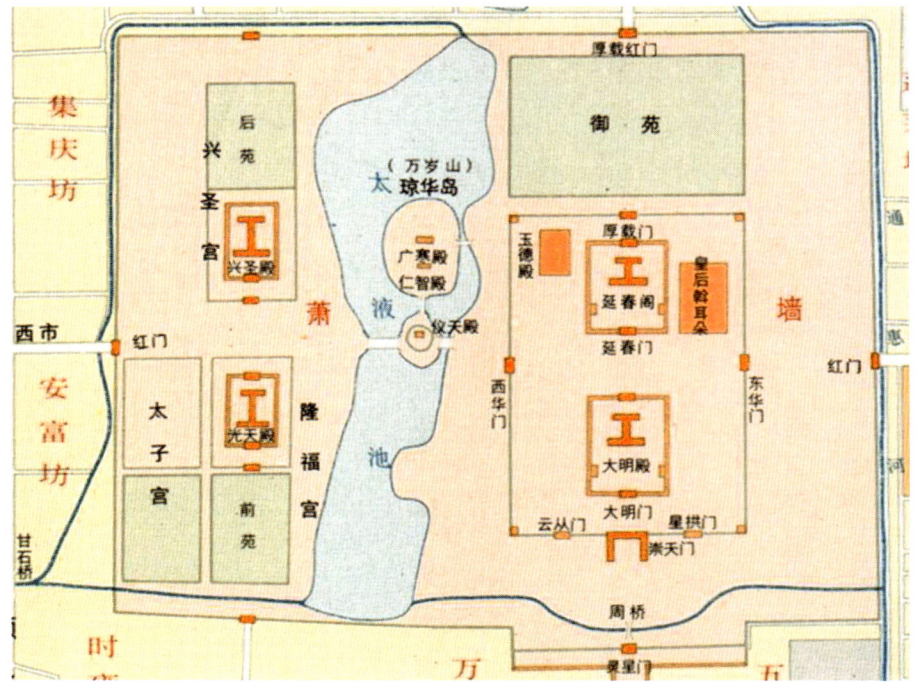

图八 ◆ 元大都宫城复原图（引自《北京历史地图集》）

一小段，用两艘船做补充，成为浮桥。这样方便龙舟往来，皇帝行幸上都期间就把浮桥撤掉。圆坻和万岁山之间建有白玉石桥，长二百尺。

圆坻上建有一座仪天殿，重檐圆屋顶，周围十一间，形制很是罕见。从圆坻北过石桥，最引人注目的是满山的玲珑石。所谓玲珑石，是对园林赏石的统称。在中国古代园林中，用土石堆叠假山是很重要的造园手法。石料有两种作用。一种用来形成"山"的体积和体势，对石头的外观并没有特殊要求。另一种用来点缀景色，甚至用一块巨石，形成一个独立的景点。这种石头称为赏石、奇石，常用的种类有太湖石、灵璧石、英石、木变石等，宋代还诞生了专门记录赏石的书——《宣和石谱》和《云林石谱》。宋徽宗做了一件遗臭万年的事情，即在东京汴梁堆叠了一座万岁山，周围达十余里。搜罗浙江、江苏、山东、四川、两湖等地的赏石和奇花异草，从水旱两路运到京城，社会震动。山上点缀的独立峰石，得到宋徽宗垂青的六十五座都由他亲自赐名题字。在园林中使用赏石，宋徽宗达到了顶峰，空前绝后。之后不久北宋灭亡，因造园亡国，宋徽宗也创造了纪录。这座山因为坐落在京城东北，属艮位，故以"艮岳"闻名。传说金海陵王建造中都时，把艮岳的赏石辇运来燕京。此说虽然没有直接的文献记载，但是从金人曾拆运汴京宫殿构件和珍玩北上可见，运赏石也是十分可能的。元大都的万岁山有大量的玲珑石，从石质观察，大都路肯定不是原产地，因此判断来自艮岳的可能性是很大的。16世纪40年代，嘉靖朝礼部尚书严嵩在赐游小山的诗序中说，在仁寿宫西，清虚门内，"磴道盘屈，甃甓皆肖小龙文。叠石为峰，巉岩森耸，怪奇不可名状。元氏故物也。中官云：元人载此石自南至燕，每石一折粮若干，俗呼为折粮石。盖务极侈靡"。（明·严嵩《钤山堂集》卷一五）清康熙翰林院侍讲学士高士奇说琼华岛的石头："余历观前人记载，兹山实辽金元游宴之地，明时殿亭皆因元之旧名。其所叠石巉岩森耸，金元故物也，或云本宋艮岳之石。金人载此石自汴至燕，每石一准粮若干，俗呼为折粮石。"（清·高士奇《金鳌退食笔记》卷上，《四库全书》本。关于艮岳石北上的历史，韩光辉先生曾作专文论述，可参阅丁文父编《御苑赏石》，生活·读书·新知三联书店2000年版）

　　万岁山造景，山脚下的平地上，设置着仿石大门，对立两座名为日、月的峰石，还有供人休息的石坐床和石棋盘。峰石与棋盘都被说成是金人遗迹。设左右两条登山磴道。半山上，仁智殿居中，左有介福殿、荷叶殿，右有延和殿、胭粉亭。稍高，荷叶殿后有方壶亭，胭粉亭后有瀛洲亭。还有石岩石屋，称为温石浴室，"每设宴必温酒其中"。殿庭之间，山路曲折，洞府迷离，草木蓊郁，步移景换。山顶上的主建筑叫广寒殿，左右配以两座圆亭，左金露，右玉虹。从命名就可以体会到，园景比拟月宫仙山琼楼玉宇的意境。广寒殿面阔七间，重檐庑殿屋顶，内部装饰着藻井，文石铺地。丹红的木柱上蟠龙矫健。四面用金琐窗，却从屋里封蔽起来，点缀着金、红两色云纹。殿里还设了一座小玉殿，安置皇帝的金嵌玉龙御榻，左右列从臣坐床。君臣前面架着一尊黑玉雕刻的大酒瓮，可容酒三十余石。其瓮"玉有白章，随其形刻为鱼兽出

图九 ◆ 渎山大玉海

没于波涛之状"。万岁山的水景也是造景的一大成就。从东石桥上把金水河水引到岛上，从北面用机械汲引直上山顶，从石龙的口中，流到贮水的方池里。然后顺暗沟伏流到半山腰的仁智殿后面。这里也设了水池，一条蟠龙昂首，水从龙口喷射而出，然后水流分东西两路流进太液池。

不知道从什么时候开始，广寒殿被误传为辽代萧太后的梳妆楼。直到明万历七年（1579）五月四日忽然倒塌，在梁上发现金钱 120 枚，应是建造时留下的镇物。万历皇帝赐给首辅大学士张居正四枚，金钱的文字是至元通宝，因此知道广寒殿建于元世祖时期。至于黑玉大酒瓮，名"渎山大玉海"，至元二年（1265）十二月二十五日雕刻完成，元世祖亲自命令安置在广寒殿。（《元史》卷六《世祖本纪》）清康熙年间被重新发现时已经流落到西华门外真武庙，成为道人的菜缸。乾隆十年（1745）由皇家把它收购，放到圆城，即元大都的圆坻上（图九）。

太液池西岸，南部有隆福宫，原是元世祖忽必烈的太子真金的皇太子宫。太子早逝，太子妃仍住在这里。元成宗即位后，尊皇太子妃为皇太后，改旧太子府为隆福宫。隆福宫整体格局也是外有长方形宫城，城内再用周庑围成院落。与大内的区别，一是宫城门只是"红门"而不是宫门，二是这里只有一组周庑围合的建筑。隆福宫周庑南面，设一座正门和两座便门。周庑东西两面，中间设左右门；门南侧的庑房中间各建一座楼阁。周庑四角都建有角楼。周庑总间数比大内少。正门五间，也小于大内正门的七间。正殿名光天殿，只有七间，既小于大内前位大明殿的十一间，也小于大内后位延春阁的九间。正殿和寝殿之间也连以柱廊，成工字殿的形式。寝殿的东侧有寿昌殿，西侧对称建有嘉禧殿，也被称为东暖殿和西暖殿，与大内后位相似，其他宫里是没有的。隆福宫工字殿下大台基只有两层，殿内也是文石墁地。各殿都是红琐窗，殿内铺着毛毯，挂着朱帘。殿外周围围着朱阑，鎏金铜帽柱头，装饰金雕。

兴圣宫在隆福宫之北，朝东正对着万岁山的美丽风景。兴圣宫宫墙、周庑、大殿等制度与主要建筑的间数与隆福宫相同，正殿名兴圣殿，与柱廊、寝殿形成工字殿。需要指出的特殊之处有三个。第一，兴圣宫有两重砖宫墙，外墙称为"夹垣"。夹垣东开三座门，直对圆坻木吊桥。西开一门。北开一门称临街门，似应距萧墙不远，甚至可以推测夹垣北墙即利用萧墙。内墙南侧开三座门，东西北各开一门。第二，在周庑之北，还有延华阁建筑群。《宫阙制度》说它"在兴圣宫后"，但是并没有说明具体位置。我推测可能在内墙之外，夹垣以内。延华阁建筑群周围有红色木板墙，南面开正门，名山字门，面阔只有一间，外加左右夹室各一间。板墙内正殿名延华阁，面阔五间，方殿。它的左右各配一座五间殿，称东、西殿。延华阁后还建有一座圆亭，左右各配一座三间的方亭，名碧芳亭和徽青亭。板墙之外，东西两侧，各有一座盝顶殿，都采取了工字殿的样式，面积也都不小。延华阁建筑群的屋顶形式非常多样。延华阁是重檐十字屋脊，白色琉璃瓦，配青琉璃剪边。碧芳等两座方亭也是重檐十字屋脊，青色琉璃瓦，配绿琉璃剪边。山字门和圆亭应该是攒尖屋顶，与十字屋脊顶建筑中央都加了金宝瓶。兴圣宫正殿也是铺白瓷瓦加碧琉璃剪边，所以屋顶形式多样、色彩丰富是兴圣宫的重要建筑特色。

延华阁院里还有多座盝顶建筑。《宫阙制度》解释说，"盝顶之制，三椽，其顶若筒之平，故名"。还有一座"畏吾儿殿"，其样式难以臆测了。从这些迹象分析，延华阁可能就是兴圣宫后苑。第三，夹垣内外，功能性用房众多。特别重要的有内墙内西南角的藏珍库，南夹垣内的省院台百司官侍直板屋。还有如妃嫔院、妃嫔库房、缝纫女库房、侍女室、宦人之室、卫士直庐、宿卫直庐等值守服务人员居停之所，再就是凌室（即冰窖）、酒房、窨花室、庖室等作坊。这些功能在其他宫也是必不可少的，但是记载都不如兴圣宫这样具体，对我们了解元代宫廷生活状况大有裨益。

隆福宫的西侧还有一座西御苑，也是以观赏叠山和水景为主的园林。假山体量较大，山上建筑名香殿，主体只有三间，左右有夹室，后边柱廊加龟头屋。红柱，琐窗，间金彩画，白玉石柱础，琉璃瓦，是一座外观足够丰富的小殿。假山之北有石台，左右各建三间荷叶殿。假山之南建筑可以分成两组，较近的是圆殿，稍远是歇山殿。圆殿重檐屋顶，上安鎏金宝珠。左右廊庑连向北边的两座流水圆亭。三座建筑之中是流杯池。歇山殿五间，后接柱廊。殿北部的东西两侧各建一座方亭。殿南部有池沼，池中建水心亭，与北部两方亭相呼应。御苑引金水入苑，在假山上下造飞龙喷雨的景致。流杯池边刻石为水兽，传说元代皇帝"亲制水鸟浮杯，机动流转而行"，感受古人曲水流觞的乐趣。

大都的街巷、庙社、衙署和水系

大都城内，皇城以外的地方布满大街小巷，方向和宽度都有制度规定。"街制：自南以至于北谓之经，自东至西谓之纬。大街二十四步阔，小街十二步阔。三百八十四火巷，二十九衖通。衖通二字本方言。"（《辑本析津志》，第7页）街道只有经、纬两个正方向，除沿积水潭的斜街外，全城很少有斜街。由于大都城内有皇城和积水潭的障碍，而且北面只有两座城门，所以除顺城街以外，也很少有贯通南北或者东西的大道。经纬交织的街巷把全城划分成许多方正整齐的矩形。为了便于管理，把这些矩形的地段划分为"坊"。每坊都由大学问家、翰林院侍书学士虞集做了命名，一共50个，以符合《易传》所说的"大衍之数"。坊名都源于古代经典或者历史典故，尽可能做到贴切。比如福田坊，是因为坊里有佛寺，借用佛家关于供养佛陀，必受福报，似田生物的道理；凤池坊，是因为靠近中书省，凤池正是中书省的代称；阜财坊临近库藏，取古诗"南风之时兮，可以阜吾民之财"的诗意；乾宁坊，在大都城的西北，正当乾位，取乾卦的象辞中"首出庶物，万国咸宁"之词。街道宽度有三个等级，大街二十四步，小街十二步，折合现代公制分别为38米和19米。在大、小街形成的坊中，还排列着以东西走向为主的火巷及胡同，胡同的南北间隔为大约五十步。考古勘查认定胡同宽6~7米。南北两条胡同之间地块就是规划的造宅之地了。至元二十二年（1285）二月十九日，元世祖"诏旧城居民之迁京城者，以资高及居职者为先。仍定制，以地八亩为一分。其或地过八亩及力不能作室者，皆不得冒据，听民作室"。（《元史》卷一三《世祖本纪》）这里所说旧城，即金中都城，建造大都城之后也称南城。宅地八亩，可能是大都规划中最小的占地单元和标准。占地大的单位，如衙署、学校、寺观等，往往在南北方向覆盖几条胡同的间距，却一般不突破大小街构成的坊，保持街巷的顺畅和城市面貌的整齐。

通向城门的街无论经纬都是大街的宽度。大街两旁设有排水明渠。顺承门大街的明渠在经过平则门大街时，在渠顶加了石盖板。考古工作者在今西四大街路口的新华书店地下发现了明渠，宽1米，深1.65米。渠的石壁上还留下了石匠的刻字"致和元年五月日石匠刘三"。（《元大都的勘查和发掘》）当然，元大都的坊绝不像宋代以前城市里的坊要建造坊墙，实行封闭管理。古代都城中选择某坊之地集中设市的传统也彻底终止，被沿街设市取代，极大地促进了城市商业的繁荣。大都城内最热闹的商业街是宫城之北的钟鼓楼街和宫城之西的顺承门内大街。钟楼之下，东西南北街道"最为宽广"，集中了米、面等粮食店，帽子、绸缎、铁器等百货店，还有个"沙剌市，一巷皆卖金、银、珍珠宝贝"。鼓楼的"东南转角街市俱是针线铺。西斜街临海子，率多歌台、酒馆。有望湖亭，昔日皆贵官游赏之地。楼之左右俱有果木饼面柴炭器用之属"，"本朝富庶殷实莫盛于此"。（《辑本析津志》，第12页）顺承门大街的羊角市是大牲口的集市，买卖羊、马、牛、骆驼、驴、骡等。果市、菜市、猪市、鱼市，都设在城外靠近城门的地方。

坛庙建筑是举办祭祀活动的场所。古人崇敬自然、祖先和有功于国家人民的先哲先烈，将重要的祭祀活动列入国家祀典，是"礼"的重要表达，所以坛庙是中国古代都城中非常重要的建筑类型。比如明清北京天坛、地坛、社稷坛、日坛、月坛、先农坛、先蚕坛、太庙、孔庙、历代帝王庙、关帝庙，等等。元代自忽必烈时才开始国家治理上的汉化过程，祭祀活动始终没有放弃"国俗"，所以坛庙建设并没有与元大都建设同步。

元大都的天坛是至元三十一年（1294）建设，选择的位置在丽正门外七里的"丙"位，即丽正门轴线稍偏东，占地三百零八亩。天坛是一座圆形平面的三层砖砌高台，顶层纵横五丈，中层十丈，下层十五丈。台的子、午、卯、酉四个正方向上设陛，每面十二级台阶。圜坛外设两重"壝墙"，高五尺。南面设三座棂星门，东西各设一座。外壝内的东南方位设燎坛，外面建有香殿。《日下旧闻考》推测元大都天坛在今北京永定门外，但是它的遗迹早已经无影无踪了。至于地坛，终元之世也没有建造。

元代的太庙，最初世祖中统四年（1263）建在燕京。到至元十四年（1277）又诏建太庙于大都。实际上建设工程并没有立即进行，因为礼官们提出了两大方案，一个叫"都宫别殿"制，即在一个宫城内，为列位祖宗各建一座庙，或七或九；另一个叫"同堂异室"制，即只建一座庙，大殿中为每一辈祖先设一专室。至元十七年（1280）十二月，元代列祖列宗的神主迁到新庙安奉，而且毁了燕京旧庙，按理应该是新庙建成了。但实际上新庙是按照都宫七庙制来规划的，这时只建成了正殿、寝殿、正门和东西门。尚书段那海和礼官提出了自己的建议，"东西六庙不须更造，余依太常寺新图建之"。（《元史》

卷七四《祭祀志》)这个意见被采纳了,于是至元二十一年(1284)新太庙按同堂异室制度建成了。太庙建在大都城东部偏南的位置,齐化门大街之北,有驰道通向大街。太庙外的高墙在南、东、西三面开棂星门。太庙内墙也称宫城,四角各建一座重檐的建筑,号称角楼。南、东、西三面的正中各建一座神门,每座都开五个门洞。南神门内一条砖铺甬路向北通往正殿,叫通街。两旁各建一座井亭。东西神门之间也有一条铺砖甬路叫横街。正殿就在横街之北的正中。其北再建寝殿。宫城外,高墙内,还有许多为祭祀服务的殿堂。如馔幕殿、齐班厅、雅乐库、法物库、仪鸾库、酒库、内神厨局、神厨局、祠祭局以及各官的斋室等,有些衙署还在外垣内另造别院。大德六年(1302)五月十五日太庙寝殿失火。至治元年(1321)五月,中书省建议以现存正殿为寝殿,在其前另建正殿,于是按照这个计划实施了。至治三年(1323)七月太庙改建完成,除新建正殿外,其余所有位于正殿前的建筑全部南移。正殿扩大为十五间,中三间作为一室,两侧各五间自为一室,两端各一间为夹室。按照《元史》记载的丈尺,它的建筑面积是三百六十平方丈,折合成公制,竟然达到惊人的3500平方米。

　　太社太稷坛是至元三十年(1293)听取了御史中丞崔彧的建议,在大都的西部偏南,和义门大街之南建造。外垣墙占地四十亩,设两所棂星门。外垣之内,靠北的位置建一座望祀堂,南望太社太稷二坛,以备风雨时使用。外垣中砌砖墙,名壝垣,高五丈,周围三十丈,四面各设一所棂星门。壝垣内偏南,用土夯筑两座坛台,每台均五丈见方,间距也是五丈,社东稷西。社坛用五色土,东用青、南用赤、西用白、北用黑,分别夯筑,最上面覆盖黄土。最后外表按照方色抹泥。社坛上面偏南的地方,埋设着白石"社主"。稷坛用普通土夯筑,只是外表面用黄土,上面也不设主。两坛四面各设一条陛道,社坛的陛道也分方色。《元史》记载中说明,内外棂星门"每所门二,列戟二十有四"。目前存世棂星门实例门数均为一、三、五之奇数;而戟门是殿座式大门,棂星门无列戟实例。这里"每所"是否指棂星门都是两重门——外戟门、内棂星门,或还有其他可能,只有取得更多资料以后再讨论了。

元代职官制度是世祖命刘秉忠等儒臣参酌古今建立起来的。朝廷的核心机构有三：总管国家庶务的中书省，总管兵权的枢密院，总管官员贬斥或升迁的御史台。《析津志》归纳的刘秉忠大都规划要点，就只提到这三个衙门的地理位置，分别参照星座在天庭的位置做出安排。在《元大都（至正年间）图》中，中书省一南一北，南在千步廊东，北在凤池坊（后改为翰林院）。枢密院在萧墙东红门外之南。御史台在文明门大街之西。图中还复原了国子监、太史院的位置，还有大都路总管府、警巡院等大都的管理衙门。此外，几乎每座城门附近都有占地广大的库与仓，它们也处在朝廷管理之下。

大都城作为元代政治中心，拥有40万居民，朝野物资供应都依赖南方，利用古代开凿的南北大运河漕运最为便利廉价。金代曾经开挖了从中都城北直达北运河的漕河，原计划使用永定河水，不过因河水难以控制而失败。于是转而专门使用西郊的高粱河水，但是水源又不够充足。为此开挖了瓮山泊（今海淀昆明湖）引水渠，用玉泉山一带的泉水补充。高粱河水一部分供给大宁宫的园林，一部分在中都之北另开渠道直达北护城河后输入运河。到大都建成后，高粱河水明显不足了。至元十三年，右丞相、同知枢密院事巴延到上都见世祖，说到自己的南方见闻："江南城郭郊野，市井相属，川渠交通，凡物皆以舟载，比之车乘，任重而力省。今南北混一，宜穿凿河渠，令四海之水相通，远方朝贡京师者，皆由此致达，诚国家永久之利。""上可其奏。"（元·苏天爵《丞相淮安忠武王》，《元名臣事略》卷二）至元二十四年（1287），太史院令史边源提出了引山东汶水至临清的方案，又经过都漕运副使马之贞实地考察，于是在二十六年春（1289）实施这个方案，当年五月完成，赐名会通河，疏通了从南方到通州的水道。

至元二十八年（1291），大科学家郭守敬面陈了疏通从通州到大都水路的方案。"大都运粮河，不用一亩泉旧源，别引北山白浮泉水，西折而南，经瓮山泊，自西水门入城，环汇于积水潭，复东折而南，出南水门，合入旧运粮河。每十里一置闸，比至通州，凡为闸七。距闸里许上重置斗门，互为提闭，以通舟止水。上览奏喜曰：当速行之。"（元·苏天爵《太史郭公》，《元名臣事略》卷九）郭守敬的方案是从昌平神山白浮泉引水，经瓮山泊，沿金代故道南行，到大都城西北入城，汇集后流向城南，输入金代运粮河故道抵达通州。神山海拔约60米，大都西北约50米，郭守敬精确地掌握地形高差起伏，让渠道和堰坝先向西，再向南，不仅让白浮泉水缓缓下降，而且把经过路段的其他泉水截流入渠，同时实现与沙河、榆河的立体交叉。大都东南旧运粮河海拔不足40米，通州八里桥海拔29米。郭守敬沿途设计了多重水闸和斗门，来控制渠水的流速，保障船只顺畅通过。至元二十九年（1292）春天开工的时候，世祖命令丞相以下的官员们都手持筐铲，参加劳动。在郭守敬指定立闸的地方，经常发现前代的砖木遗迹。第二年秋天工程竣工，世祖命名为通惠河，总长一百六十四里一百零四步，闸坝十处、二十座。世祖从上都回大都的时候，看见积水潭中停泊着的船只达到了"舳舻蔽水"的程度，不禁面露喜悦之色。

在大都城中部偏北，还有一条从积水潭东北部引水的人工运河，一直向东，在光熙门之南出城。它可能是北京地区最早开挖的人工运河，后来金代也利用它做漕运水道。至元十六年（1279）也曾经疏浚过，为了控制水流，沿河建了八座水坝，所以被称为坝河。

大都城的规划以太液池为中心展开，皇家园林用水须臾不可或缺。为此从玉泉山引水，开挖了专门水渠，从和义门南水门流入京城。由于其方位在西，按古人的五行学说，西方属金，故名金水河。沿途在跨过几条河流时都建有跨河跳槽。世祖时为保障水质清洁，禁止在河里洗手。后来管理松弛，元英宗抱怨有人洗马。《元大都（至正年间）图》根据文献记载与考古遗迹，标注了通惠河与金水河的走向。通惠河从和义门北入城，汇为积水潭。在皇城厚载红门北街之西设积水潭东出口闸，初名海子闸，后改称澄清闸。从闸口到萧墙东北角，短短的1千米，坡降却达2米，所以一共设置了三个闸，分别称为澄清上、中、下闸（图一〇）。出了下闸，河水沿萧墙东墙根南下，从丽正门东水门出城。金水河从和义门南水关进城东行，到太平坊折向南，

图一〇 ◆ 2015年发现的澄清下闸遗址

沿金代故道到平则门大街之南折向东，到甘石桥分为南北两支，南支从萧墙西面南端进城，称隆福宫前河，进太液池，再东行，经舟桥出东萧墙入通惠河。北支沿萧墙西墙根北行东折，在海子南岸进入萧墙。除输入太液池，还要南行，引水上万岁山，余水则直到与南支汇合。

元大都的基本情况如上。我们可以对它规划结构的特点做五点归纳：

第一，元大都整体上继承了汉族传统文化中关于都城规划的思想。

首先，体现"择天下之中而立国，择国之中而立宫，择宫之中而立庙"的思想。(《吕氏春秋》第十七卷，《诸子集成》，中华书局1986年版）宝鸡出土的西周前期青铜器"何尊"上有一篇铭文，记录了周成王的一段"训诰"，称周武王灭商建都是"宅兹中国"（也有人释为"中域"），是择中思想较早的表达。考古学家认为，"择中"的观念产生于天文观测，是中华原始文明的内涵之一。既然"斗为帝车，运于中央，临制四方"（《史记·天官书第五》），人间帝王也要择中而治。中还与中正、方正等道德概念联系在一起。其次，贯彻了《考工记·匠人营国》的规划原则。《考工记》属于《周礼》六篇之一，具有儒家经典地位。其关于都城规划的要点是："1.宫城是全城规划的核心，宫城位于王城的中心。宫城南北中轴线便是王城规划的主轴线。……2.宫城前面为外朝，后面为市。宗庙、社稷则据主轴线对称设置在宫城前方的左右两侧。这便是宫、朝、市、祖、社五者的相对规划位置和它们之间的关系。3.全城道路网及里均环绕宫城这个核心，沿主轴线对称布置，突出宫的地位，并衬托着主轴线的主导作用。4.宫城内是按前朝后寝之制规划的。"（贺业钜《考工记营国制度研究》第一章，中国建筑工业出版社1985年版，第28页，引用时有删节）这些主要原则与元大都的规划结构大部分是一致的。

第二，以湖泊为中心安排宫城，通惠河开通之后，加大了城市南部湖泊的面积。这是元大都城的特点之一，也是优点之一，是元代的创造。

第三，隋唐以来至北宋的都城都将皇城设在京城北部，皇城之南设中央大道。大道宽度分别是，长安的朱雀大街155米，洛阳定鼎大街147米，汴梁御街300余米。元大都皇城在京城南半部，灵星门设千步廊，北门厚载红门外也没有设特别宽又长的大街。

第四，大内、太后宫、嫔妃宫各建宫殿、御苑。大内之中分设前位与后位，每位都包括正殿和寝殿，格局相同。与《考工记》记载的层层深入的朝寝制度完全不同。

第五，"中国古代城市由封闭的市里制转变为开放的街巷制滥觞于唐末五代的江南，在北宋中期，汴梁由市里制改造为街巷制后成为定制。但是作为按街巷制原则进行规划平地创建的都城，大都是第一个，也是唯一的一个。"（傅熹年：《中国古代城市规划建筑群布局及建筑设计方法研究》上册，中国建筑工业出版社2001年版，第11页）

最后，还应该说明，对大都城中轴线的研究还在深入。中轴线南端，"世祖建都之时问于刘太保秉忠，定大内方向。秉忠以丽正门外第三桥南一树为向以对。上制可，遂封为独树将军"。中轴线北端记载有二。其一齐政楼，即鼓楼："齐政楼，都城之丽谯也。东，中心阁。大街东去即都府治所。南，海子桥、澄清闸。西，斜街，过凤池坊。北，钟楼。此楼正居都城之中。"其二中心台："中心台在中心阁西十五步。其台方幅一亩，以墙缭绕。正南有石碑，刻曰中心之台，实都中东南西北四方之中也。"而且中心阁与齐政楼的相对位置也是没有歧义的："前有大十字街，转西大都府、巡警二院，直西则崇仁倒钞库、西中心阁，阁之西齐政楼也，更鼓谯楼。楼之正北乃钟楼也。"（以上引文均见《辑本析津志》，第6~12页）文献的含混引申出来一些课题，如元大都的城市轴线与宫城轴线是否重合，明清钟鼓楼是否继承了元代钟鼓楼的位置。《元大都（至正年间）图》中宫城中轴线延伸到中心阁为止，表现的是一种可能性。

第二章

明代都城建设

元代末年天下大乱，群雄并起，朱元璋是红巾军将领中的佼佼者。元顺帝至正十五年（1355），他率军夺取太平。当地名儒陶安来见他，进言说，金陵是古帝王之都，地势龙盘虎踞，又有长江天险为阻隔。倘若攻打下来，为我所有，占据形胜之地，出兵以临四方，还有什么不能攻破呢！次年三月，朱元璋的部队如愿占领集庆。他巡视集庆城郭，十分兴奋地对徐达说：金陵险要牢固，古所谓长江天堑，确实可称形胜之地啊！而且仓廪储备充实，人民富足。我如今占领了金陵，诸公又能同心协力，辅佐在我的左右，还愁什么丰功伟绩不能取得！于是改集庆路为应天府。七月，他升任吴国公，以元江南行御史台作吴国公府。日后形势的发展，证明了应天的战略价值。兴王之地，名副其实。

洪武时期定都南京

慎重而艰难的选择

至正二十四年（1364）春天，朱元璋就任吴王，设立百官。这时再来看建康旧城，颇有不足之处。虽然西北方有长江天堑，但是远离东北方的钟山，没有加以利用。吴王府在旧城里，在钟山即可俯视，显然谈不上险固。况且是用旧衙门改作，低矮而狭窄。于是至正二十六年（1366）八月初一，吴王朱元璋令刘基等"卜地"，在钟山之南、旧城白下门外之东二里的地方建造新王宫。同时计划增筑新城，要求东北部靠近钟山，延亘周回一共五十余里。十二月，被红巾军奉为龙凤皇帝的韩林儿突然溺水而亡，朱元璋脱离红巾军的时机已经成熟。大臣们纷纷上言，历史上凡新的朝代兴起必定有本朝代的大建设。现在既然已经决定兴建新都城，那么宫阙制度也应该及早确定。吴王认为，要立国家，最重要的事情是设立宗庙和社稷坛。于是决定：以明年为吴元年，命有司营建庙社、立宫室。二十三日，朱元璋亲祀山川之神，祝册说："予自乙未渡江，丙申驻师金陵，抚安黎庶，于今十有二年。拓土广疆，神人翼赞。兹欲立郊社、建宫宇于旧城之东，钟山之阳。国祚绵长，惟山川气运是从。谨于是日肇厎工事。敢告。"（《明太祖实录》卷二一。本书所引明代各朝《实录》，都用台湾"中央研究院历史语言研究所"校印本，必要时介绍校堪情况）明初第一次建设都城的工程就这样启动了。

八天以后，工程的主持人来呈报宫室图，朱元璋发现其中有"雕琢奇丽"者，马上要求把这些东西去掉。而且对中书省臣进一步说明自己的主张：宫室只要追求完整坚固就可以了，何必加以过分雕琢。当年尧帝，"茅茨土阶、采椽不斫"，可以说是非常简陋。可是千古以上，所有称颂盛德必以尧帝为首。而后代多竞相奢侈，追求宫室苑囿之娱到极致，搜求车马珠玉之玩到穷尽。欲念一旦放纵，就没有办法遏止，乱象就由此产生了。所以，为君者如果能崇尚节俭，则臣下不会产生奢靡。珠玉并不可贵，节俭才是宝贝。所有的营造一律都要朴素，何必因为雕琢而浪费天下之力呀！后来朱元璋曾多次表达过类似的意见，从他的经历来看，应该是真诚的。这次改建吴王宫及王都的工程，到吴元年主要项目都完成了，包括拓展都城，建造圜丘（天坛）、方丘（地坛）、社稷坛、太庙、新内（宫殿）。

自吴元年开始，朱元璋逐渐扫平了太湖和长江流域，从而将主要兵力投入对元势力的战斗中。1368年春，农历正月初四日，朱元璋在钟山之阳、四个月前刚建成的圜丘举行隆重的祀天仪式，向天宣告：大明诞生，建元洪武。三月二十九日，大明军兵临汴梁城下，守军投降。四月二十四日，皇帝从金陵赶到汴梁。因为自从明军取得汴梁，就一直有人在说，做天下之君，必须居中土；汴梁是宋之故都，大明应该定都于此。皇帝来亲自考察，也要与大将军徐达筹划攻取元大都。八月初一日，皇帝颁发一道诏书，宣布以金陵为南京，汴梁为北京。理由是"朕观中原土壤，四方朝贡，道里适均，父老之言乃合朕志。然立国之规模固重，而兴王之根本不轻"。（《明太祖实录》卷三四）以南京为都城，以汴梁作为北上西进攻城略地的基地，建立了南北两京之制。对于北京汴梁，大明没有进行建设活动。后来洪武十一年，就汴梁宋代故宫旧址建设周王府，北京之称也不见再提起。

第二天，大将军徐达大军从齐化门攻入元大都，元顺帝出健德门北逃。徐达查封了元库府、图籍、宝物，又封了故宫殿门，令指挥张焕派千人看守。夺取元大都的消息很快报到皇帝那里，八月十四日，皇帝命改大都路为北平府。元都既平，皇帝命大将军开始西征。忙于调兵遣将的徐达此刻却派人做了两件特殊而专业的事情，一是令指挥叶国珍"计度"北平南城，即金中都城旧基，《明太祖实录》上记载了"周围五千三百二十八丈"的结果。五天后，又派指挥张焕"计度"故元皇城，"周围一千二十六丈"（南浔嘉业堂本《太祖实录》作一千二百十六丈）。我们把"计度"理解为测量应无大错。后来，工部尚书得到的"北平宫室图"，应该也是这次"计度"的成果。第二年的十二月初六日，有人把图呈报给朱元璋。所以这两次活动很可能与朱元璋心心念念的选择都城、扩建南京有着相当密切的关联。

徐达西征势如破竹。十二月初一日克太原。洪武二年（1369）三月攻下奉元路，改为西安府。四月大明增设了山西、陕西二行省。九月十二日朱元璋做了一个新的决定："诏以临濠为中都。初，上召诸老臣问以建都之地。或言关中险固，金城天府之国。或言洛阳天地之中，四方朝贡，道里适均。汴梁亦宋之旧京。又或言，北平元之宫室完备，就之可省民力者。上曰，所言皆善，惟时有不同耳。长安、洛阳、汴京，实周秦汉魏唐宋所建之国，但平定之初，民未苏息。朕若建都于彼，供给力役悉资江南，重劳其民。若就北平，要之宫室不能无更作，亦未易也。今建业，长江天堑，龙蟠虎踞，江南形胜之地，真足以立国。临濠则前江后淮，以险可恃，以水可漕，朕欲以为中都，何如？群臣皆称善。至是，始命有司建置城池宫阙，如京师之制焉。"（《明太祖实录》卷四五）朱元璋登基时曾宣布南京是京师，如京师之制即如南京。但是实际上帝乡临濠与南京的地理、历史条件完全不同，中都规划和建设多有创造。

洪武四年（1371）正月，临濠的建设从坛庙开始，中书左丞相李善长亲自在临濠督工。直到洪武八年（1375），《明太祖实录》中不时有关于临濠工程进展的记载，陆续有项目竣工的好消息，而且朝廷已经把临濠县提升为凤阳府。四月初，满心期待的皇帝从南京出发往凤阳，"验工赏劳"。十五日，皇帝在凤阳圜丘坛举行祭告仪式，亲自写祝文祷告。《明太祖实录》中记载了这篇祝文，平淡无奇。但是读一下他的文集，发现皇帝已经处于非常后悔、骑虎难下的难堪之中。"昔者元政不纲，英雄并起，民不堪命，苦殃不可禁。荷蒙昊天上帝后土皇帝祇悯世民之艰苦，授命于臣，赐以文武，人多良能。八年以来，除民祸殃。臣蒙上帝后土之恩，文武之能，非臣善为。当大军初渡大江之时，臣每听儒言，皆曰有天下者，非都中原不能控制奸顽。既听斯言，怀之不忘。忽而上帝后土授命于臣，自洪武初平定中原，臣急至汴梁，意在建都，以安天下。及其至彼，民生凋敝，水陆转运艰辛，恐劳民之至甚，遂议群臣。人皆曰：'古钟离可。'因此两更郡名，今为凤阳，于此建都。土木之工既兴，役重伤人。当该有司叠生奸弊，愈觉尤甚。此臣之罪有不可免者。然今功将完成，戴罪谨告。惟上帝后土鉴之。"（朱元璋《中都告祭天地祝文》，《明太祖文集》卷一七，《四库全书》集部六别集类五）本月二十八日，朱元璋回到南京，马上决断，发布诏书，停止中都建设。理由只是简单的"劳费"。后代学者推测一定还有其他原因。有说是听取了刘基意见，刘基在洪武元年曾经说过，"凤阳虽帝乡，非建都地"。（《明史》卷一二八《刘基传》）还有说是这次在中都，皇帝坐在殿里，仿佛看见屋脊上有人械斗。李善长报告是工匠使用了"厌镇法"，恐为不利。（《明史》卷一三八《薛祥传》）也有学者分析了其中更深刻的政治原因。无论如何，五年的努力报废了。于是皇帝加速了进一步建设南京的步伐。

其实，即便是在中都建设的高潮中，南京也一直在进行着城市调整，只是中都停建以后更为集中。南京主要做了这些工程：第一步，改建祭祀建筑，甚至反复改建，务求位置和规制符合古礼。第二步，修筑京师城和内城，洪武六年（1373）六月初一日下诏，给出了具体的丈尺数目。第三步，八年九月初四日下诏，改建大内宫殿，重申了"但求安固，不事华丽""朴素坚壮，可传永久"的十六字方针。第四步，陆续修造城门门楼桥梁，整理街巷住宅。第五步，二十三年（1390）四月初七日，置京师外城十五门。最后，二十五年（1392）加强午门迤南建设。八月二十四日，重新安排朝廷衙署的位置。最终用了二十多年的时间，创立了明代的都城规制。但是对于自己投入了毕生心血的首都建设，老皇帝还是心存遗憾。他还记得御史胡子祺曾经上书，极言"关中形胜"对于统御天下的唯一性。洪武二十四年（1391）八月，皇帝专派太子朱标去陕西考察。不料太子回南京献了地图，就生起重病，还抱病上言经略建都之事。第二年四月太子就去世了，建都关中之议就此搁浅。"初大内填燕尾湖为之，地势中下，南高而北卑。高皇帝后悔之。二十五年，祭光禄寺灶神，文曰，朕经营天下数十年，事事按古有绪。维宫城前昂后洼，形势不称。本欲迁都，今朕年老，精力已倦。又天下新定，不欲劳民。且兴废有数，只得听天，惟愿鉴朕此心，福其子孙。"（清·顾炎武《天下郡国利病书》卷十三）老皇帝以"听天"决定的态度，终结了自己选择都城的努力。

南京都城规制

南京城池总体上是四重城墙层层相套的格局。最里一层是核心，称大内，洪武十年（1377）十月完成。核心之外第二层称内城或皇城，第三层称京师城。洪武六年六月初一诏留守卫指挥使司修筑京师城和内城，规定"京师城周一万七百三十四丈二尺，为步二万一千四百六十八有奇。内城周二千五百七十一丈九尺，为步五千一百四十三，为里十有四"。（《明太祖实录》卷八三）最外即外城，洪武二十三年四月初七日决定设置京师外城十五门，规定了城门名（图一）。

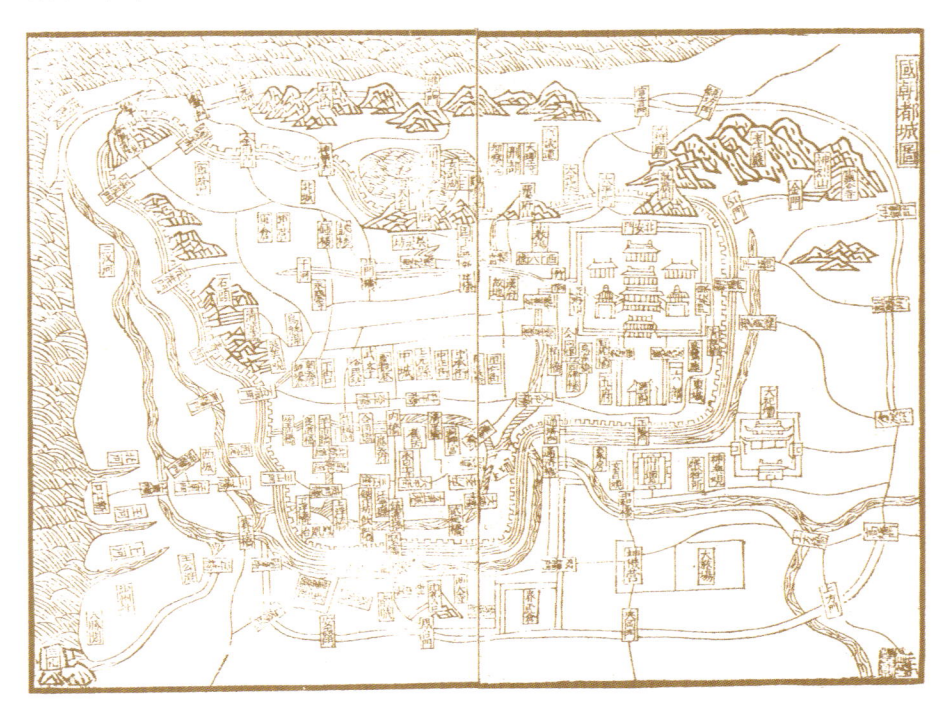

图一 ◆ 国朝都城图（引自《金陵古今图考》）

—039

"外郭西北据山带江，东南阻山控野，辟十有六门。东五，曰姚坊、仙鹤、麒麟、沧波、高桥。南六，曰上方、夹冈、凤台、驯象、大安德、小安德。西一，曰江东。北三，曰佛宁、上元、观音。周一百八十里。"（明·陈沂《金陵古今图考》，中社南京影印明正德年刻本1929年版）外城应该是凭借和利用地形来规划的，所以没有形成规则的几何图形。但是在置十五门之后，文献很少有对外城工程的记载，很可能并没有建成。

京师城的规划也是根据地形，把城池区域内的丘陵圈进城中，取得居高临下的优势。"考诸都城之域惟南门、大西、水西三门，因旧更名聚宝、石城、三山。自旧东门处截濠为城，沿淮水北、崇礼乡地开拓八里，增建南出者二门，曰通济、正阳。自正阳以东而北，建东出者一门，曰朝阳。自钟山之麓曰龙广山，围绕而西，抵覆舟山，建北门，曰太平。又西据覆舟、鸡鸣山（原注：即鸡笼山），缘湖水以北，至直渎山而西八里，又建北出者二门，曰神策、金川。自金山北绕狮子山（原注：即卢龙山）于内，雉堞东西相向，亦建二门，曰钟阜、仪凤。自仪凤迤逦而南，建定淮、清凉二门，以接旧西门而周。门西出者五。由聚宝北至金川、神策，比通济、正阳至太平之南北倍之。由朝阳至石城、三山，比定淮至神策之东城；三山水门至通济水门之东西亦倍之。东尽钟山之南冈，北据山控湖，西阻石头，南临聚宝，贯秦淮于内外，横缩屈曲，计周九十六里。"（《金陵古今图考》）这段文字的写作时间虽然已经是在筑城之后130多年了，但是作者在南京居住了三代，又因为编写应天府志书，得到了参阅多种史料的便利，所以应该是可靠的。我们从这段记载中不仅可以看出城墙走向是依据地形，还能参详南京城与古建康城的关系。只是这里所说"计周九十六里"是不正确的。我们利用洪武六年《明太祖实录》规定的京师城和内城的丈尺数折算一下，京师城周长107342尺，应是71.56里。假定按明代营造尺，一尺约折合32厘米，则为34349米。2005年江苏省测绘局和南京市文物局联合对南京城墙进行了科学测绘，结果总长度是35267米。（杨新华主编《南京明城墙》，南京大学出版社2006年版，第321页）多出来的这918米，应该与后来对原计划的改变有关。比如，洪武十二年（1379）十二月就曾经拓广东北城八百余丈。

洪武六年诏中所说南京内城，在洪武二十八年（1395）刊印的志书中称为皇城。从当时的地图看，它包括两重城墙，即外围，一种有墙顶的墙；内圈，一种有雉堞的墙，环绕它的还有护城河（图二）。内城的位置在钟山之南，偏于都城东部，距离都城的西北几乎有二十里之遥。南面直对正阳门。内城有六座门，正南洪武门，门东有长安左门，西有长安右门。东墙偏北的位置辟东安门，相应西面辟西安门，北辟北安门。进入洪武门，左右建有曲尺形长廊，称千步廊。正北的大门称承天门，门前有金水河，跨五座桥梁。承天门内东建有庙左门，西建有社右门。正北建有端门。端门内，东有庙街

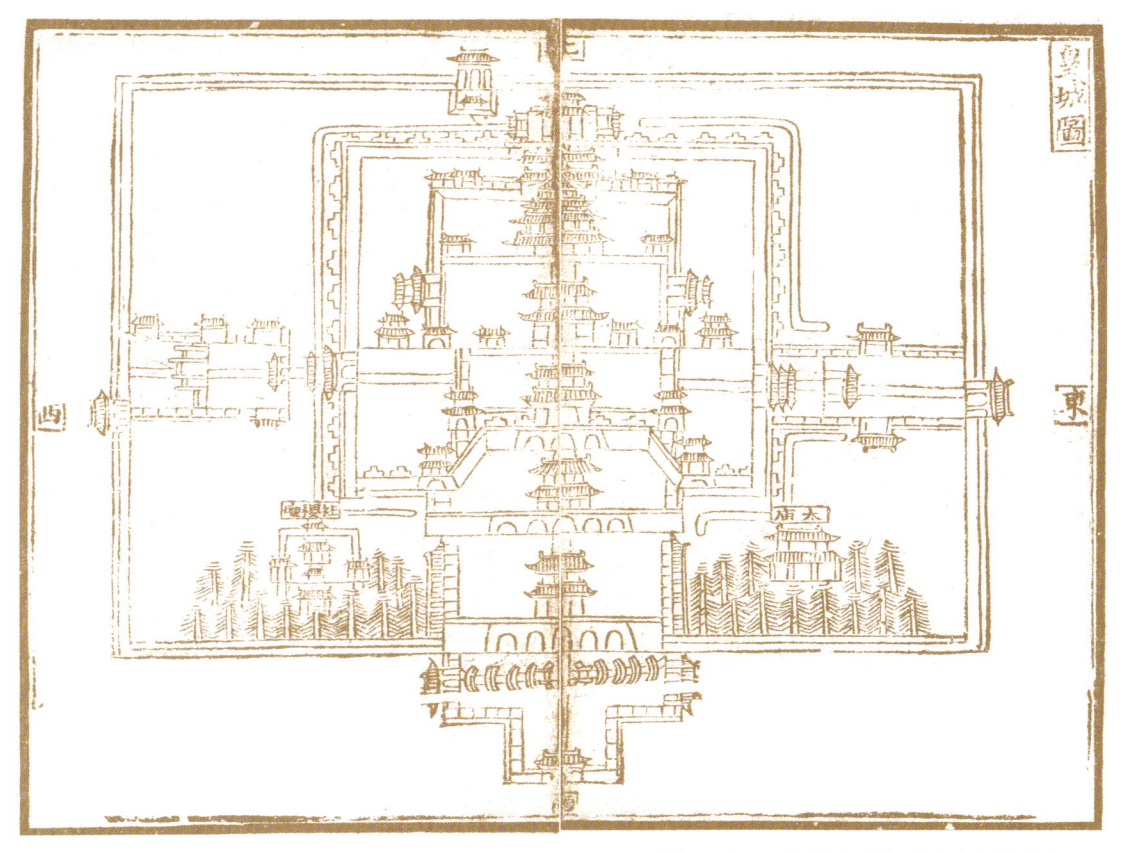

图二 ◆ 皇城图（引自《洪武京城图志》）

门通向太庙，再北有左阙门；西有社街门通向社稷坛，再北有右阙门。正北，是大内午门。皇城内，大内之外，东面还有东上南门、东上北门；西面还有西上南门、西上北门；以及北上东门、北上西门。内城周长十四里，按《明太祖实录》记载的丈尺，折合为8230米。

大内的规制为："阙门曰午门，翼以两观。中三门，东西为左右掖门。午门内曰奉天门，门之左右为东西角门。内正殿曰奉天殿，上御之以受朝贺。殿之左右有门，左曰中左门、右曰中右门。两庑之间，左曰文楼，右曰武楼。奉天殿之后为华盖殿。华盖殿之后曰谨身殿。殿后则后宫之正门也。奉天门外两庑之间有门，左曰左顺门，右曰右顺门。左顺门之外为东华门，内有殿曰文华殿，东宫视事之所也。右顺门之外为西华门，内有殿曰武英殿，上斋戒时所居也。制度皆如旧，而稍加增益，规模益闳壮矣。"（《明太祖实录》卷一一五）

南京城的建造处处体现着朱元璋的主导作用。外郭城和京师城出色地利用地形地貌，折射出朱元璋丰富的战斗经验。朱元璋说："是命外守四夷，内固城隍，新垒具兴，低昂依山而傍水，环绕半百余里。""（然）宫城去大城西北将二十里，抵江干，曰龙湾，有山蜿蜒如龙，连络如接翅飞鸿，号曰卢龙，趋江饮水，末伏于平沙。一峰突兀，凌烟霞侵汉表，远观近视，实体狻猊之状，故赐名曰狮子山。既名之后，城因山之北半，壮矣哉！"（朱元璋《阅江楼记》，《明太祖文集》卷一四）所以这两重城墙的形态在我国的古都中独树一帜。城门的设置也是因地制宜，利于攻防，多有创造。

京师城今天被称为南京城墙，它是明代初年建筑史上的奇迹。首先它的规模大，长度世界第一，墙体气势磅礴。它的主要构造形式是条石和城砖砌筑，保存较好的地方，最高达26米，墙基最宽达19.75米。其次它的基础技术具有多样性。有些地段直接利用山崖为基，所铺基石最重一块达3000千克。傍河松软地段，先打木桩，再铺井字形木排，最后砌条石。甚至直接把基础挖深至5~12米，砌条石。第三，创造了"内瓮城"。中国古代城墙为了加

图三 ◆ 南京聚宝门内瓮城

强城门的防护，在正城门外再附建一个或圆或方的小城，称瓮城或月城。南京在通济、聚宝、三山、石城等门设置了内瓮城，即将瓮城建在正城门之内。聚宝门的内瓮城（图三）设了三道城门，而且在正楼城台内部和登城马道两侧开辟 27 个券洞，称为藏兵洞。第四，大量的城砖上有模印的砖文，标示该块城砖的生产地点、责任官员和造砖窑户、人夫。砖文的本意是宣示责任制，但是如此海量的砖文极其罕见，其中蕴含的文化信息非常丰富。（南京城墙的有关数据摘引自《南京明城墙》）

洪武时期史料对内城的记载比较简略，而且对皇城与宫城、大内的称谓往往是混同的。这表明对于大内来说，内城处于从属地位，甚至吴王宫外是否建有内城也还是个疑问。因此当我们分析都城的这一个核心区域的时候，也只能将两者结合起来。首先我们注意到新皇城对吴王宫制度的继承。对比吴王宫："正殿曰奉天殿，前为奉天门，殿之后曰华盖殿，华盖殿之后曰谨身殿，皆翼以廊庑。奉天殿之左右各建楼，左曰文楼，右曰武楼。谨身殿之后为宫。前曰乾清宫，后曰坤宁宫，六宫以次序列焉。周以皇城，城之门南曰午门，东曰东华，西曰西华，北曰玄武。"（《明太祖实录》卷二五）这套制度明显来源于《周礼》中的前朝后寝规定，即"内有九室，九嫔居之。外有九室，九卿朝焉"。与元大都大内的前位、后位制度明显区别开。但是其中周庑和文楼、武楼的配置又不能不令人联想到元大都的建筑布局。

新皇城对吴王宫的超越，最突出的有五个方面。

第一，大内之外建有明确的城墙。这个制度从凤阳中都开始。"皇城，一座。在外，土城□正中洪武五年七□□修垒。高二丈，周九里三十步。开四门，砖□。承天门，正南。东安门，正东。西安门，正西。北安门，正北。里城，一座，周六里，高二丈五尺，上有女墙。开四门，有子城，无楼。午门，正南。左右阙门，午门东西。东华门，正东。西华门，正西。玄武门，正北。端门，午门之南。大明门，承天门南。左右长安门，承天门东西。左右千步廊，大明门南，东西。御桥，五座，在午门南。金水河，一道，在都城内。□水自禁垣东南流出，两岸砌以砖石。合洪武门涧水东入淮。"（明·袁文新等《凤阳新书》卷三，转引自《明代宫廷建筑大事史料长编洪武建文朝卷》，第一五七三条，中国紫禁城学会编纂，故宫出版社2012年版。以下凡转引此书，均简称为"史料长编某卷"）这里将大内称为里城，其外围城垣称皇城或禁垣。对照南京《皇城图》，除了南京金水河桥是在承天门南以外，其他完全相同。说明南京内城制度源于凤阳。

第二，午门增加了两观，实现了从王宫向天子宫殿的身份提升。这也是

图四 ◆ 明中都午门遗址

先实现于凤阳，但反映的是包括元大都在内的长期传统（图四）。

第三，奉天门外东庑辟左顺门，门外建文华殿；西庑辟右顺门，门外建武英殿。这意味着大内的外朝建筑，从单一轴线向一中轴两辅轴的改变，实现了宫殿格局的根本提升，也彻底改变了元大都太子宫、太后宫与大内分离的制度。

第四，在承天门内、午门之外，东边建太庙，西边建社稷坛。洪武八年七月初三日，皇帝在改建太庙的告神仪式上说，"祖宗神室，旧建皇城东北，愚昧无知。始建之时，未尝省察，是致地势少偏。兹度地阙左，以今日集材兴工"。(《明太祖实录》卷一〇〇)既然改建了太庙,皇帝又命礼部大臣详议社稷坛制度。洪武十年八月初七日,礼部报告,按照周礼制度,应该是右社稷、左宗庙;其制在中门之外、外门之内,社、稷两神共一坛。皇帝就按照这个意见,命将社稷坛改建在与太庙对称的位置上。

第五,拉长从午门到京师城正门的轴线距离,整理和加强午门前区域的设置。洪武二十五年建端门、承天门门楼,并在承天门外添加长安东、西二门。这样形成了承天门前的广场和东西横街。这一年的八月二十四日,皇帝要求改建朝廷的衙署。他对群臣说:"南方为离明之位,人君南面以听天下之治,故殿廷皆南向。人臣则左文右武,北面而朝,礼也。五府、六部官署宜东西并列。"(《明太祖实录》卷二二〇)然后亲自确定了这些直属于朝廷的官署的位置与朝向,将大部分衙署进行了改建。午门前区域的建筑序列是源自凤阳的,当时朝廷还只有中书省、大都督府、御史台三大衙署,但是已经安排在午门东西。所以南京五府六部的设置及位置安排是对中都原则的发展。关于衙署的位置安排还有一个故事。早在洪武十七年(1384)三月二十九日,皇帝就诏令把刑部、都察院、大理寺等公署改建到太平门外。并下达敕书说:"肇建法司于玄武之左,钟山之阴,名其所曰贯城。贯,法天之贯索也。是星七宿,如贯珠环而成象,乃天牢也。若中虚而无凡星在内,则刑官无私邪,政平讼理,狱无囚人。若凡星处贯内者,刑官非人。若中有星而明者,贵人无罪而狱。今法司已法天道建置,尔诸职事各励乃事,当以身心法天道而行之。如贯之中虚,则狱清而无事,心静而神安,鉴玄武之澄波,睇钟山之苍翠,以快其情,庶不负朕肇建法司之意也。"(《明太祖实录》卷一六〇)故事的有趣之处在于,法天道是中国所有帝王的行为准则,唯有朱元璋,把它作为判断具体庶务的依据。他希望三法司官员能够时常欣赏湖光山色,浪漫地表达了他狱清讼平的理想。

成功的旧城改造

中央集权是明代的国体,同时皇帝把太子的弟弟们封为亲王,到全国的重要地区为王,形成与中央集权并行的亲藩体制。两种体制互相牵制、互为补充。朱元璋认为,"天下之大,必建藩屏。上卫国家,下安生民。今诸子既长,宜各有爵封,分镇诸国,朕非私其亲,乃遵古先哲王之制为久安长治之计"。(《明太祖实录》卷五一)他从洪武二年起,亲自起草、反复修订了一篇《皇明祖训》,作为家法,要求后代一字不可改易。家法规定,亲王不得参与地方政府与军镇的事务,地方官吏也不得过问王府的事务。平常王府靠朝廷供养,王府也养着自己的三护卫军。国家还要负责全国各亲王府的建造,逐渐形成了一套比较严格的王府制度。亲王成年,都要到封地去,曰"之国","王国"有各自的山川、社稷、宗庙祭祀体系。亲王不得私自离开王城,也不得私自到京城去。亲王嫡长子封世子,将来继承亲王之位。其他子孙按"降等"世袭。即子封郡王,女封郡主;孙封镇国将军,孙女封县主,等等。亲王逝世,就在封地由国家造王坟和享堂。洪武三年(1370)四月初七日,朱元璋分封了秦、晋、燕、吴、楚、齐、潭、赵、鲁等亲王及靖江郡王。明初,北元仍旧相当强大,经常对大明北方和西北方造成威胁。朝廷曾经命秦、晋、燕等亲王率军出征,连勋旧大臣都位居亲王之下。所以明初分封制度的确起到了藩屏国家的作用。到明中期以后,朱元璋的本支子孙蕃育,人口众多,王府制度造成的巨额开支让朝廷和地方政府不堪重负,这是开国皇帝始料未及的。而燕王府建设后来竟成了京师北京建设的开端,更是他不可能逆料的。

改元大都城为北平府城

洪武元年（1368）八月初二日，大将军徐达的军队填平齐化门外的壕沟，攻入元大都。皇帝收到徐达破元都的贺表，命改元大都路为明北平府。初九日，徐达命指挥华云龙"经理故元都，新筑城垣，北取径直，东西长一千八百九十丈"。十一日，"督工修故元都西北城垣"。（《明太祖实录》卷三四）这两次工程是元大都开始改变的前奏。关于"故元都"城垣工程的细节，还有一些其他记载。"旧土城一座，周围六十里，克复后以城围太广，乃减其东西迤北之半，创包砖甓，周围四十里。其东南西三面各高三丈有余，上阔二丈；北面高四丈有奇，阔五丈。濠池各深阔不等，深至一丈有奇，阔至十八丈有奇。"（《洪武北平图经志书》，引自《日下旧闻考》卷三八，北京古籍出版社排印本1981年版）"洪武初，改大都路为北平府，缩其城之北五里，废东西之北光熙、肃清二门，其九门俱仍旧。"（《寰宇通志》，引自《日下旧闻考》卷三八）

综合这些记载，我们知道，徐达出于对元战争的需要，在大都城北墙之南五里的地方另筑了一道新的北城墙，原本空旷的大都城北部，以及东西两侧的光熙门、肃清门失去了原来的城墙意义。这里的"五里"也是个约数，但还是比"迤北之半"要具体些。根据现存遗迹考察，"北取径直"，应该是从光熙门南，元代坝河南岸为开端。坝河即成为北平府北城墙的护城河。"东西长一千八百九十丈"，约占北城墙全长的88%，亦即到积水潭东北水面较狭窄的地方为止。所以有学者认为，其余的城西北抹成一个斜角的部分，就是"修故元都西北城垣"所指的部分，是有道理的。唯如此，才可以说"濠池各深阔不等"。（参阅李燮平《明初徐达筑城与元大内宫殿的拆毁》，《明代北京都城营建丛考》，紫禁城出版社2006年版）《洪武北平图经志书》记载了徐达领军所筑北平府北墙，规格标准要高于元大都。至于所说"创包砖甓"，恐怕只限于北城墙，或是更局部的做法，绝不是周围四十里全部包砖。新筑的北城墙开辟了两座城门，九月初一日，徐达将它们命名为安定、德胜，取代了安贞、健德两门。经过洪武元年八九月间的这次改建，北平府城成了一座东西略长于南北的长方形城池，西北方缺一角。共有九座城门，除北城墙的两座城门外，其余七门均沿用大都城门。

依元旧皇城基改造王府

洪武二年十二月初六日，皇帝任命赵耀为北平行省参政。赵耀是大都督府的都事，"综理慎密，不惮勤劳"，深得徐达爱重，是有功之臣。上月初大将军从陕西回南京时，皇帝升任赵耀为湖广行省参政作为奖励，但大将军没有放他走。现在，皇帝又考虑赵耀曾随大将军取元都，熟悉北平的风土民情，知晓防御北元事务的缓急，所以让他改任北平，给了他一个"守护王府宫室"的重要任务。临行前，皇帝召见了赵耀，谈话时，赵耀把他从工部尚书张允那里得到的"北平宫室图"呈报给皇帝。皇帝阅览后，"令依元旧皇城基改造王府"。（《明太祖实录》卷四七）我们已经知道，终洪武之世，皇城一词所指即包括大内在内的两重城。皇帝对元皇城的处理意见非常明确：首先是守护，然后是改造为王府。

洪武三年四月，隆重的册封亲王仪式之后，建造王府就成为仅次于建造皇城的国家大事，需要大量的优质建筑材料、技术工匠和军民劳动力以及庞大的国家财政支持。但是对新建立的大明来说，这些条件一时难以齐备。尤其是半年前刚宣布营造中都，如果再全面营建王府，工部难以应付。同时也需要首先明确王府制度，才可以开始兴建。所以七月初五日，当皇帝要求"建诸王府"的时候，工部尚书张允只是提了一个方向性意见，供皇帝决策。"诸王宫城宜各因其国择地。请秦用陕西台治，晋用太原新城，燕用元旧内殿，楚用武昌灵竹寺基，齐用青州益都县治，潭用潭州玄妙观基，靖江用独秀峰前。"（《明太祖实录》卷五四）册封了十位王爷，只提到七座王府位置，是因为另外三名亲王实在太年幼，并不着急离开南京。这个意见的最大特点，是亲王府都利用旧有建筑群的基址，不需要开发新的土地，是一个低造价的方向。皇帝也就批准了他的意见，要求"明年次第营之"，一个一个建，并不要求一齐上马。

可是亲王府的制度却一直没能完整地提出来，陷入了"边设计边报批边施工"的境地。皇帝很着急，洪武四年新年刚过，就要求中书省讨论亲王宫殿制度。工部尚书张允提了这样一个方案：亲王宫殿外围王城，开四座正门，城外环绕护城河。王城内包括三大组建筑，东南方建立宗庙，西南方建立社稷坛、山川坛。中间部位，前建宫殿，有正门，带有月台的前殿和后殿；后建王宫，有王宫门，后宫。宫殿还有廊房，廊房如何分布，只围在宫殿周围，还是分别围在宫殿和后宫周围，或是像元大都那样的周庑，方案没有说。蹊跷的是，这本是一个非常原则性的方案，甚至连关键数据，即各建筑的间数都没有规定，反而不厌其烦地规定了三个细节。第一，各殿座台基的高度，分为五个等级：正殿最高，六尺九寸五分。月台次之，正门又次之，级差一尺。第四级王宫门和后宫，三尺二寸五分。第五级廊，二尺五寸。第二，建筑彩画装饰的三个等级：山川坛、宗庙画龙。前后殿、城楼用"青绿点金"；宫殿室内藻井中画蟠螭、金边、八吉祥花；后壁画蟠螭彩云。廊房只用青黑装饰。第三，城门的大门扇上涂红漆，金色门钉。皇帝同意了他的方案。

八天之后，又催中书省先确定王国的宗庙和社稷坛制度。这次礼部尚书陶凯考证了唐宋以来的制度，建议亲王宗庙前门三间，正殿、寝殿各五间。社稷坛用两重墙垣，外垣北、东、西各设三间戟门，内墙置棂星门。偏南处东西并列社坛和稷坛。用营造尺来度量，既区别于太社太稷，也区别于州县。皇帝也批准了这个意见。到十月，终于宣布诸王宫殿开工。

开工的诸王宫殿包括哪几座呢？《明史》记载，洪武三年四月，建秦王府于西安府长安、晋王府于太原府阳曲、燕王府于北平、吴王府于钱塘、楚王府于江夏、齐王府于益都、潭王府于长沙、鲁王府于兖州府滋阳。把册封亲王的时间当作王府的始建年代，是不正确的。《大明一统志》和一些地方志书也采取这样的表达方法，都不足凭信。通过诸王"就藩"的时间观察，靖江王是洪武九年（1376），秦王、晋王是洪武十一年（1378），燕王是洪武十三年（1380），周王、楚王是洪武十四年（1381）（吴王洪武十一年改封周王），确定了这几座王府完工时间的下限。赵王早夭，未建府。齐、潭、鲁各王府明确记载开工于十二年以后。再根据《明太祖实录》中有关王府建设的零星记载，可以判断，洪武四年开工的王府只有秦、晋、燕、靖江四座。

那么燕王府工程的建造过程如何？洪武六年三月十七日，燕王相请示朝廷说，先前接到诏书，土木之工劳民动众，除了修造城池的工程之外，王府和衙署的建造都暂时停止。可是眼下燕王府的社稷坛、山川坛望殿还没有盖上屋顶，王城门也没有砌砖，一旦停工就会被风雨损坏。请求用保定等府那些罚工赎罪的犯人来完成这些工程。皇帝批复说，社稷坛、山川坛是严洁之地，还是要由工匠来做，犯人只能去砌城门。这是官方文献当中对燕王府工程过程的唯一具体记载。不过有趣的是，如果把后来《明太祖实录》中关于王府制度规定的内容，按出台次序衔接起来，恰恰符合建筑工程的过程，像极了皇帝对关于王府工程请示的回复。洪武七年（1374）正月初九日，规定了亲王宫殿的前殿名承运殿，中殿名圆殿，后殿名存心殿。南城门名端礼门，北名广智门，东名体仁门，西名遵义门。皇帝说，"使诸王能睹名思义，斯足以藩屏帝室，永膺多福矣"。（《明太祖实录》卷八七）洪武九年正月初四日，皇帝指示礼部，亲王宫殿、门庑和城门楼都用青色琉璃瓦盖屋顶，如同太子东宫的制度。三月初三日，皇帝要求，亲王殿内的屏风可以画云龙；帐幔用青色文绮来做，上面用泥金工艺装饰云龙。这与东宫制度相仿，比最初工部的绘蟠螭方案等级提升了。五月十三日，皇帝对中书省大臣说，亲王府只有宫殿可以使用朱红色和大青绿色，一般居室只能装饰"丹碧"。我不知道明初的丹碧是什么颜料，但总归要比朱红、青、绿便宜些，因为皇帝再次强调了节俭。他深情地说：我的孩子们年才及冠，又要远离我的身边，怎么能用靡丽扰乱他们的心灵啊！

洪武十二年十一月二十一日，燕王府竣工，图纸呈报到朝廷。"其制，社稷、山川二坛在王城南之右。王城四门，东曰体仁，西曰遵义，南曰端礼，北曰广智。门楼廊庑二百七十二间。中曰承运殿，十一间，后为圆殿，次曰存心殿，各九间。承运殿之两庑为左右二殿。自存心、承运周回两庑至承运门为屋百三十八间。殿之后为前中后三宫，各九间。宫门两厢等室九十九间。王城之外，周垣四门。其南曰灵星，余三门同王城门名。周垣之内，堂库等室一百三十八间。凡为宫殿室屋八百一十一间。"（《明太祖实录》卷一二七）四个月之后，21岁的燕王进驻自己的封国。

在明代的王府中，燕王府规制是一个特例。为此《皇明祖训·营缮》篇专门做了规定："凡诸王宫室，并依已定格式起盖，不许犯分。燕因元之旧有。若王子王孙繁盛，小院宫室，任从起盖。"条款包含三重含义：第一，朝廷已经颁发了诸王宫室确定的格式。第二，盖造王府必须依照该格式，不许突破。燕王府是基于元代原有建筑改造的，不得作为依据。第三，如果亲王后代家族兴旺，可以根据需要盖造其他小院。"犯分"是一个重大的罪行，估计也是削藩燕王的理由之一。燕王在给建文皇帝上书中专门为此说明：你身边那些奸臣说我的王府僭越奢侈，规格超过其他王府。这是我的皇父赐给我的。我到燕国已经有二十多年了，"并不曾一毫增益"。燕王府之所以与其他王府不同，《皇明祖训》中已经明言，"燕因元之旧有"，绝不是我敢僭越，这是奸臣冤枉我呀！

燕王府与明代王府制度的规定有多大差别呢？我们用后来朝廷颁定的制度比较一下。明弘治八年（1495），面临着建造一批王府的任务。礼部尚书倪岳等人看到各地竞相攀比奢华，忧心忡忡。十月十一日，倪岳向朝廷建言，永乐、宣德年间建造王府务求俭约，希望继续弘扬。皇帝指示，"所司其备查以闻"。这次查阅档案的结果，写进了国家的政书《大明会典》，即弘治八年定王府制。这份文件的写法与洪武年间不同，也没有与洪武制度呼应，但是它详细记录了各座宫殿建筑的间数，我们可以据此与燕王府比较。王府定制，王城大门、门房间数以外，只有廊房十八间；燕王府"门楼廊庑"二百七十二间。王府定制，前殿七间、穿堂五间、后殿七间，周围廊房六十间；燕王府承运殿十一间、圆殿九间、存心殿九间，周回两庑至承运门一百三十八间。王府定制，前寝宫五间、穿堂七间、后寝宫五间，周围廊房六十间；燕王府前、中、后三宫各九间，宫门两厢九十九间。宫殿间数是表达建筑等级的方法之一，特别是十一间承运殿，已经达到朝廷正衙的间数。廊房多寡，说明了庭院的宽阔程度。燕王府"承运殿之两庑为左右二殿"，令人联想到元大内的钟鼓楼和南京大内的文楼、武楼，而王府定制没有这个制度。燕王府周垣南正门用灵星门，明显是元代萧墙的延续，也不符合王府定制。

从燕王府与王府定制的差别，可以判断燕王府与同期的秦、晋等王府必定存在巨大差别。唯其如此，《皇明祖训》才有必要加以专门说明。燕王府"逾制"现象，除了"因元之旧有"以外，便无从解释。既然元大都萧墙之内有三座宫城，那么燕王府是"因"哪一座"旧有"呢？宫殿间数也提供了答案，即只能是元大内。因为三座元代宫城中只有崇天门和大明殿是十一间规模。在大明立国不久，处处强调礼制的时候，专为王府建造十一间正殿是不可想象的，这座大殿只能是延用元大内旧殿。洪武九年四月，燕王手书致他的表兄、曹国公李文忠："燕王今遣承奉吴祥赍手书致表兄曹国公：为营造事，所有宫殿相度，可存者存，若无用者拆去须要停当。其营房务要好去布置，如法起盖。开河之事，若有人力可以兴工。若人力不敷且歇，今当仲夏，宜善保不具。"（瞿兑之《李文忠集传》，中国营造学社编《岐阳王世家文物考述》，第18页）瞿先生认为，当时李文忠参与了督修燕王府。燕王致书，希望他根据实际需要，勘查元代宫殿，可存留的要存留，即便无用的，拆除时也要处理妥善。这份手书证明，在落实朱元璋的上谕"依元旧皇城基改造王府"的过程中，元代宫殿得到留存的应该也不止大明殿。不过以理度之，元大内的标志、建有"两观"的崇天门应该会被拆去。

王府定制还规定了一批功能性房屋的间数，如家庙、山川坛、社稷坛、宰牲亭、宰牲房、书堂、浆糗房、净房、仪仗库、茶房、世子府、典膳所、马房、养马房、承奉司六局、内使歇房、禄米仓、收粮厅等。连同宫殿，王府全部房屋共八百二十四间。总数甚至超过了燕王府的八百一十一间。但是决定制度的不是这些房屋的数量，因为按照《皇明祖训》，这类房屋是可以"任从起盖"的。

洪武十一年，明太祖又分封了第二批五位亲王。这时候秦、晋、靖江三座府邸已经建完，几位年幼亲王也急需建造王府了。于是工部呈报，王国宫城的纵广尺寸也应该有定制。并提出以晋王府为准的方案，即"周围三里三百九步五寸，东西一百五十丈二寸五分，南北一百九十七丈二寸五分"。（《明太祖实录》卷一一九）但是弘治八年王府定制中，提到王府拥有"大小门楼四十六座，墙门七十八处"，"寝宫等处周围砖径墙通长一千八十九丈。里外蜈蚣木筑土墙，共长一千三百一十五丈"。砖墙是否即王城墙，土墙是否即外周垣，不很清楚。但是如果是周长，它们的长度大大长于洪武时期的晋王府。我们知道，元大都大内宫城长六百五十步，宽四百八十步。晋王府的长度和宽度分别相当于元大内的61%和62%。即这两座宫城的长宽比值是基本相同的，换言之，这两个长方形是相似形。这样，虽然燕王府的纵广丈尺无从得知，但是如果推测它的宫城也是"依元之旧有"，也就并非过于骇人听闻。《明史·姚广孝传》讲了一个故事，燕王的主要谋臣僧道衍，在燕王府的后苑练兵，还挖了地下室，周围砌上厚墙，墙上密密麻麻地砌上瓶瓶罐罐，然后在里面日夜铸造兵器。外面养着鹅和鸭子，鹅鸭乱叫，掩盖工厂的声音。怎么可以做到的呢？《明史》给的答案是："燕邸，故元宫也，深邃。"

升北平府为北京

洪武三十一年闰五月初十日，71岁的老皇帝去世。十六日，入葬于南京孝陵，庙号太祖。清康熙皇帝在孝陵题字"治隆唐宋"，给了这位开国之君崇高的评价。皇太孙朱允炆即位，以明年为建文元年。他采纳兵部尚书齐泰、太常卿黄子澄的计谋，开始"削藩"。周、湘、代、齐、岷五王先后被废，湘王自焚。燕王先是装疯避难，到建文元年（1399）七月初五日突然起兵，诱杀北平布政使和都指挥使，以八百将士，打出了"靖难之师"的大旗。经过三年激烈战争，终于攻入南京，建文帝不知所终。建文四年（1402）六月十七日，燕王在诸王和大臣们的"劝进"声中登基，成为大明的第三位皇帝，定以明年改元。

永乐元年（1403），新年伊始，一系列朝廷大事都要新皇帝来做：新年大朝会，立春朝贺，祭享太庙，大祀天地坛。正月十三日，就在大祀庆成典礼之后，礼部尚书李至刚等上言，从来的开国之君或者由外藩入承大统的，都要崇升肇迹之地。北平布政司是皇帝承运兴王之地，应该按照太祖高皇帝立中都的做法，立为京都。皇帝马上批准了这个建议，定北平为北京。紧接着，二月初三日公布了军政机构相应调整：北平府改为顺天府，撤销原行省的军事、政府、监察三大机构。提升北京军政机构为朝廷直属，设立北京留守行后军都督府、北京行部和北京国子监。永乐皇帝还对廷臣们说：北京是我的旧封国，原来有国社国稷。现在既然已经升为北京，社稷之礼也需要确定一下。端午节后，礼部和太常的官员们呈报了他们会议的结果：自古以来没有两京并立太社太稷的先例，所以北京的国社国稷不能改；但是也不应该拆，只能设官看守。将来皇上巡狩之日，在其中设太社太稷的神位祭祀即可。倒是需要补建顺天府的府社府稷，让北京行部官员按时举行祭礼。社稷坛的讨论，让新皇帝知道，北平要成为名副其实的北京，还有很长的路要走呢！

永乐皇帝登基之后，在北方推行与民休息的政策，以期尽快医治战争的创伤。建文四年七月二十三日,他告谕群臣:我当初在王府的时候,凡是老百姓的艰苦,没有不知道的。这几年的战争,北方的人民辛劳疲惫已经到了极点。我举义旗本是为了国家和人民,现在国家安定了,百姓还没有安定下来,我夙夜难忘。于是派几位老成的大臣到山西、山东、河南、陕西等布政司巡视民间疾苦。二十五日,又对靖难功臣、都督陈珪说,战争造成社会疲惫凋敝,北方尤其严重,嘱托他尽心辅佐驻守北平的世子,有利于军民的事放手去做。《明史》记载,从建文四年七月到永乐三年(1405),皇帝多次蠲免北京、山东、河南被兵地区农民的租赋,赈济这些地区的饥荒。建文四年八月,将山西无地农民移民北平,给予钞,五年不起税赋。永乐元年八月,将南京直隶地区的十个州郡、浙江等九个行省的富裕百姓移民北京。永乐二年(1404)七月、三年九月,分别从山西移民一万户充实北京。永乐四年(1406)四月初七日,顺天府的30多名"老人"来南京,感谢皇帝优免税粮。皇帝询问他们收成如何,生活是否恢复了。皇帝感慨地说,北方的百姓,像重病初起之人,必须悉心调理才可以痊愈。经过三年休养生息,北方的元气逐渐恢复,为建立都城打下了基础。

营建北京宫殿的筹备阶段

永乐四年闰七月初五日(1406年8月18日),靖难之役的第一功臣淇国公丘福,带领文武群臣,恳请皇帝"建北京宫殿,以备巡幸"。我们无从得知君臣事先是否有所沟通,但是丘福肯定是说出了永乐皇帝的心里话。所以这个动议不需要讨论,皇帝随即做出部署:第一,采伐大木,派遣工部尚书宋礼到四川、吏部右侍郎师逵到湖广、户部左侍郎古朴到江西、右副都御史刘观到浙江、右佥都御史仲成到山西,监督军民采伐。第二,烧造砖瓦,命令泰宁侯陈珪、北京行部侍郎张思恭督造。第三,征发天下各行业工匠,工部负责。第四,选取军工,由南京、河南、山东、陕西、山西都司、中都留守司、直隶各卫中选派。第五，选取民工，由河南、山东、陕西、山西各行省，直隶凤阳、淮安、扬州、庐州、安庆、徐州、和州选取。各处工匠和军工、民夫，定于明年五月俱赴北京，每半年一更换。凡征发军民的地方原有差役税赋一律停止。

是否可以认定"永乐四年闰七月初五"，或简化为"永乐四年"，是营建北京开始的标志呢？历史学界和建筑史学界都有两种不同的意见。永乐皇帝没有像他父亲建南京那样，举行隆重的告天仪式作为开工典礼。而且到预定的"明年五月"工匠集中时间，史料中也没有任何一座建筑开工的记载。所以有人认为，不可以认定永乐四年是营建北京开始的日期。但是笔者认为，四年以后的数年间，永乐皇帝多次告谕臣下，要善待营建北京的军民，这是工程正在进行的证据。四年九月，刚刚确定了营建北京的宏大目标，皇帝就叮嘱长期驻守北京的重臣陈珪说：我当初举义旗，多亏北京军民提供了军需，十分辛劳。这几年虽然免除了北京的一切赋税和劳役，但是也还没有完全恢复。现在国家不得已还需要借重北京的民力，你应该体会我的用心，"役之有节"，先安排好他们的生计，免除饥寒的后顾之忧，再让他们去上工。这个敕令代表了永乐皇帝征集全国工力的指导思想。六年（1408）六月，即两年之后，皇帝向北京行部各司的群臣重申了类似的要求，他说，最近营建北京，是国之大计，不得已而为之。他严厉地批评有些官员"重劳下事之人，略不究心，驱迫严苛，贪渔剥削"，一旦被发现、落实，一律依法处理。同时他再一次敕谕陈珪和北京行部：现在天气盛暑，必须体恤和照料上工的军民，按时饮食作息，不要过于疲劳。如果发生疾病要给予医药。你们要体会我的用心，"敛怨为功，朕所不取"。八月和十月，皇帝分两次给"赴北京工匠"和"北京营造军民夫匠"钞袄、衣鞋。这些记载说明营建已经在进行之中。七年（1409）正月，在天下朝觐官员1542人参加的"陛辞"仪式上，皇帝向全国各省直至各县级官员再次重申："比者营建北京，国之大事，不得已勤劳军民。尔等宜善加抚恤，无为贪酷以重困之。"（《明太宗实录》卷八七）说明在永乐七年的时候，为营建北京征调力量遍及了全国。所以可以认定"永乐四年"是营建北京开始的标志。

另一方面，营建北京宫殿显然不是"盖造房屋"这么单纯的建造任务，不能用是否开始"盖房"来界定其起始时间。这个伟大的工程需要一个较长的筹备阶段，需要动员和改变社会的很多方面。首先是"正名"，整饬与"京城"不符的名号，建立与京城相适应的机构，按照京城标准管理北京。这类工作在改北平为北京时就开始了，我按时间顺序列一个清单，从永乐元年开始。元年五月，以原顺天府学为北京国子监，它的学生拥有了国学监生的资格。永乐三年五月，铸"北京内府"各门关防印记，十月，设置官员专管北京"皇城勘合"，即出入皇城的凭证。这时候的北京内府、皇城，显然就是以前的燕王府，需要按照皇城的规矩管起来。四年八月，设北京兵马指挥司，这是只有京城才设置的武装队伍。造夜巡铜牌十面，由赵王直接掌管，"关领夜巡，一如京师之制"。六年（1408）八月，设北京会同馆，略相当于国家宾馆，接待外夷蕃国使节。十月，提升顺天府税课司为都税司，下设丽正门、张家湾、卢沟桥宣课司，安定门、宛平、大兴税课司，文明门、德胜门分司。七年正月，由于皇帝即将"巡幸"北京，礼部提议应该改正原燕王府的宫殿和门的名号。具体什么名号，《明太宗实录》没有记载，但是按照情理，应该是把南京宫殿及门的专属名称移植到原燕王府来。这样就可以用旧燕王府充当皇帝巡狩时驻跸的宫殿了。二月初，工部又领命铸造了北京皇城四门铜符及夜巡铜牌，这次所铸应该是新的名号了。四月十六日，铸"内府午门、东华门、西华门、玄武门夜巡关防条记"。这一记载，没有明确是南北两京的哪一京。但是这时皇帝正在北京巡狩，认定是为北京内府铸造，应是合理的。这一年，还增设了北京宝钞提举司，扩充了北京五城兵马指挥司，如南京之制。

另一项重要的筹备工作是提高北京的物资运输能力，增加物资储备。洪武年间至永乐初，北京、辽东军饷都依靠海运从南方运输。为此永乐二年十一月设置天津卫，并建设转运粮仓。因为将来朝廷官员的俸禄、营造工匠军民的口粮、木料砖瓦，都需要取自南方。海运风险大，运力不足，作为营造北京和迁都的准备，疏通水路、提高漕运能力十分紧迫。

于是在北京至通州运段，疏通利用了元代通惠河。为增加补给水的流量，进一步开发西湖景，即元代的瓮山泊。永乐四年八月和次年九月，"修治"西湖景的堤岸和各个闸口。五年（1407）五月，修筑从西湖景通向下游的河道，整理从文明门至通州的各闸。六年四月、十月，先后设惠河、庆丰、平津、澄清、通流、普济、广源、文明等八座闸的闸官，掌管启闭，保障畅通，说明这次"修治"成功了。通州迤南的运段，即京杭大运河的山东段，元代至元年间开凿有会通河，自东平至临清，长四百五十余里，但是已经淤塞了大约1/3。永乐九年（1411）二月二十八日，皇帝命工部尚书宋礼等主持疏浚工程。宋礼不辱使命，他听取汶上老人白英的意见，在一处叫作南旺的高地上筑堰和坝，使汶水分流南北，"十之四"南流，"十之六"北流，接济漕河之水，使运河畅通无阻。漕运到北京的粮食一年可达百万石。到永乐十三年（1415），彻底停止了海运。

与提高水运能力同时，陆路也增设了"递运所"。永乐五年十二月，因为营建北京，需要运输的物资众多，所以在卫辉、汤阴、大名、浚县和南馆陶增设了五所递运所。永乐七年十月，从良乡到景州再增加九所。永乐十六年（1418）四月，又一下子在北京、河南设了二十一所。据《明史纪事本末》记载，洪武时期所建的递运所每所需要民丁3000人，车200辆。老百姓常年奔波，不得休息，永乐时期运输任务只能更加繁重。漕河和递运，把营建北京所需海量物料运进北京。

"四年闰七月初五日"之后，采运大木很快就开始了，这是筹备建筑材料的艰巨工程。永乐五年正月，皇帝命令工部：春天是务农的时间，军民伐木不止会影响农时。你们要去核实，凡是一户之中人丁少，或屯田的士兵，要放回来。这个命令至少在四川没有执行。五年三月初十日，在那里采木的工部尚书宋礼给朝廷报告了一个特大喜讯，"有大木数株，不藉人力，一夕出大谷，达于江，盖山川之灵相之"。（《明太宗实录》卷六五）皇帝喜出望外，制止了群臣称颂他的功德，把这件奇异的事情归功于山川之神的奉献。赐这座贡献大木的山名"神木山"，派礼部官员前去祭祀，为山神建祠堂，命令翰林院侍读胡广撰写碑文记事。胡广绘声绘色地描述了这件神异之事，说宋礼在马湖府深山采伐到树径逾丈的几株大木，正谋划需要万夫才能运下山岭，一个夜晚，大木突然自行，吼声如雷，把一块挡路的巨石冲开，自身毫无伤损，这显然只有神的力量才能做到。他顺势把神的护佑与营建北京联系起来："壮哉北京，龙飞之所。帝用贻谋，大启厥宇。……神衷显宣，嘉征斯应。以兆皇基，万世永盛。"（明·胡广《敕建神木山神祠之碑》，转引自《史料长编永乐洪熙宣德朝卷》，第一九八条）

宋礼在神木山采伐的大木是楠木，是永乐年间北京宫殿大木构架使用的主要建材。至今在鉴定故宫古建筑年代时，主要结构是否使用楠木，仍旧是判断明代建筑的一个重要依据。明代地理学家王士性在他的著作《广志绎》中，非常准确地描述了楠木的性状。凡世间之树，全都树干弯曲，枝条扶疏，长着巨大的树冠，只有楠木和杉木树干笔直。但是杉木的根部虽粗，树梢却很细，不符合做建筑材料的要求。楠木则高数十丈而树干上下径围相似，树干上又不生枝杈，直到树顶才散干布叶，像撑伞一样。所以天生楠木，好像是专供殿堂柱梁之用，非楠木不能满足殿堂高大之需，非殿堂不能使楠木物尽其用。王士性认为，楠木主要生长在贵州一带人迹罕至之处，运木出山非常困难，"一木下山，常损数命"。朝廷在湖广、四川安排采木，只是因为这两处较贵州便于管理而已。

采运大木到底有多困难，清代巡抚四川都察院右副都御史张德地《题报采运楠木疏略》说得最清楚。康熙六年（1667）朝廷议建太和殿，派员到四川督采运楠木。张德地亲自跑到贵州绥阳县调查，当地居民告诉他，绥阳在明代设有木厂，专设官员管理。每木厂招募专业工匠210名，有架长20名，负责勘查楠木从山里运输到水边的路径，在途中搭设拽运大木的木架，垫低就高，称为找厢。有斧手100名，负责砍伐树木，在原木上穿鼻，以便拴缆绳拉拽和绑扎木筏。有石匠20名，负责凿山开路。有铁匠20名，负责打制采木的所有铁具。有篾匠50名，负责编缆绳，还要用打缆绳的下脚料润滑"厢"上运木的轨道。放倒的木材从山里外运，以长七丈、径围一丈二三尺的为例，需要拽运夫500名。沿路安塘，每十里一塘，一塘送一塘，直到江边。这些工匠、架长和斧手需要从湖广辰州府招募，他们世代以此为业。其他工匠在本地招募。木材到水边交割给运木官员，每80根打一个大木筏，另招募水手放筏，每筏水手10名，夫40名。采伐大木只能利用秋冬两季，九月起工，二月止工，否则三月起河水泛涨，找厢无法施工。马湖、遵义两府，山里的溪流都汇合于重庆大江，由重庆出三峡到湖广，最后到北京，仅水运就需要一年多的时间。（康熙《四川通志》卷一六上）对于督木官员，采运也是个苦差事。宋礼曾经五次入蜀，少监谢安驻蔺州石夹口采办，自己耕种粮食，二十年才出山（图五）。

图五 ◆ 飞桥度险图。图中所表现的可能就是"找厢"
（引自明·龚辉《西槎汇草》卷一，天津大学建筑学院王其亨提供）

烧造砖瓦是筹备建筑材料的另一项重要工程。故宫博物院的前辈专家于倬云先生估算，"紫禁城宫殿所需砖瓦，品种之多，数量之大也是十分惊人的。其用量大不仅在于房屋多，城垣大，而且与一些特殊工程作法是分不开的。如庭院地面，至少墁砖三层，甚至墁上七层。全部庭院估计需用砖两千余万块。城墙、宫墙及三台用砖量更大，估计所用城砖数达八千万块以上。每块城砖重达48斤有余，共重193万吨，因此在生产和运输上都是非常艰巨的"。（《紫禁城宫殿——建筑和生活的艺术》，商务印书馆2002年版）记录在《大明会典》上永乐时期的砖窑有临清窑和苏州窑，实际上这是两大砖窑系统。烧造地段并不只是临清、苏州两地，而是分布在南、北两京的直隶地区，和山东、河南两个省的运河沿线。烧造工作包括征采芦柴、炼泥制坯、设窑烧造、运送北京等一系列工作，从朝廷到地方都需要设官管理。除了工匠之外，河南、山东二都司和中军都督府直隶军卫、地方政府都还要配备巨量的军民人夫，才可能在较短时间烧造、运送大批符合质量的成品。所以需要安排重臣来督造，于是又在永乐六年六月初十日，命户部尚书自南京抵北京，缘河巡视运木烧砖。

临清窑主要生产黑白城砖、券砖、斧刃砖、线砖、平身砖、望板砖和方砖，方砖又有二尺、尺七、尺五、尺二四样。城砖在正品之外，还要预烧一定数量的"副砖"，以备正品不满足质量要求时替补。明嘉靖中期，临清窑烧造白城砖的额定数量为每年200万块，斧刃砖40万块。在营造北京期间，窑座数量比嘉靖中期要多出很多，成品数量也肯定远远大于每年240万块，才能在十数年间，积累到营造所需数量。苏州窑是南直隶一带以苏州为中心的砖窑统称，产品是二尺、尺七细料方砖，后人称之为金砖。

明代嘉靖年间的工部郎中张问之写了一卷《造砖图说》，描述金砖生产之难。原书已佚，所幸还有一篇提要留存。他说长洲的窑户，必须从苏州东北的陆墓（今苏州市相城区陆慕）取土，干土要呈金银色。挖出后要运到窑座所在地，然后经过晒、敲打、舂碎、磨细、过筛，成为和泥的土。再把土放进三级过滤的水池沉淀，泥浆过罗去掉杂质，在夯实的土地上晾泥浆，放在瓦上进一步干燥，最后经过人的踩踏，成为做坯的泥料。坯料用手揉，逐块放在托板上压实，用木掌拍打，成形后放到避风避日的室内阴干，每天拍打，八个月成坯。入窑烧需要130天，依次使用糠草、片柴、棵柴、松枝，逐渐加大火力。最后停火窨水。官府选砖的标准，"必面背四旁，色尽纯白，无燥纹，无坠角，叩之声震而清者，乃为入格"。成品率有的三五块选中一块，有的甚至几十块选中一块。张问之的督造任务是5万块，三年多才完成。有窑户因为不堪赔累而自杀。（清·永瑢《四库全书总目提要》卷八四）

营造所需要的石材和烧制石灰的石料基本是在北京附近地区开采。"白玉石产大石窝，青砂石产马鞍山、牛栏山、石径山，紫石产马鞍山，豆渣石产白虎涧。大石窝至京城一百四十里，马鞍山至京城五十里，牛栏山至京城一百五里，白虎涧至京城一百五里。折方估价，则营缮司主之。"（《明水轩日记》，引自《日下旧闻考》卷一五〇，第2403页）大石窝在今北京房山西南部，石矿开采使用的历史可上溯到隋唐时期，名称白玉石。安禄山在范阳用白玉石做成鱼龙凫雁、莲花甚至石梁，献给唐明皇。雕琢之精巧，似非人工可为。（唐·郑处诲《明皇杂录》卷下，《唐宋史料笔记丛刊》，中华书局1994年版）金代在燕京中都皇城正门外建有龙津桥，宋朝使臣范成大形容"燕石色如玉"，"雕刻极工"。（宋·范成大《揽辔录》，引自《说郛》卷四一）北京的考古工作者在房山发现金陵遗址，出土一些雕刻非常精彩的白石栏板，证实了金代"雕刻极工"的水平。前文已经说到，元大都宫殿中白玉石使用更为广泛。明代宫殿和陵寝也普遍使用"白御石"。"乃近京数十里，名三山大石窝者，专产白石，莹彻无瑕，俗谓之白御石。顷年三殿灾后，曾见辇石入都，供柱础用者，俱高广数丈。似天生异种，以供圣朝之需。"（明·沈德符《万历野获编》卷二四，《元明史料笔记丛刊》，中华书局1997年版，第611页）清工部颁布的《工程做法》中，出现了"旱白玉石"的名称，也有人写为"汉白玉石"。

我没有找到永乐时期开采和运输白玉石的记录，但是明代中后期有不少同类记载可供参考。"乾清宫阶沿石，取西山白玉石为之，每间一块，长五丈，阔一丈二尺，厚二丈五尺，凿为五级。以万人拽之，日凿一井，以饮拽夫，名曰万人石。"（明·李诩《戒庵老人漫笔》卷二，《元明史料笔记丛刊》，中华书局1982年版，第46页）这里所说的阶沿石"每间一块"，是中国古建筑常见的石料使用规则，即每两根柱子之间的阶条石，必须使用一块完整的石料，不得拼接。宫殿建筑间量特大，石材也就必须特别长、大。超常的规格和重量，造成了开采运输的极端困难。万历二十四年（1596）为重建乾清宫和坤宁宫备料，工部营缮司郎中贺盛瑞查阅了嘉靖朝的资料，当时"三殿中道阶级大石长三丈，阔一丈，厚五尺，派顺天等八府民夫二万，造旱船拽运。派同知通判县佐二督率之。每里掘一井以浇旱船、资渴饮，二十八日到京。官民之费总计银十一万两有奇"。贺郎中实施的时候，采纳了主事的建议，专造了十六轮大车，用1800头骡子拽运，运输时间缩短了6天，经费只花费不到嘉靖时的十分之一。贺郎中还注意到，石料出塘也十分困难。"照得大石料，大者折方八九十丈，次者亦不下四五十丈，翻交出塘上车，非万人不可。合无咨行兵部，将大石窝除见在一千八百名外，再添六千二百名。马鞍山除见在七百名外，再添三百名应用。"（明·贺仲轼《两宫鼎建纪》上卷和中卷）

烧瓦采取了官营的形式，在北京办理。明代工部营缮司直接管理两大窑厂，其中一座琉璃厂，专门烧造琉璃砖瓦，平时也烧供内府应用的琉璃器用。琉璃厂设在南城墙外，丽正门和顺承门之间。清代康熙二十年（1681）迁往京西琉璃局，在今门头沟区龙泉镇琉璃渠村，而南城的原址发展成著名的京城古籍古玩市场。一座黑窑厂，更在琉璃厂之南，由于常年取土，留下的"窑坑"积水成湖，备极荒凉，人迹罕至。清康熙年间工部郎官江藻督厂事时，就民间小庙慈悲庵建成陶然亭，此处从此成了北京名胜。这两大厂在北京，可以随着工程进展来安排烧造，所以不再另设成品仓库。但是从外地采运烧造的海量大木、城砖等建筑材料则需要周密安排，妥善保管，所以工部还直管神木厂和大木厂。顾名思义，神木厂储藏南方楠木。它的位置在广渠门外二里左右，通惠河庆丰闸遗址之南。清代这里还有偃卧的大木，《春明梦余录》记载，这些大木都是永乐时的遗物，其中最巨大的名为樟扁头，树径围达二丈以上，骑马走过其下，对面不见人。乾隆二十三年（1758）皇帝便中一览，写了一首"神木谣"，因为神木位于京城东方，赋予它生生不息的含义。（清·于敏中等《日下旧闻考》卷八九，第1518页）大木厂也保管来自南方的木材。正统二年（1437）八月，行在工部报告说，齐化门外积存的楠杉大木已经有38万根，保存不善。于是皇帝命征集一万民夫来修理厂房。

按《大明会典》的记载，琉璃厂、黑窑厂、神木厂、大木厂、台基厂，合称工部营缮司大五厂，台基厂堆放柴薪和芦苇。其实，营造北京期间，还有不少建筑材料的生产与保管场所也设了厂。比如在通州和张家湾，临近运河码头设有料砖厂。北京地区的马鞍山、瓷家务、周口、怀柔等处烧制石灰，各置灰厂。明代有一个很"烂"的制度，即让宦官来参与管理建造活动，这个机构叫内官监。"内官监，掌木、石、瓦、土、搭材、东行、西行、油漆、婚礼、火药十作，及米盐库、营造库、皇坛库，凡国家营造宫室、陵墓，并铜锡妆奁、器用暨冰窖诸事。"（《明史》卷七四《职官志》）一个工程开始之前，要烧多少块细料方砖，多少片琉璃瓦，要等内官监开数，工部才照数下达烧造。内官监也管理厂，如方砖厂、铸钟厂，都在鼓楼附近，保管细料方砖。内官监办事机构和库府、作坊的所在地，即今地安门内大街以西到北海公园东墙的大片地区。

营建北京坛庙宫殿

永乐十二年（1414）正月二十四日，第二次来北京"巡狩"的皇帝命工部停运"营造砖"，遣散服役的军民人夫。二月二十九日，又命行在工部，凡营造夫匠，全都遣散还家，明年再来赴工。这是七年半以来，皇帝第一次明令全体营造工匠休息。如果我们因此认为繁重的筹备工作基本就绪，也是有道理的，它预示着更为紧张的工作就要开始了。

永乐十四年（1416）八月十八日，皇帝下达了复工的命令，全国军民，凡是参加北京营造的开始分番赴工。所在地的官府要给每人发五锭钞做道里费。10天之后，开始营造西宫。"丁亥，作西宫。初，上至北京，仍御旧宫。及是，将撤而新之，乃命工部作西宫，为视朝之所。"（《明太宗实录》卷一七九）21天之后，车驾启程回南京。到南京后的15天，皇帝召集群臣"议营建北京"。勋臣、武官们上疏："北京河山巩固，水甘土厚，民俗淳朴，物产丰富，诚天府之国，帝王之都也。皇上营建北京，为子孙帝王万世之业。比年车驾巡狩，四海会同，人心协和，嘉瑞骈集，天运维新，实兆于此。刻河道疏通，漕运日广，商贾辐辏，财货充盈。良材巨木，已集京师，天下军民，乐于趋事。揆之天时，察之人事，诚所当为，而不可缓。伏乞上顺天心，下从民望，早敕所司，兴工营建，天下幸甚。"六部等文官们也上疏："伏惟北京，圣上龙兴之地，北枕居庸，西峙太行，东连山海，南俯中原，沃壤千里。山川形胜，足以控四夷，制天下，诚万世帝王之都也。昔太祖高皇帝削平海宇，以其地分封陛下，诚有待于今日。陛下嗣太祖之位，即位之初，尝升为北京，而宫殿未建，文武群臣合词奏请，已蒙俞允。所司抡材，官民乐于趋事。良材大木，不劳而集。比年圣驾巡狩，万国来同，民物阜成，祯祥协应。天意人心，昭然可见。然陛下重于劳民，延缓至今，臣等切惟宗社大计，正陛下当为之时。况今漕运已通，储蓄充溢，材用具备，军民一心，营建之辰，天实启之。伏乞早赐圣断，敕所司择日兴工，以成国家悠久之计，以副臣民之望。"（《明太宗实录》卷一八二）

这次讨论意义实在太大。名义上，皇帝是在召集议营建北京，而实际上文武大臣们已经揣摩到皇帝的心思，不再提"以备巡幸"，直接把营建的意义提升为建都。而且大臣们都说到筹备工作已经取得成功，这是有目共睹的。皇帝当然接受了大臣们的善意。建西宫是营建北京宫殿的开端，这次集议也是计划迁都北京的开端。永乐十五年（1417）二月十五日，皇帝设立了总管营建北京的机构，级别相当于都督府，行文用"缮工之印"。泰宁侯陈珪总负责，安远侯柳升、成山侯王通做副手。下设经历司为办事机构。三月二十六日，皇帝开始第三次巡狩北京，从此再也没有去南京。

回到北京，皇帝照例在北京的奉天殿丹陛设坛，祭告天地，御奉天殿受朝贺。这里所说的奉天殿，不再是昔日燕王府正名后的旧殿，而是新完成的西宫奉天殿。工匠们抓紧利用皇帝南下的时间，仅用了八个月，就建成了西宫。西宫为当时命名，因为它位于燕王府旧宫殿之西，是元大内隆福宫的旧址。西宫规模相当庞大，"中为奉天殿，殿之侧为左右二殿。奉天殿之南为奉天门，左右为东西角门。奉天之南为午门，午门之南为承天门。奉天殿之北有后殿、凉殿、暖殿及仁寿、景福、仁和、万春、永寿、长春等宫。凡为屋千六百三十楹"。（《明太宗实录》卷一八七）从朝门起有一条主轴线，以承天门为南端，经午门、奉天门、奉天殿，到后殿为止。奉天门有左右角门，奉天殿有左右二殿，制度均模仿自南京，但缺端门。奉天殿并非南京"三大殿"的格局，而且后殿、凉殿、暖殿的布置也与南京乾清、坤宁二宫不同，不禁令人联想到隆福宫后寝殿的左右暖殿制度。仁寿等六宫，是明代文献中最早出现的内宫名称。六宫制度来自南京，从吴王宫就开始了，它们的排列只说是"以次序列焉"。所以西宫中六宫的相对位置也不好推测。西宫宫殿显然满足了"视朝"和"家居"两大功能，其他都被忽略了，因为皇帝建西宫的目的，就是"为视朝之所"。

至于前两次巡狩用的旧宫殿，已经开始"撤而新之"了，西宫的作用，就是在北京新宫殿建造过程中提供一处过渡空间。西宫的一千六百三十间宫殿只用八个月建成，可谓神速。造就神速的原因，一是隆福宫空置的四十五年中，古建筑可能荒废损坏，但是它的基础和台基应该不会有根本的破坏，完全可以修复后继续使用。二是中国古建筑的木结构，各类承重构件，如柱、梁、斗栱、檩枋之类，从唐代就实行了标准化加工，装配化实施，也可以搬迁重建。因此有学者推测，西宫所用材料，就是拆原燕王府而来，这是非常巧妙的安排。"既清理出了营建北京宫阙的场地，又利用废材建筑了视朝之所，

067

省时省力,节省建筑材料,免除清除大量废料,一举数得。"(王剑英、王红《论从元大都到明北京宫阙的演变》,《紫禁城学会论文集》第一辑)

永乐十五年十一月初二日(1417年12月9日),奉天殿和乾清宫同时动工。这件很重要的大事,《明太宗实录》和《明史》却都没有记载,但是朝鲜李朝《太宗实录》记录了燕行使带回来的消息。中国行在礼部咨"伏遇朝廷营建北京宫殿。永乐十五年十一月初二日起,立奉天殿,乾清宫"。(朝鲜李朝《太宗实录》卷三五,转引自《史料长编永乐洪熙宣德朝卷》,第六三五条)翰林学士金幼孜、杨荣为了歌颂营造宫殿时出现的祥瑞,也都记录了这个日期。北京的气候,十一月已经进入冬季,开工后的第四天就是冬至节了。陈珪等奏报,初八日和十八日,两个工地都出现了五色瑞光祥云。二十一日,金水河与太液池开始结冰了,竟然凝结成楼阁、龙凤和花卉等形象。皇帝特赐群臣观赏。时任礼部尚书率百官上表祝贺,说是皇帝的高尚道德令天降祥瑞。皇帝虽然理智地拒绝了吹捧,但是词臣们还是纷纷献上歌颂之章。金幼孜说:"永乐丁酉,是年十一月二日,始创奉天殿、乾清宫。……未几殿中俱现五色瑞光,由地亘天,朗耀辉彻,卿云彩霭,煜煜轮囷。天花璀璨,大如日轮,回旋宫苑,蔽亏霄汉。金水河、太液池,冰复凝瑞,内含诸象,毫发可鉴。自是卿云瑞霭,缤纷杂遝,无日不见。""于是建奉天、立乾清,法刚健,配高明。壮鸿基于九鼎,揭皇极于八纮。肆天庥之滋至,纷总总而来呈。既弥旬而阅月,羌日盛而日盈。若乃瑞彩发舒,其光五色,或绀而青,或黄而赤,或护日而圆,或凌风而直,上烛璇霄,下临柱石。绣楯耿耀,丹闱有赫。晶晶荧荧,煜煜奕奕,昭晰辉融,交映洞射。尔其卿云轮囷,非雾非烟。勃郁布濩,郁郁纷纷。错综成章,五彩氤氲,乍敛而合,倏舒而分。或圆若停盖,或长若垂绅。或灿若张绮,或丽若凝缤。昭回河汉,朗耀三辰。"(《圣德瑞应赋有序》,《金文靖集》卷六)文章铺陈自是高明,但是我们还是不清楚当时到底发生了什么。至于金水河、太液池结冰成异象,恐怕也是见仁见智,或者人云亦云了。

永乐十八年(1420)九月,眼看营建接近尾声,皇帝启动了迁都的准备。

初四日，行在钦天监选定明年正月初一为上吉之日，宜御新殿受朝贺。皇帝于是派户部尚书夏原吉赶赴南京，迎接在南京监国的皇太子，来北京参加这次旷世大典。随后，皇帝命令行在礼部，从明年正月初一起，去掉北京的"行在"称谓，正名为京师。而南京只是两京之一，不再称京师。原来朝廷直属的六部各衙门的印信，直接取来给北京各衙门用，南京衙门重新铸印时另加"南京"二字。不久，皇帝又命令行在兵部尚书及武官等议军事，决定了南北两京军卫和兵力的重新调配。万事俱备。十一月初四日，皇帝颁布了著名的"建北京诏"，昭告天下，营建北京今已告成，选永乐十九年（1421）正月朔旦举行御殿大典。《明史》把这篇诏书的性质，定为"以迁都北京诏天下"。

这一年的年底，十二月二十九日，《明太宗实录》对营建北京工程做了一个总结性概述："初，营建北京，凡庙社、郊祀坛场、宫殿、门阙，规制悉如南京而高敞壮丽过之。复于皇城东南建皇太孙宫，东安门外东南建十王邸，通为屋八千三百五十楹。自永乐十五年六月兴工，至是成。升营缮清吏司郎中蔡信为工部右侍郎，营缮所副吴庆福等七员为所正，所丞杨青等六员为所副，以木瓦匠金珩等二十三人为所丞。赐督工文武官员及军民夫匠钞、胡椒、苏木各有差。"（《明太宗实录》卷二三二）总结把工程分成两部分，营建北京是第一部分，包括三大类工程，即太庙、社稷坛，郊祀坛场与宫殿门阙。第二部分是皇太孙宫和十王邸，共八千三百五十间。三年半的工期，应该也仅指第二部分。这种解读法，可见于清代康熙年间编纂的《古今图书集成·职方典》第四十一卷，乾隆时期的《日下旧闻考》第四十三卷等。也有文献把这个工期当作营建北京的总工期，如明万历时期的《昭代典则》第十三卷。我赞同第一种解读。从文献出发，我对永乐时期营建北京的工期解读为两大阶段，从四年闰七月初五日到十二年正月二十四日（1406年8月18日—1414年2月14日），是筹备阶段。从十四年八月十八日到十八年十一月初四日（1416年9月9日—1420年12月8日），是在建筑工地现场集中实施的阶段。其间十二年二月至十四年七月，做了短期休整。

当然，如此规模、如此复杂的工程，分期并不是绝对的，有一些重要的项目可能没有休整期。首先是皇城南移的项目，考古工作者根据考古现象，认为北京的皇城是在元大都萧墙旧址上南移改建的。因此，萧墙内的布局要做改动。永乐十二年九月十三日，开挖了"下马闸海子"。（《明太宗实录》卷一五五。抱经堂本实录写作"下海闸"）水利专家认为，此事"当指开挖南海之事。日知阁实际是南海出口闸房，今日依然"。（蔡蕃《北京古运河与城市供水研究》，北京出版社1987年版，第179页）开挖南海向南延展了太液池水面。十七年（1419）十一月二十四日"拓北京南城，计二千七百余丈"。（《明太宗实录》卷二一八）拓南城，指北京城南城墙向外拓展，工程的长度，包括南面的新城墙和东、西两侧城墙向南新延伸的部分，三段的总长是两千七百余丈。具体位置，是从今天东西长安街南侧一线，向南推进800余米。这样，北京城的面积，就较北平府城扩大了，全城东西距离为6650米，南北距离为5350米。（北京市文物局编《北京古代建筑精粹》上册，北京美术摄影出版社2007年版）南面城墙仍旧开辟三座城门，城门名也仍旧沿用丽正、文明和顺承门，未做更动。拓南城加长了皇城正门到京城正门的距离，为建设午门前的重重门楼留足空间，以与南京的建筑序列取得一致。

第二个项目是地下工程，即大内的基础工程和排水工程。我国著名明清档案学家、古建筑学家单士元先生早在20世纪50年代，对我国古建筑的基础工程就做过深入研究。他说："施工之程序以整治地基为主，刨槽夯土之功为先行。以北京故宫为例，在七十二公顷地区而言，其地基是满堂红的基础，即遍地均经夯筑，如原地部分土质不佳则进行换土再夯筑。""我国夯土技术，几千年来不断发展。同时还因地制宜就地取材，出现和使用多种建筑材料。……以首都北京为例，大型建筑包括宫殿、庙宇和衙署、府第，房基都是用三合土或一步灰土、一步碎砖，这是八世纪宋代以来官式做法。早期夯土层有十余层者，明代北京故宫建筑地基有多至三十层者（故宫北上门拆时即是）。"（单士元《中国建筑木结构与夯土地基结构》，引自《单士元集》第四卷，紫禁城出版社2009年版，第272页、277页）多年来，故宫在实施避雷、消防等保护工程时，发现故宫的城墙、殿堂都采用了宋代以来官式做法的地基。2013年发现慈宁宫花园外两处建筑基础遗址。做法是先在地面往下挖一个大约深3米的基坑。为了保证松软的地层能够承受重大的古建筑的压力，用密集的柏木竖直地向地下打上桩，很形象地叫作地钉，然后在地钉的顶上，纵横两排摆两层柏木的木排，之后再在这个木排上夯土或者砌砖（图六）。夯土是纯净黄土与碎砖相间夯筑，总共夯了30层。另一面砌了20层城砖。在这些上面再去建造建筑的台基。故宫古建筑在600年的时间里，经历了几次大地震，都没有发生严重损伤，基础的作用是非常巨大的（图七）。

图六 ◆ 慈宁宫花园东北部基础做法：地钉与木排

图七 ◆ 慈宁宫花园东北部基础做法：夯层

排水工程也是一个完整的地下系统。每个院落的砖墁地面都精细地做出向边缘倾斜的坡度，而在台基、墙基的边缘用条石做集水明沟，经沟眼石流入地下支沟，汇入干沟，最后流入内金水河。金水河从北城墙西端入城，就称内金水河，南流东折，在武英殿、奉天门前流过，曲折地从南城墙东端流出，最后汇入通惠河。于倬云先生发现，这个系统在营建宫殿规划初具规模时，在地面工程进行之前就已经完成，因而墙脚与暗沟交叉之处，均用条石做了沟帮或沟盖，墙上绝没有掏凿乱缝之处。他评价，"明代排水系统工程，坡降精确、科学，上万米的管道通过重重院落，能够达到雨后无淤水的效果，这也是我国古代市政工程的一大奇迹"。（于倬云《紫禁城始建经略与明代建筑考》，《中国宫殿建筑论文集》，紫禁城出版社2002年版，第8页）

第三个项目是开河堆山，这个项目在官方文献中也缺少记录。元大都的大内，既没有护城河，内部也没有河流穿过。明皇城则有宽52米的护城河环绕四周，城里有内金水河。元大都大内正北无山，明皇城正北有一座"福山"，所以应该是在营造北京期间用人工堆山，来模仿凤阳中都的万岁山，形成宫阙背山面水的好风水。于倬云先生指出，把挖太液池和护城河的土方，运到元大都大内的御园堆成山，为土方找到出路，减少了运输工程量，反映了工程主持人"确有古代运筹学上系统工程学的实际经验"。（《紫禁城始建经略与明代建筑考》）

另外，在北京昌平营建长陵，也是与营建北京同时期的伟大建筑工程，建造过程文献记载是很清晰的。徐皇后于永乐五年七月初四日在南京病逝，一直未安葬。永乐七年，皇帝第一次北狩到北京不久，命礼部尚书赵羾和江西风水师廖均卿等人择地，赵尚书一行于昌平东黄土山发现"吉地"。五月初八日，皇帝车驾亲临，封黄土山为天寿山，当日便遣官祭告兴工。十一年正月，天寿山陵的地宫完工，命名为长陵。徐皇后的梓宫从南京发引，二月十七日，入葬长陵。永乐十四年三月初一日，以长陵殿为标志的地面建筑完成，赵王奉命奉安徐皇后的神主，长陵工程全面告竣。长陵建设虽然不属于营建北京工程，所用工匠和军夫也是另外调集的，但是工程的意义非常重大，因为它显示了皇帝迁都的决心不可更改。

修整北京城垣

永乐十九年正月初一日,御殿大典如期举行。在朝与地方的文武官员和所谓"四方蛮夷酋长",都被北京宫殿的宏伟气象、壮丽规模所震撼,"莫不欢欣踊跃"。词臣们纷纷写作辞赋歌颂盛事。不料仅仅三个月之后的四月初八日,突发火灾,火势猛烈,奉天、华盖、谨身三座大殿被一齐焚毁。初十日、十三日和十七日,皇帝在敕谕、诏书中形容自己的心情:"朕心惶惧,莫知所措","朕怀兢惧,莫究所由","朕心勤惕,寝食不安"。更不料永乐二十年(1422)闰十二月二十五日,皇帝的正寝乾清宫又遭火灾。终永乐之朝,宫殿未再重建。洪熙皇帝朱高炽在位时间太短,且再次命名北京为行在,有南归之举。宣德曾拟修造宫殿,也曾遣官采运大木,不过一直未能启动重建宫殿。所以洪熙、宣德两朝,既无正朝,也无正寝。明宣宗时,觉得皇城东墙临近通惠河西岸,人家缘河居住,嘈杂的市井之音一直传入大内,因此要求搬迁居民到皇城西侧的空地,之后于宣德七年(1432)八月,将城墙和东安门迁建到通惠河东岸。从此通惠河圈入禁区,运粮船不再进城。宣德十年(1435)正月初十日,正统皇帝继承皇位。大明经过十年的太平岁月,发展向好。完成永乐蓝图的历史重任落在七岁的嗣君身上。正统朝对营建北京做了三件大事,按开工的时间顺序,一是修整北京城垣,二是重建三殿两宫,三是全面建造朝廷衙署。

正统元年(1436)十月二十九日,"命太监阮安、都督同知沈清、少保工部尚书吴中率军夫数万人修建京师九门城楼。初,京城因元旧,永乐中虽略加改葺,然月城楼铺之制多未备,至是始命修之"。(《明英宗实录》卷二三)开始建月城与城楼,是修整城垣的第一步。大明立国已经百年,而北京的东西城墙一仍元旧,还是夯土城墙,一到雨季,屡遭破坏。所以永乐至宣德的史料中有多次修理城垣的记载。南北两面虽是新作,但月城楼铺也多未完备。正统二年正月,工程从西面的平则门、西直门开始,几个月后，北面安定门、德胜门兴工。三年（1438）正月，朝阳门、东直门开工。六月，开始专为正阳门城楼备料。到正统四年（1439）四月二十九日，修整城垣工程的第一步宣告完成。"修造京师门楼、城濠、桥闸完。正阳门，正楼一，月城中、左、右楼各一。崇文、宣武、朝阳、阜城、东直、西直、安定、德胜八门各正楼一，月城楼一。各门外立牌楼，城四隅立角楼。又深其濠，两涯悉砌以砖石。九门旧有木桥，今悉撤之，易以石。两桥之间各有水闸，濠水自城西北隅环城而东，历九桥九闸，从城东南隅流出大通桥而去。自正统二年正月兴工，至是始毕。焕然金汤巩固，足以耸万国之瞻矣。"（《明英宗实录》卷五四）除了实录中罗列的项目，估计在这两年半里，还在原来土城的外侧包砌了城砖。因此正统五年（1440）八九月间派员督修城垣时，只修了洪武元年所建北城墙和永乐十七年所建南城墙。还有，在整修城垣期间，改定了北京各城门名称。洪武时期改定北门名为安定、德胜，其余七门仍用元代旧名。洪熙时，把丽正门改为正阳门。大约在正统二年十月之前，其他六门也改了名。所以行在户部奏请，希望重铸各门宣课司的印信，改从新名。但是民间甚至官方文件，有时还使用元代旧名。

修整城垣第二步，在全部城垣的内侧包砌城砖。"京师城垣其外旧固以砖石，内惟土筑，遇雨辄颓毁"，正统十年（1445）六月二十六日，"命太监阮安、成国公朱勇、修武伯沈荣、尚书王卺、侍郎王佑，督工修葺之"。（《明英宗实录》卷一三〇）七月初二日，因为兴工，举办了祭告太庙的仪式。正统十二年（1447）闰四月初三日，北城墙修理完成。城墙内外包砌城砖竣工，标志着整修北京城垣工程全面完成。明北京城垣彻底取代了元大都土城。两年以后，发生了"土木之变"，英宗北征失利被俘，蒙古铁骑几次攻到北京城下。坚固的北京城垣为保全大明起到了关键作用。

文献记载描述了三殿两宫重建工程的全过程。正统四年十二月初一日，皇帝派遣吴中尚书祭司工之神，"修建乾清宫以是日经始"。这只是标志重建工作启动，稍后才开始具体工作。五年二月初七日，决定调集七万人，其中工匠三万余人，有北京内府各监局的"住作匠"，他们常年在北京工作；也有从各地征调来的"轮班匠"，服役一段时间后应该得到替代。另外三万六千多人是在京的备战军人，他们提供技术工作以外的劳动力。二月十八日，任命左都督沈清、少保兼工部尚书吴中，提督官军匠作人等营建宫殿。皇帝对他们说："尔等宜体朕爱养军民之心，必加意抚恤，均其劳逸，毋凌虐，毋急迫，毋科扰，使乐于趋事，则人不怨事宜集，庶副委任之重。又戒把总、管工官及工匠、作头人等，毋掊克粮赏，毋假公营私，毋受财故纵及生事害人。违者许诸人陈诉，必罪不宥。"（《明英宗实录》卷六四）

正统五年三月初六日，"建奉天华盖谨身三殿，乾清坤宁二宫，是日兴工。遣驸马都尉西宁侯宋瑛等告天地、太庙、社稷及司工等神。太宗皇帝营建宫阙，尚多未备，三殿成而复灾，以奉天门为正朝。至是修造之。发见役工匠、操练官军七万人兴工，其材木诸料俱旧所采办储积者，故事集而民不扰"。（《明英宗实录》卷六五）由于永乐、宣德朝遗留下大量木材物料，而且不需要做地下基础，所以这次重建工程的复杂程度远不及永乐朝。十一月十七日，奉天殿的栋梁要运到工地，皇帝特派成国公、礼部尚书、工部尚书三位重臣祭司工之神、栋梁经过的正阳门和午门之神。这件事具有典礼的意义，也反映了明代建造活动的重要规律，即大木构件是在其他地点加工，成形后运到工地进行安装。于倬云先生认为，永乐时工部的台基厂就是加工大木构件的地点。明代雷礼所辑《国朝列卿纪》的《赵璜传》，就证实了在正德年间，大木入京，先在神木厂"打截"，然后就"运入台基厂造作"。还有文献记载，明代官式建筑对木构件要进行"防水防腐"处理。"工部修太庙，梁栋皆竖立于厂，每根头凿一窍，以滚油注之，逐水且牢。"（《戒庵老人漫笔》卷一）正统六年（1441）正月初八日，三殿立木；三月十七日巳时，三殿上梁。这些古建筑施工的关键节点，都举行了祭司工之神的仪式。九月初一日，三殿二宫重建告成，再次举行了遣官告天地、太庙、社稷、岳镇海渎的隆重仪式。实际施工工期共十七个月。十月二十九日，皇帝一家入住乾清宫和坤宁宫。十一月初一日，皇帝御新殿举行朝会，大赦天下。同时更换了南北两京诸衙门的印信，去掉了北京衙门的"行在"两字，在南京衙门增加了"南京"两字。彻底终止了洪熙时开始的"南归"设想。

在大明门两侧建设朝廷衙署开始于正统七年（1442）四月十三日。"建宗人府、吏部、户部、兵部、工部、鸿胪寺、钦天监、太医院于大明门之东，翰林院于长安左门之东。初，各衙门自永乐间皆因旧官舍为之，散处无序。至是以宫殿成，命即其余工以序营建，悉如南京之制。其地有民居妨碍者悉徙之。"（《明英宗实录》卷九一）八月初六日，在大明门之西，建设中左右前后五军都督府、太常寺、通政司、锦衣卫，在长安右门之西建行人司的工程也开工了。经过这次集中建设，从首都功能上，改变了元大都衙署"散处无序"的缺陷，把南京在皇城前布置朝廷衙署的规划，移植到了北京。正阳门里有一条北京最长的胡同，叫东西江米巷，即今东西交民巷。胡同以北，东西长安街以南，基本与皇城等宽的广大地区，成为国家政务中枢区，按照文东武西的大原则，安置了朝廷各衙署。北京的三法司，虽然没有玄武湖那么幽美的环境可供安排，但也比照南京做法离开中枢区，安排在宣武门大街西侧。正统七年所造衙署，还有会同馆和观星台。八年秋天，又对国子监进行了重建。"北京故有学，在宫城之艮隅，庳隘弗称。乃正统八年秋，命有司撤而新之，左庙右学，高广靓深。所以奉明灵、居来学，凡百所需，靡不悉备。材出素具，役不及民"。（《明英宗实录》卷一一四）北京国子监设在元大都孔庙原址，大明立国以来，这是第一个大规模的修建工程。

从正统元年到十二年的这三大工程，是营建北京的一部分。它接续了被永乐十九年火灾打断的历史过程，奠定了明清北京城的格局，最终完成了改造元大都为明京师的伟大工程。这次成功的"旧城改造"前后实际耗时累计二十六年。

嘉靖时期增建北京外城

嘉靖皇帝是大明第二位从藩国入主天下的皇帝。这位湖北钟祥出生的15岁少年，刚到北京就掀起一场风波。以大学士杨廷和为首的大臣们按照礼数，要求他从东华门入文华殿，然后像"太子"那样，上奉天殿登极。而他坚持自己是奉慈寿皇太后懿旨来做皇帝的，继承的是大明皇统，决不是继承堂兄正德皇帝，更不能进文华殿。大臣们只得屈服，时已中午，少年终于从大明门堂堂正正地进入皇城，直接即位。紧接着，如何对待皇帝的亲生父母和大伯孝宗皇帝，他又与杨廷和们展开了激烈的争辩，酿成明代著名的政治事件，称为"大礼议"。自此以后，凡逢礼制的讨论，皇帝必定坚持己见，直至用"古制"改定"祖制"。反映在建筑活动上，嘉靖成为永乐至正统之后，对北京城"增补"最多的一个朝代。首先是由"大礼议"直接衍生来的太庙改建，其次是对郊坛的改建和添加，最后是建造北京外城，使北京城容量大增。这里专讲外城的建设。

早在成化十二年（1476）八月初十日，定西侯蒋琬就向朝廷提出增筑外城的建议。理由有三，其一，太祖皇帝肇建南京，京城之外筑有土城，是礼制的需要。其次，土木之变，众庶奔窜，内无所容，前事可鉴，是首都防护的需要。其三，北京城西北一带前代旧址犹存，若就旧址增筑，成功不日可待。（《明宪宗实录》卷一五六）蒋琬所说旧址，西边，指金中都旧城；北边，指元大都北城墙。这个建议被搁置。弘治十六年（1503）九月初六，吏科左给事中吴世忠上言，再次建议建造北京外城。理由是京师距离居庸关、古北口不过二三百里，不可不预防蒙古族的抢掠。（《明孝宗实录》卷二〇三）当时强悍的蒙古首领瓦剌已在内斗中死去，防边趋缓，于是建议又被搁置。嘉靖二十九年（庚戌年，1550）七月，蒙古新首领俺答率骑兵抢掠通州，包围北京，纵火焚烧安定门外的民房。俺答兵退后，九月，工部左侍郎题请建北京重城。皇帝本来已经答复等待来年秋收以后再开始，可是有民间人士自愿捐资助修，于是当年十二月，正阳门、崇文门和宣武门外三个关厢，开工建造土城。不久，掌锦衣卫事陆炳，又对皇帝反映，建城时拆迁民房，扰动墓葬，造成民怨，建城不易成功。皇帝就令工程停止了。

嘉靖三十二年（1553）三月三十日，兵科给事中朱伯辰再次上言筑外城。他强调筑城的必要性，"臣窃见城外居民繁夥，无虑数十万户，且四方万国商旅货贿所集，宜有以围之。矧今边报屡警，严天府以伐房，谋诚不可不及时以为之图者"。又认为工程难度并不太大，"臣尝履行四郊，咸有土城，故址，环绕周规，可百二十余里。若仍其旧贯，增卑培薄，补缺续断，即可事半而功倍矣"。皇帝就此征询大学士严嵩的意见。严嵩补充说，就原址修筑，确实比较容易。因为上年关厢土城已经完成过半了。于是皇帝下决心说，"今须四面兴之，乃为全算。不四面未为王制也"。兵、户、工部等报上负责官员名单，"请命总督京营戎政平江伯陈圭，协理侍郎许纶，锦衣卫掌卫事陆炳，督同钦天监官同臣等相度地势，择日兴工"。（《明世宗实录》卷三九五）皇帝批准了从"王制"出发、四面建外城的规划。

兵部尚书聂豹根据四面规划，制订了详细的计划，画图贴说上报。根据勘查四周城墙的走向，计划确定外城总长七十余里，其中有旧址可用的二十二里。城墙的规制，下面用夯土，墙基厚二丈，收顶一丈二尺，高一丈八尺。上面建腰墙和五尺高的垛口，城墙通高二丈三尺。城外取土筑城，取土之处成濠。开十一座城门，其中九门与京城门相对应，另外在大通桥、旧彰义门各开一门，每门五间门楼。沿通惠河适当留便门，不设门楼。各门外设门房，共二十二所。城四角设角楼。城墙外侧设敌台一百七十六座，每台建铺房，设军卒把守。还要设大小六座水门。用工估算，每城一丈，计该三百余工。经费估算，兵、户、工部各攒集，共用银六十万两。工程重大，须委派内官监、兵工二部堂官、掌锦衣卫事陆炳、总督京营平江伯陈圭提督修筑。都察院、工科委给事中纠察巡视。以上各衙门派员各照职掌分区催攒。工程质量须保三年，因修筑不得法致三年内坍塌者，催工人员及工匠均问罪。

(《明世宗实录》卷三九六）

嘉靖三十二年闰三月十九日举行了告太庙仪式，宣布开工。皇帝亲谕各提督等官说："古者建国必有内城外郭，以卫君守民。我成祖肇化北京，郭犹未备，盖定鼎之初未遑及此。兹用臣民之议，先告闻于祖考，爰建重城，周围四罗，以成我国家万世之业。"（《明世宗实录》卷三九六）开工后二十二天，皇帝又觉得不踏实。他告诉严嵩，建城固然是好事，但要讲实效，决不能"枉作一番故事"。如下面用土上面才用砖石，肯定不会持久；但若包砖一二年也不能完工；听说西面城墙建造困难很大，这些不能不想好再做啊！严嵩把皇帝的想法传达给陈圭诸人，他们反馈的意见是先从南面做起。皇帝还是觉得不够落实，于是严嵩亲自去工地查看。回来报告说，正南一面工地有二十里长，困难之处在于夯筑墙基，必须深挖到实地，有的深可达五六尺、七八尺的。现在最困难的关坎已经过去，大部分夯筑已经冒出地面，高一二板至五六板的都有，最高一处达到十一板。因为地势有高低，培垫的土就有深浅，取土也有远近，所以工程难易也有不同。不过上板以后就容易见效了。皇帝则回答说，用土筑总难坚固，那种做着看的态度"非建大事者之思也"。是否可以先做南面一面，还要陈圭等再议。大臣们回复说，京城南面，民物繁阜，应该卫护。版筑的方法一定要取好土，才可以持久。原计划做四面，所以长度达二十余里，现在只筑一面，只要东西两侧北转，接上京城东南角、西南角就可以了，总长只需十二三里。皇帝最后同意了只建南面的意见。这一年十月二十八日新筑外城完工。皇帝给城门命名，"正阳外门名永定门，崇文外门名左安门，宣武外门名右安门。大通桥门名广渠门，彰义街门名广宁门"。全部工程用时七个月。

十年以后，嘉靖四十二年（1563）十二月初一日，"工部尚书雷礼请增缮重城、备规制。谓永定等七门当添筑瓮城，东西便门接都城只丈余，又垛口卑隘，濠池浅狭，悉当崇甃深浚。上善其言，命会同兵部议处以闻"。（《明世宗实录》卷五二八）项目就这样确定下来，皇帝还特别表扬雷礼为国负责的精神。四十三年（1564）正月二十八日增筑瓮城开工，到六月二十七日完工，用时五个月。这次工程记载简略，我们从雷礼的建议中读到的信息有，北京外城除了皇帝命名的五座门以外，还有两座便门。外城创建十年后做了改善：七座城门都建了瓮城，垛口墙加高，护城河加深。

20世纪20年代，瑞典艺术史家喜仁龙详细调查和记录了北京的城墙与城门的状况，他看到外城的内外两侧都包砌了城砖。喜仁龙记录了嵌在城墙和墩台上的文字砖，发现除个别地方经过清代乾嘉时期修补以外，绝大多数使用了嘉靖时代的城砖，从嘉靖十八年（1539）到嘉靖三十三年（1554）的都有。（瑞典·喜仁龙《北京的城墙与城门》，许永全译，北京燕山出版社1985年版）那么这两次工程，是哪一次实施了包砌城砖呢？要解答这个问题，有待更多的史料。

建设北京的功臣们

营建北京是大明的国家大事，几十年来调动的劳动力、使用的资金和物资难以计数，社会动员面也极其广泛。永乐十九年奉天殿火灾后，皇帝下诏，要求大臣直陈"致灾之由"。于是《永乐大典》的编纂者之一邹缉上疏说，营建工程使"民以百万之众，终岁在官供役，既不得保其父母妻子，遂其乐生之心，又不能躬亲田亩，以事力作，使耕种不时，农桑废业，犹且征求益深，所取无极"。何况冗官滥员靡费钱粮，官司胥吏横征暴敛，京师百姓遭驱迫移徙、莫知所向，对老百姓不啻是一场灾难。（明·邹缉《邹庶子奏疏》，转引自《史料长编永乐洪熙宣德朝卷》，第八二六条）另一方面，营建北京是一次伟大的建筑活动，形成了我国封建社会后期的一次建筑高峰。很多能工巧匠发挥了无比的创造力，一些军政官员展现了高超的管理才干和爱惜民力的优秀品质。他们为中华民族文化的发展做出了突出的贡献，应该为我们所纪念。历史文献记录了一些人物的事迹，展现了营建北京的生动的侧面。我把这些人物和事迹摘录下来，大致根据他们所从事的工作简单分类，约略按照时代先后，把他们的姓名和事迹胪列于下。其中包括从朝廷到军队、地方的官员，个别有劣迹的人也没有回避。

华云龙 安徽定远人，元末聚众韭山，明太祖起兵来归。洪武元年随大将军徐达攻入元大都，升为大都督府佥事，兼留守北平行省参知政事。次年因破山西元军，升都督同知兼燕王左相。建燕王府和北平府（即旧元大都）北城墙"皆其经画"。洪武七年，有人告发他占据元丞相托克托（即"脱脱"）的府第，还私自僭用元宫器物，被太祖召还南京，死于途中。（《明史》卷一三〇《华云龙传》）明太祖在祭文中直书他的过错，但仍念故旧之情葬以侯爵之礼。"念尔勋旧，特加侯爵。朕以燕地之重，托尔任守，务在军民安乐。委以燕相，更望辅弼。何期数年间，军劳民怨。询其所以，乃尔巨府院、擅工役，害众成家。……朕有誓曰，生封侯而死谥以公，著为常典。尔生前守爵而害官民，法不当公，止葬以侯礼，且薄情不厚，所以责之也，尔其听之"。（明·朱元璋《祭淮安侯华云龙文》，《明太祖文集》卷十八）

陈珪 南直隶泰州人。善射，洪武初因军功为燕山中护卫。靖难之役积功至指挥同知。回北京辅佐世子（后册封太子，即后来的明仁宗）居守北京。严督守备，夙夜不懈，升中军都督府佥事、泰宁侯。永乐四年命与行部侍郎张思恭督军民夫匠烧造砖瓦。永乐八年皇帝亲征北元时，又辅佐皇长孙（即后来的明宣宗）留守北京。可见陈珪是靖难功臣中，始终被委以留守北京重任的军事主官。到永乐十五年二月十五日，组建都督府级别的专设临时机构"缮工"，委任陈珪主持。他"董建北京宫殿，经画有条理，甚见奖重"。永乐十七年四月三十日卒，未能见到宫殿建成。享年85岁。（《明太宗实录》卷二一一）《明史·陈珪传》把他董建北京宫殿的时间移到永乐四年，笔者没有采用这个说法。

薛禄 山东胶州人。起身卒伍，人呼薛六。后以身份渐贵，更名为薛禄。因在靖难之役中立有军功，提升为都督佥事。永乐十五年，上命成山侯王通、兴安伯徐亨、都督薛禄、金玉、章安、谭广，各督北京营建一事，泰宁侯陈珪、安远侯柳升为总督。至五月初三日，再命行在都察院左副都御史李庆同陈珪等总督。永乐十八年十二月，营造工成，薛禄等人得到提升。李庆为工部尚书，金玉为惠安伯。后军右都督薛禄为奉天靖难推诚宣力武臣、特进荣禄大夫、柱国、阳武侯，追封三代。"若董缮作，规制有方，力不烦费，功率坚久，人亦罕及。"宣德五年（1430）七月二十三日卒。（《明宣宗实录》卷六八）

沈清 直隶滁州人。由燕山前卫积军功升为指挥同知。永乐间督工内府营造，升后军都督府佥事。正统元年十月受命同阮安、吴中一起督工九门城楼工程。五年受命与吴中一起提督官军匠作重建三殿二宫。六年重建宫殿工程竣工，升为修武伯，子孙世袭。正统八年（1443）四月十三日卒。沈清本是军人，但是巴结太监王振，后来不凭军功只因督工营造而登高位，为人贪淫，不足取。（《明英宗实录》卷一〇三）

吴中 山东武城人。由国子监生授营州后屯卫经历。靖难之役，吴中在大宁都司出迎太宗。吴中相貌洁白魁梧，应对明畅，太宗予以提拔，逐渐升至右都御史，改工部尚书，参与长陵营建。将营建北京，奉命到四川采运大木。回程后又受命督饷运北京。太宗北征时吴中扈从，仍督饷运。回程后吴中因家中丧事暂停职务。回北京后太宗仍命董宫殿营缮，吴中认为自己丧服在身，不宜从事吉事，遂改刑部。洪熙元年，吴中以行在工部尚书的身份主持献陵的营建，协调修建清河、沙河等桥梁道路，调动南京军工十一万八千人助役。此后宣德、正统两朝，吴中也一直任工部尚书，前后将近20年。重建三殿二宫工程，皇帝仍命吴中董建，功成，升为少师。不过积劳成疾，于正统七年六月二十七日卒。大学士杨士奇与吴中同朝40年，他评价，吴中知人善任，处理复杂事务的举措经画，井井有条，而且记忆力很好，经久不忘。总在修建工程之前储存物料，以备不时之需，从未匮乏。正统间京师诸大工程物料，全部出自公家的储存，其他部门和百姓丝毫未受扰动。（明·杨士奇《故光禄大夫柱国少师工部尚书追封茌平伯谥荣襄神道碑铭》，《东里续集》

卷二六）宣德、正统初的吏部郎中李贤，指摘吴中"贪财巨万，嬖妾数十人"。吴中的妻子为人严厉正直，吴中很怕她。事情传到宣宗那里，皇帝在宴请臣僚时，让伶人作惧内戏，吴中也无可奈何。朝廷为吴中颁诰。吴妻让子弟读给她听。之后问道：这诰文是皇帝所作还是翰林代为起草？回答是翰林。吴妻赞叹：翰林先生果不虚妄。吴中平生为人，何尝有清廉二字？（明·李贤《古穰集》卷三〇）

李友直 北直隶清苑人。建文初为北平库吏。北平布政使张昺侦知燕王反状，准备奏发其事。李友直密告于燕王。靖难之役后，升李友直为北平布政司右参议。设北京行部，升任行部左侍郎。永乐营建北京，庶务丛脞繁杂，皇帝命李友直主持处理，他忠于职守，从早到晚毫不懈怠。十八年营建北京告成，封为工部左侍郎。洪熙元年（1425）正月，设"缮工"官，升李友直为工部尚书，专管营建事务。宣宗皇帝即位以后，曾经奉命监督四川采运大木的工作，措施得法，诚心对待劳役的各方，使大家没有意见。于是朝廷有大工程，都委任他来监管。正统三年九月初四日卒。（《明英宗实录》卷四六。杨士奇《工部尚书李公神道碑》，《东里续集》卷二七）

阮安 一名阿留，交趾人，内官监太监。正统二年春，皇帝以三殿、九门、百官庶府皆应该加以营建，命内监与工部商议这些工程的缓急，安排先后次第上报。两部门议定以后，皇帝任命阮安："经营图为，悉以付汝。汝出总之。其往。钦哉。"阮安每日兢兢业业，审视材料的大小高下，计算青绿颜料金箔的数量，衡量工程缓急的次序，所需工匠和力役应该从哪里征发调集、数量多少，实施周期的长短，所有这一切考虑周全了，然后才选择吉日兴工。不足三年，都城九门、皇城四门完成了。又两年，三殿两宫和祀天之所、观天之器没有不成功的。再二年，五军六部、百官庶府也全面竣工。于是眷顾国家育才之地，仅三个月就建成庙学。这时阮安才报大功告成。（明·李时勉《营建纪成记》，《古廉文集》卷二）在正阳门城楼和月城创建完成之后，大家这样议论："盖尝闻之，命之初下，工部侍郎蔡信扬言于众曰，役大，非征十八万民不可，材木诸费称是。上遂命太监阮安董其役。取京

083

师聚操之卒万余,停操而用之,厚其既廪,均其劳逸。材木诸费,一出公府之所有。有司不预,百姓不知,而岁中告成。盖一出安之忠于奉公,勤于恤下,且善为画也。"(明·杨士奇《都城览胜诗后》,《东里续集》卷二三)表达了当时人们对阮安道德和智慧的称颂。可以认为,阮安是正统朝大工程的规划者和组织实施者。景泰四年(1453)八月,在受命赴山东聊城张秋治水时卒于道,囊无十金。

与阮安同时代的叶盛在自己的著作《水东日记》中,记录了他的事迹。清代初年刊刻的《明史纪事本末》复述了叶盛的记录,但是在阮安事迹之前,加上了"永乐间"三字,把时代弄错了。《明史·宦官传》中,更是写成"奉成祖命营北京城池宫殿及百司府廨",延续发展了错误。《明史·宦官传》说明了阮安的来历。永乐初年,安南内乱,杀中国使臣,引起两国战争,大明胜利后废除安南的藩属国地位,改为交趾省。永乐五年,英国公从交趾带回一些"美秀"的儿童,选为阉人。成祖对其中的优秀者进行教育培养,其中有阮安。五年九月,还曾将交趾诸色工匠7700人遣送到南京。后来在北京建筑活动中有交趾人参与,来源盖出于此。

蔡信 武进阳湖人。少年时学习工艺。永乐十一年(1413)五月,因为营建长陵有功,由营缮所所正提升为工部营缮司郎中职衔,但不实际参与司事。十八年十二月,因为营建北京有功,提升为工部右侍郎。洪熙元年命蔡信为缮工官,做李友直的副手。宣德十年正月,以工部侍郎身份督工景陵建造。正统三年九月初九日卒。宣德皇帝认为蔡信唯利是图,不识大体。洪熙元年七月,工科给事中弹劾蔡信,说洪熙皇帝在世时,他以供家人居住的名义,讨要了南京来宾楼。现在隐匿不言,又讨要南京廊房,应该以欺诈罪追责。宣德皇帝说,小人一味追求利益,不会知足。但现在建造先帝陵寝,正要发挥他的作用,不要再追究了。宣德元年(1426)三月,蔡信建议,浙江都司、大同、宁夏、宣府各卫军匠正在北京工作,应该把他们的家属取至北京,置于锦衣卫名下。兵部尚书指出蔡信的主张极其荒谬。皇帝说,蔡信以匠艺得官,哪里懂得道理,他只知道管的人越多对自己越有利。蔡信去世时正统皇帝遣官致祭。"尔以精通工技，久效劳勤。兹特遣祭，命官治丧葬。尔其承之。"（《明太宗实录》《明仁宗录实》《明宣宗实录》《明英宗实录》）

按《明史·职官志》，洪武"二十五年置营缮所。改匠作司为营缮所，秩正七品，设所正、所副、所丞各二人，以诸匠之精艺者为之"。其实岗位的额数恐怕是经常被突破的。如永乐十八年十二月，因营建北京告成，同一批提升了营缮所副吴福庆等七员为所正，所丞杨青等六员为所副，以木瓦匠金珩等23员为所丞。成化十八年（1482）四月南北两京营缮所、文思院官员达到1999员。明代出现了一批由能工巧匠升任为工部大员的人，被称为"工匠卿贰"。蔡信可能是明代达到这个级别的第一位。

杨青　金山卫人（今上海市松江区），幼名阿孙。永乐初，以抹灰工在北京工作。一次内府房间新抹灰上有蜗牛爬过的痕迹，仿佛有异彩，永乐皇帝问他是什么，阿孙如实报告，得到皇帝赞赏。皇帝问他姓名，知还使用幼时名字，就说如今杨柳青青，可以青字得名，授营缮所官。永乐十八年以营建北京告成，由营缮所丞升所副。还有一次便殿成，皇帝把金银豆撒在地上赏赐工匠，大家一哄而上，独杨青不去抢，皇帝更器重他，让他在营建中为"都知"。正统六年十月，因为重建三殿二宫成，升为工部左侍郎。当时人将他与元代雕塑家相比，他们都是因技艺而进入大臣行列的。（《康熙松江府志·艺术传》，转引自《哲匠录续》，《中国营造学社汇刊》第三卷第三期）

蒯祥　直隶吴县人。他的父亲名蒯福能。永乐中朝廷将进行大工程，征发天下有一技之长的工匠，有司推荐了福能。福能在南京非常勤奋地工作，成绩极其突出。但是不久因为年纪大了，请以蒯祥代替他。永乐十五年的时候，蒯祥与皇帝的扈从队伍一起来到北京。凡是营建宫殿、庙社、城池，竭尽勤劳。正统十二年闰四月，因为建造北京城池城楼管理工程的功劳，由营缮所副升为工部主事。景泰初，以新皇登基，升营缮司员外郎。景泰四年，因隆福寺营造功，升太仆寺少卿。景泰七年（1456），因营建寿陵升工部右侍郎。天顺改元，降回少卿。不久就因为营建南内、景陵，仍升为右侍郎。天顺八年（1464）二月，受命与太监、抚宁伯、工部尚书等官员一起督军匠造裕陵。

085

成化二年（1466）七月，因为通过了连续九年的业绩考核，升为工部左侍郎。成化十一年（1475）五月，升正二品俸，仍于内官监管理工程。成化十七年（1481）三月卒，享年84岁。《明宪宗实录》评价他，"正统以来凡百营造，祥无不预"。"祥为人恭谨详实。虽处贵位，俭朴不改。常出入未尝乘肩舆。"蒯祥对建筑营造深思熟虑，胸有成竹。凡有工程项目，总是先要把想法画成图纸呈报。到工地上指挥工匠们实施，尺寸总是很准确，每每让皇帝称心如意。如果有人违背了蒯祥的指挥，就会出错。蒯祥从不因为自己的高超技术傲视其他工匠，而是耐心地指导他人，如同对待自己的子弟。年纪大了以后，还手执拐杖，指点工作，一如年轻时。谈起先朝的工程，大事小事，都记得十分清晰。无论技艺和人品，蒯祥都是值得尊敬的。（明·彭时《工部左侍郎蒯公墓志铭》，《彭文宪集》卷四。2023年7月22日《苏州日报》刊载施晓平先生《故宫总工蒯祥墓志铭找到了》一文，指出"蒯公墓志铭"出于彭华之手，收录在弘治十六年刻本《彭文思公文集》中，并非彭时的作品）

　　正统以来历朝《实录》中蒯祥的履历很是清晰。他对营建北京贡献最大的是正统时期。按年龄推算，他参与永乐时期建造宫殿时还不到20岁。永乐十八年升赏营缮所木瓦匠23人，为首者名金珩。明中期的著作《皇明纪略》中说，"京师有蒯侍郎胡同，蒯为吴香山人，斫工也。永乐间，召建大内，凡殿阁楼榭以至回廊曲宇，随手图之，无不称上意者，位至工部侍郎"。容易让人误解他是因为永乐间的功劳才官至侍郎。《康熙吴县志·人物志·艺术》则说，明蒯祥"能主大营缮。永乐十五年建北京宫殿，正统中重作三殿……皆其营度"，"上每以蒯鲁班呼之"。（转引自《哲匠录续》）传说的意味就比较明显了。

　　陆祥　直隶无锡县人。当初以石工身份隶属工部，郑亲王之国，选为王府工副。以后，他因有超人技艺被推荐，于是召回工部，为营缮所丞。正统十二年闰四月，与蒯祥一起由营缮所副升为工部主事。《明英宗实录》特别指出，"以蒯善攻木、陆善攻石，管匠修城有劳也"。说明在营造中国古建筑的时候，与其他工种相比，木工和石工具有特别重要的作用。此后陆祥的升迁一直是与蒯祥一起，直到成化二年官至工部左侍郎。成化五年（1469）十二月初二日卒。陆祥有老母患病，有人报告皇帝得知，皇帝命光禄寺每天供给酒饭，还赐五锭钞帮他赡养老母。陆祥有巧思，曾经用一块方寸之石，刻镂成水池进献，池中鱼龙水藻之类应有尽有。他为人谨慎，士大夫并不因为他出身杂流而嫌弃他。（《明英宗实录》有关卷，《明宪宗实录》卷七四）无锡陆家世代从事石工，先祖曾任元代"可兀阑"，即匠作大匠。洪武初，朝廷鼎建宫殿，陆祥与兄陆贤均应召到南京。陆贤授营缮所丞。（《康熙无锡县志·人物方技》，转引自《哲匠录续》。）

夏原吉 江西德兴人。以乡荐入太学，选入朝廷，书写制诰文书。因才能出众被太祖提拔为户部主事。永乐初，提升为户部尚书。他将户部主管的户口、府库、田赋的数目抄成手册，置于怀中，胸中有数。当时，朝廷急需用钱：兵革初定，要医治创伤；靖难功臣要封赏；分封诸藩；增设卫所；安南战争；郑和航海；营建北京，而且从南向北转运输送物资，都需要户部运筹。因为夏原吉善于筹划，满足了国家大事的需要。永乐六年六月，奉命缘运河巡视运木、烧砖。夏原吉为人有雅量，有担当。在户部二十七年，是明初著名大臣。（《明史》卷一四九《夏原吉传》）

郭资 河南武安（今河北武安）人。洪武十八年（1385）进士，逐渐做到北平左布政使，很为燕王看重。靖难期间，善于抚恤守城军民，从不耽误供给粮赏，被燕王比为汉之萧何，命掌北平布政司事。永乐元年拜为行部尚书。永乐皇帝表扬郭资：行部要管理六曹，政务繁杂。由你主持，就可以做到悉心殚虑，为国为民。计划有条理，对于粮食物资的节约措施特别得当。永乐十九年，郭资改任户部尚书，以身作则，以勤率下，把户部管理得井井有条。（《明史》卷一五一《郭资传》。明·杨荣《赠汤阴伯谥忠襄郭公神道碑》，《杨文敏集》卷一七）

宋礼 河南永宁人。洪武中以国子生提拔为官。永乐二年，拜工部尚书。四年闰七月，派遣到四川采运大木。五年三月奏报大木自达于江的消息。九年二月，山东济宁州同知潘叔正言，疏浚会通河不仅山东受益，国家更可以解决物资转运的困难。皇帝命宋礼去考察。宋礼回来报告，疏浚会通河有极大便利，且现在的气候正适宜实施，于是皇帝任命宋礼总督工作。疏浚之后，又整理河南祥符黄河故道，彻底保证了漕河的畅通。完工之后，宋礼又回到四川。直至永乐十七年九月，皇帝下发敕令，对宋礼说：你采运大木，已经入蜀多年，殚竭心力，真是太辛苦了！现在木材已经够用，你可以回京处理部务了。你年纪大了，又有病，可以不必上朝，有事让侍郎代你上奏就可以了。永乐二十年七月二十日宋礼卒。宋礼为人有才干，但是对待下属过于严苛，有小过错也要绳之以法。在四川期间，老百姓也受其驭下严酷之苦。（《明史》卷一五三《宋礼传》）

陈瑄 合肥人。靖难之师到浦口，陈瑄以舟师来降，燕王得以渡江。永乐即位，封为平江伯。永乐元年起，每年都担任总兵官，率领舟师转运粮储。起初都用海运，为此建天津卫和直沽百万仓以利转运，十年（1412）建青浦宝山以停海船。宋礼疏浚会通河后，十三年，陈瑄在淮安、徐州、沛县、泰州、高邮整理漕河水路，置闸建仓，使淮河迤南地区漕河畅通，兵民便利。十五年正月，命陈瑄提督沿河运木赴北京。洪熙元年，宣宗敕令陈瑄发五万运粮军助建造献陵。当年十二月再借陈瑄运粮军一万人助修长陵殿宇。宣德元年三月，朝廷计划修理南京宫殿，要陈瑄运粮回程时，装载沿河收储的大木赴南京。宣德八年（1433）十月二十八日病卒。陈瑄掌管漕运近三十年，多所建树，对营建北京也发挥了重要作用。（《明宣宗实录》卷一○六）

采运大木众臣 师逵，山东东阿人。洪武时国子生出身。永乐初，为兵部侍郎，改吏部侍郎。永乐四年闰七月初五，与宋礼等五人被派遣采运大木。师逵往湖广，征调十万人入山，开辟道路。他采取了"召商"的办法，使伐木得以进展。师逵孝母、清廉，但是过于严酷刻板，老百姓不堪忍受，很多人参加了李法良造反，师逵因此被弹劾。但是正值永乐亲征，太子监国，因为师逵是皇帝派遣，太子没有处理他。（《明史》卷一五○《师逵传》）

古朴，河南陈州人。洪武时国子生出身。建文时为兵部侍郎，太宗即位改户部。永乐四年派遣的采木五大臣之一，以户部左侍郎身份往江西采木。

古朴有爱民之心，因此在完成任务的时候得到赐赉褒奖。（明·杨士奇《户部尚书古公神道碑》，《东里续集》卷二六）

刘观，雄县人。洪武十八年进士。永乐二年调左副都御史。永乐四年派遣的采木五大臣之一。刘观赴浙江，未几而还。五年冬，因山西旱，奉命散遣采木军民。刘观贪浊，宣德三年（1428）谪戍辽东。（《明史》卷一五一《刘观传》）

史仲成，庆阳府安化人。洪武中以国子生擢监察御史。永乐四年派遣的采木五大臣之一。仲成往五台山。他从不体谅别人的辛苦，一味地督责体罚，甚至惩罚到管军的百户。永乐十一年四月，皇帝说：仲成连军官都不去体恤，难道还能够安抚军民吗？令召还治罪。仲成刚回南京就中风而卒。（《明太宗实录》卷一三九）

金纯，泗州人。洪武中国子生，授吏部文选司郎中。永乐初为刑部右侍郎。将营北京，命采木湖广。永乐九年，与宋礼疏浚会通河。（《明史》卷一五七《金纯传》）

柴车，钱塘人。永乐二年以举人授兵部主事。八年（1410）作为兵部尚书随员参与扈从北征，回来后任命为江西右参议。为采木入福建。（《明史》卷一五七《柴车传》）

刘叔毖 江西庐陵人。初为沅陵知县，爱民勤政，升为北京行部员外郎。当时，北京行部是新设的衙门，又是在靖难战争之后，不久又有大营造，行部庶务极其繁剧。刘叔毖以廉洁和勤奋得到周围人尊重，连平常跋扈的太监也待之以礼。后修《永乐大典》，召为副总裁。在离开沅陵县的六年里，沅陵百姓多次乞求放他回去为官，于是升调为辰州知府。建北京宫殿，刘叔毖率郡民来北京就工役。一年多以后不幸病逝。服劳役的老百姓给他装殓，完成劳役之后送他回辰州安葬。刘叔毖博学有修养，平和宽厚，正直廉洁，为事有担当，居官多惠民。（《明太宗实录》卷二三〇）永乐期间营建北京，地方官员亲自率领应役的民夫和工匠，是制度的要求，还是刘知府出于爱民，需要进一步研究。

韩翼 直隶任县人。永乐初从乡贡入太学。十四年提拔为兵部主事。二十一年（1423）升郎中。正统元年升大理寺右少卿。曾经有运南方大木至陆地，但是没有办法抬起来。工人们环聚周围，束手无策。韩翼指挥大家做"机轴"，节省了很大力气。皇帝给予赏赐来表彰他。（《明英宗实录》卷二二七）

第三章

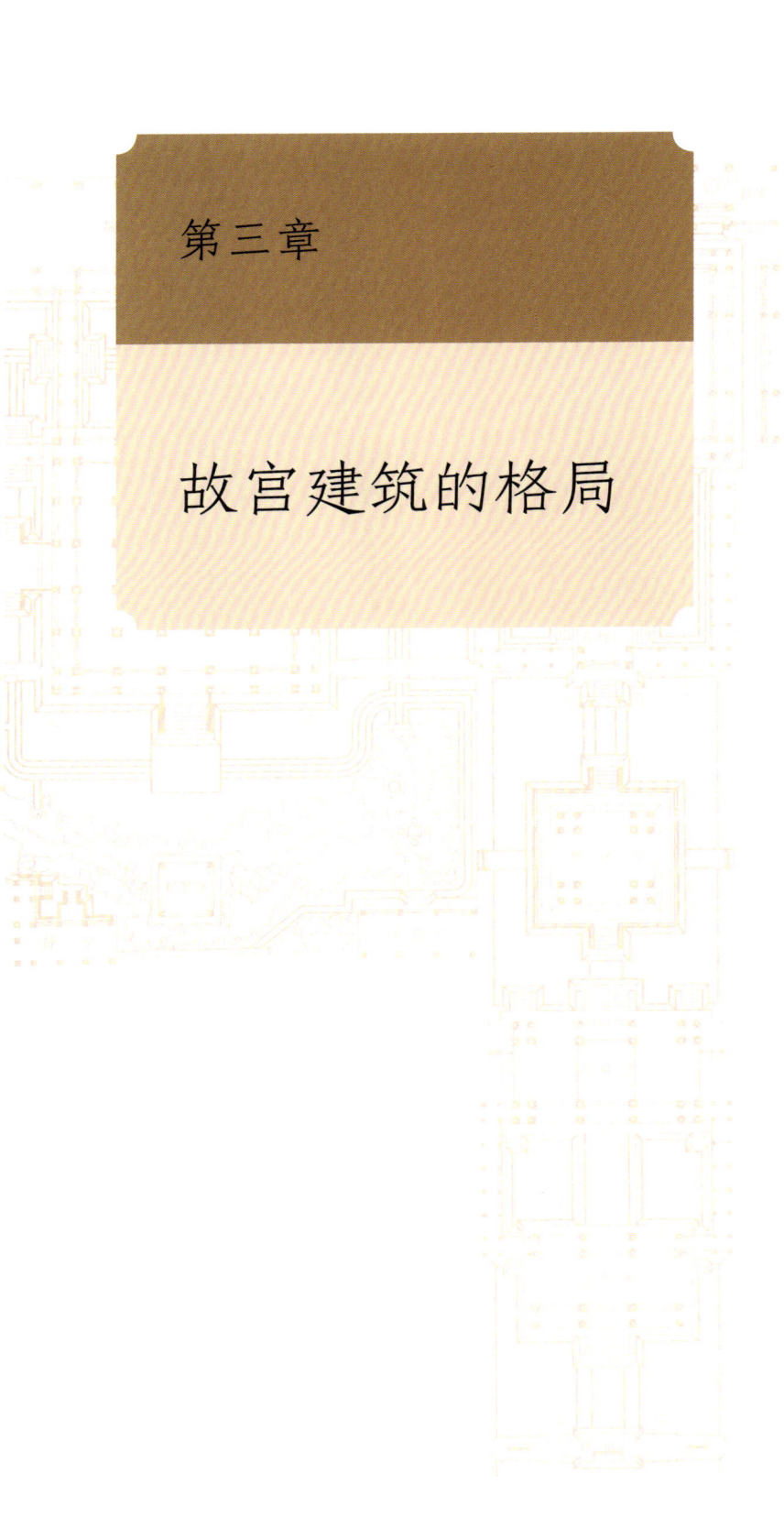

故宫建筑的格局

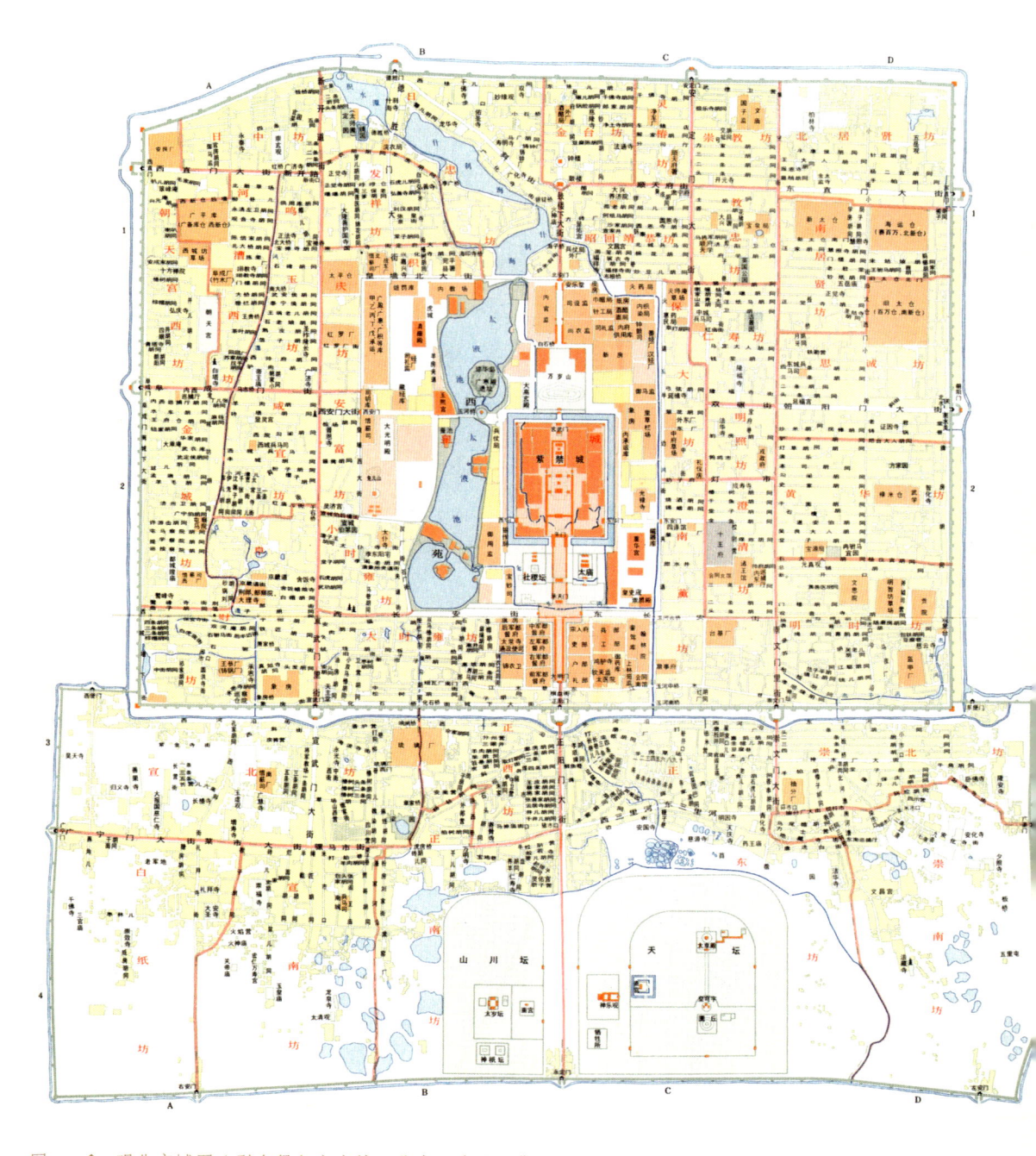

图一 ◆ 明北京城图（引自侯仁之主编《北京历史地图集》，北京出版社 1988 年版）

明永乐、正统、嘉靖三朝，确定了北京城的格局。整个城市拱卫着皇宫，成为中国封建社会最后两个朝代政治、军事的决策地，传统文化的中心。营建北京形成了明代建筑活动的第二次高潮，清代继续发展，诞生了大批明、清官式建筑群，很多优秀作品遗留至今，成为中国古代社会最后阶段的文化标识，其核心就是故宫（图一）。

明清北京城的格局

明北京城面积约 62 平方公里，超过元大都 25% 以上。从地理位置观察，明代改建了两重皇城，较元代萧墙南移。相应地将京城南扩，拉开了皇城南面与京城的距离。南扩的外城面积略大于洪武初放弃的元大都北部。以东西长安街一线为界，迤南的部分与皇城核心区，是明代所开拓，迤北的北京内城是元大都的延续（图二）。从这个意义上说，明北京城建设不存在选址问题，只需要继承金、元的风水，继承金、元等前代开发的成果。评价北京城规划的成就，选址要归功到元大都上去。我们首先归纳一下宫城以外的其他要素的情况。

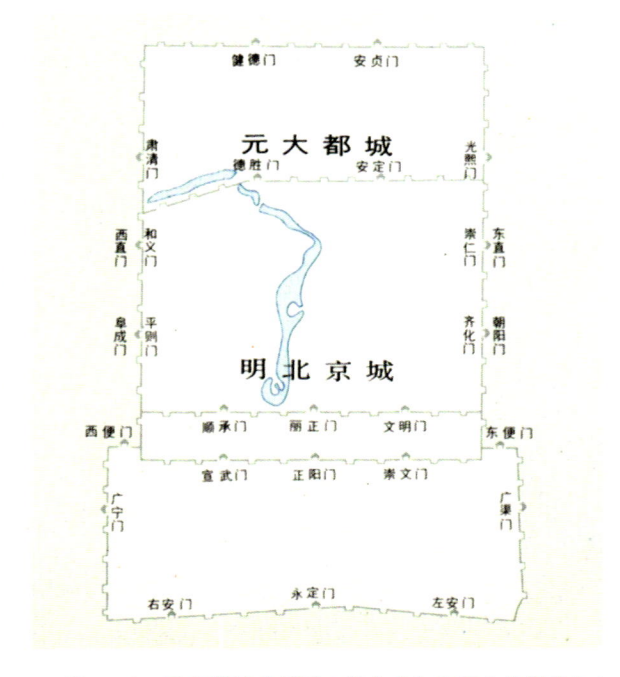

图二 ◆ 元明都城变迁图（引自《北京历史地图集》）

城池

明清北京是四重城环环相套的模式，延续了南京的规划。只是最外重没有能够按计划完成，造成了城池的凸字形轮廓。四层城墙基本形状是矩形，主轮廓比较方正，朝向正南。宫城有一条规划中轴线，与几何轴线重合。向南，从午门穿过皇城大明门（清代天安门）、京城正阳门和外城永定门。向北，从玄武门（清代神武门）穿过万岁山主峰（清代景山万春亭）、北安门（清代地安门）、鼓楼，到钟楼，全长约7.8公里。皇城的几何轴线与中轴线不重合，从中轴线到西墙的长度比到东墙长约830米，以容纳宽阔的太液池，保持城市的特色。外城、京城的几何轴线与中轴线只稍有偏差，分别约为330米和260米。在改造元大都城的过程中，使用中轴线的规划和设计手法得到了继承和延续，并且成功地获得发展。

外城，或称重城，清代也称外罗城，还有俗称帽子城，是不很规整的矩形。据万历《大明会典》，"城南一面长二千四百五十四丈四尺七寸，东一千八十五丈一尺，西一千九十三丈二尺。各高二丈，垛口四尺。基厚二丈，顶收一丈四尺"。城墙高、厚数据与嘉靖朝兵部尚书的计划书有所差别，只有基厚相同。清代《会典》照抄明代数据，说明清代外城没有变化。外城共设七座城门，南墙正门永定门，直对京城南墙正门，形成大道，皇帝祭天或行亲耕礼都要经过。永定门左为左安门，右为右安门。东城墙辟广渠门，西城墙辟广宁门，清代后期改称广安门。另外，在外城与京城相连的北墙上，东西两边各设一座便门。这些门都有瓮城。

据现代测量，外城南墙长7950米，东西墙长约3100米。（《中国大百科全书》建筑卷"北京城"条）城墙内部夯土，外表包砌城砖，下脚用条石为基。墙基处城墙厚12.2~13.3米，墙顶部厚9.82~10.4米，垛口墙高1.72米，城墙高5.8~7.15米。南墙外侧，设30座墩台，东侧14座，西侧13座（图三）。四角有角楼，城外环绕护城河（图四、图五）。（《北京的城墙和城门》

图三 ◆ 从广安门箭楼城台观外城城墙
（引自《北京的城墙和城门》，李竹润翻译，故宫出版社 2018 年版）

图四 ◆ 外城西北角楼（引自《北京的城墙和城门》）

图五 ◆ 永定门城楼及护城河侧影（引自《北京的城墙和城门》）

第六章）外城城垣和城门在 20 世纪 50 年代以后陆续全部拆除。永定门是北京城中轴线的起点，具有重要的地标意义。2004 年北京市政府决定重建永定门城楼。明代城楼是单檐歇山屋顶，形制简朴。清代乾隆三十二年（1767）改建为重檐二层楼房的"三滴水"样式。重建按照 20 世纪 30 年代的测绘图进行，反映了清代的面貌（图六）。

　　京城，为与外城对应也称内城，是东西略长的矩形。《大明会典》记录的丈尺是："城南一面，长一千二百九十五丈九尺三寸。北二千三百三十二丈四尺五寸。东一千七百八十六丈九尺三寸。西一千五百六十四丈五尺二寸。高三丈五尺五寸。垛口五尺八寸。基厚六丈二尺，顶收五丈。"其中城南一面长"一千"应为"二千"，是笔误。清代《会典》还是照抄数据，说明城墙没有任何改变。现代测量长度为，南墙 6690 米，北墙 6790 米，东墙 5330 米，西墙 4910 米。（《北京的城墙和城门》第三章）城墙内部夯土，两侧下边用条石、上部用城砖包砌。墙基厚约 21 米，顶宽约 17 米，高 12 米。西墙残存垛口墙高 1.62 米。（《北京

文物地图集》下册"明北京城城墙"条,科学出版社 2009 年版)京城共辟九座城门,南墙正中为正阳门,正对皇城大明门。东有崇文门,西有宣武门。东墙南侧朝阳门,北东直门。西墙相对为阜成门、西直门。北墙东侧安定门,西侧德胜门。城四角各有规模宏大的角楼。20 世纪 60 年代起,京城城墙和城门、角楼陆续被拆除。现存城门有正阳门城楼和箭楼、德胜门箭楼,东南城角楼及其以西约 2000 米城墙也幸存下来,它们成为认识北京城的标本。

　　正阳门是京师正门,被称为国门,建筑规格特别隆重。城楼称正楼,用重檐二层楼三滴水的样式。月城前圆后方,开三个门洞,正南和东西各一。相应城墙上有三座建筑,与正楼相对是箭楼,也称敌楼。内部木结构,外面全部包砌厚砖墙,从上到下留出四排射孔。东西称闸楼,因为这两座大门采用了闸板的形式(图七)。正统四年四月十五,大学士杨荣等在退早朝以后,

图六 ◆ 重建的永定门城楼

图七 ◆ 正阳门城楼

去刚刚完工的月城参观。"时雨新霁，天气清和，微风轻飏，埃□不生。既抵城门，适与都督沈清遇。公董城之役者也，遂导予五人者登城楼观新制作。蹑梯三层至最高处极目四望，内则宫阙之佳丽，崔巍辉焕，太液金沟之水，混涵蜿蜒。万岁之山云霞缭绕，佳木郁葱。外则潞河之流东入于海。沃壤之广，南去无际。西北则连山层峦逶迤耸伏，若虎踞龙蟠。环城四面皆居民，凡数百万家栉比鳞次，望之莫极。遂循城西下出城门观桥。桥分三道，皆叠石为之，中则辇路也，徘徊者久之。"（明·杨荣《登正阳门楼倡和诗序》，《杨文敏集》卷一一）这篇序文表达了作者对都城建设取得新成果的喜悦，也写出了"登楼远眺"是城楼的一种审美要素。

皇城，在万历《大明会典》中，明确地把明初的"两重皇城"区分开，外围称皇城，内称宫城。皇城整体是一个南北略长的矩形，但是西南部缺一角。"皇城起大明门，长安左右门，历东安、西安、北安三门，周围

图八 ◆ 中华门建筑彩色渲染图
（引自故宫博物院、中国文化遗产研究院编《北京城中轴线古建筑实测图集》，故宫出版社2017年版）

三千二百二十五丈九尺四寸。""大明门，承天门正南，中为驰道，东西长廊，名千步廊，折而左右。长安左门，大明门内稍北，折而东。长安右门，大明门内稍北，折而西。东安门。西安门。北安门。以上六门，俱皇城门。"皇城墙全部用城砖砌做，地下用夯土做基础，宽约4.3~4.8米。墙基厚约2米，墙高约6米，收顶处厚1.73米。用砖砌出檐，名"冰盘檐"，墙身抹红灰，墙顶覆盖黄琉璃瓦。（《北京文物地图集》下册"明皇城城墙"条）皇城南面，承天门外，建一个T字形广场，T字的三端中间各有一座城门，正南即大明门，为皇城正门。

清初改称大明门为大清门，承天门为天安门，北安门为地安门。乾隆以后，以天安门为皇城正门，统计皇城只算四门，即天安门、东安门、西安门、地安门。个别的加上阙左门和阙右门，成六门（图八、图九、图一〇、图一一）。天安门以外的墙不再算作皇城，而称为"外垣"，或称"皇城外郛"。乾隆二十五年（1760）以后，还在长安左右门之前，又加了东西"三

图九 ◆ 长安右门（1952年拍摄。引自北京市规划设计研究院编《北京旧城》，1996年版）

图一〇 ◆ 阙左门

图一一 ◆ 地安门（1955年拍摄。引自《北京旧城》）

座门"和围墙。从20世纪20年代开始，皇城被陆续以"用砖"的名义拆除。现在，天安门成为纪念中华人民共和国成立的文物建筑，在天安门东西两侧还各留存约900米的皇城墙，与左、右阙门等皇城遗迹都得到了保护（图一二、图一三）。

明代皇城中，宫城外还有十二座门，分为三组，宫城东门外，叫作东上门、东上北门、东上南门、东中门。宫城西门外，叫作西上门、西上北门、西上南门、西中门。宫城北门外，叫作北上门、北上东门、北上西门、北中门。这十二座门的制度应是创自洪武十年，十一年命名。在洪武二十八年刊行的《京城图志》中有系统记载，而且与大内各门并列，说明它们是宫阙制度的一部分，所以也在营建北京时自南京移植过来。但是清代初期，东西两面的八座门和北中门已经消失，文献记载也很罕见。需要对它们的功能做一简单描述。

图一二 ◆ 天安门

图一三 ◆ 南池子大街两侧的皇城墙

观察本书第二章引用的明初南京《皇城图》，在两重城墙相对的四门之间，用门和廊庑围成四条封闭的通道，可称为"门前大道"，从而把皇城划分为六大区域，即东北、西北部两大曲尺形区域，东南、西南两个矩形区域，宫城正前方的太庙和社稷坛区域。我们以南面"门前大道"为例，观察建筑排列的次序。最外皇城洪武门。进门往北经千步廊、金水河桥，到第二重承天门。门内御路两侧建左右庑房，北端是第三重端门。端门内仍建庑房，御路尽头是午门。这样从皇城进入宫城要经过四重门禁。为了解决"门前大道"

图一四 ◆ 清初北上三门图（引自《皇城宫殿衙署图》。该图系清宫旧藏，现藏于台北故宫博物院。1934年中国营造学社刘敦桢先生加以考订命名）

两侧的交通问题，除洪武门外，各重门前之两侧都建有东西向的门。承天门前设长安左、右门，连通京城东西。端门前有社稷街门和太庙街门，连通庙社区域。午门前设阙左门、阙右门，连通宫城前东西巡逻通道。宫城外东、西、北三面的门前通道，建筑序列与南侧的"四重"保持一致。如东面，皇城门是东安门，第二重是东中门，第三重是东上门，第四重是宫城东华门。东上南、北门，位于东上门之外，建筑朝向南北，连通皇城东部南、北两个区域。

明北京城的这十二座门的作用和朝向应该与南京是相同的，只是北京皇城内，西有太液池，从西华门到西安门有较长的道路，还要转弯；玄武门外又挡着万岁山，所以西中门与西上门的相对位置、北中门与北上门的相对位置有所调整。据我考察，北京东、西、北三座上门的位置，都是紧邻筒子河建造的。北上门20世纪50年代才拆除，在大约绘制于清康熙年间的《皇城宫殿衙署图》上有所表现（图一四）。由北上三门的相互关系，可以推测东西两面内门的设置。理解了这十二座门的作用，也就理解了端门的作用。端门是一座相当单纯的"礼制之门"，对强化宫城的护卫也起一定作用。移植

图一五 ◆ 北上门建筑彩色渲染图（引自《北京城中轴线古建筑实测图集》。参阅拙作《明代北京皇城诸内门考》，发表于《故宫学刊》2016年第2辑）

这十二门的制度到北京，非常生动地解说了永乐对"祖制"的坚守，也表现了规划者的高超水平。"祖制"和宫城中烟波浩渺的湖泊，都是既定的条件，他们用自己的智慧，把二者完美地结合起来（图一五）。

宫城，万历《大明会典》也称之为紫禁城。"起午门，历东华、西华、玄武三门。南北各二百三十六丈二尺，东西各三百二丈九尺五寸。城高三丈，垛口四尺五寸五分，基厚二丈五尺，顶收二丈一尺二寸五分。""午门，在皇极门金水桥南，中三门，翼以两观，门观各有楼。左掖门，午门左。右掖门，午门右。东华门，文华殿东稍南。西华门，武英殿西稍南。玄武门，宫后门。自午门至玄武门，俱宫城门。"清代对宫城也未做任何改变，仅因避圣祖名讳改玄武门为神武门（图一六）。现代实测数据为，紫禁城城墙南北长963.13米，东西宽752.54米，地面到顶部高9.27米。墙脚宽8.55米，顶部宽6.63米。墙顶外侧砌垛口墙，品字形垛口，通高1.43米，内侧砌宇墙，高0.9米，兀脊墙顶，用黄琉璃瓦扣脊。（曹晓丽等《紫禁城城墙现状调查与保护初探》，《故宫学刊》2013年第1辑）

图一六 ◆ 神武门

　　四座城门，南北两面位于城墙中央，东西两面偏南。东西北三座城门规制相同，城台长50.18米，宽26.46米，辟三个门洞。城楼面阔五间，外加周围廊，黄琉璃瓦重檐庑殿屋顶。正门午门，建筑雄壮。城四角各建角楼，规制俏丽。城墙外围有宿卫值房，明代分散安排，叫红铺。清代乾隆时期，在宫城东、北、西三面建起围房。围房再向外，环绕紫禁城的还有护城河，俗称筒子河。河面宽52米，河岸用条石垒砌。护城河、围房和城墙，营造了紫禁城封闭的防御系统。

坛庙

　　永乐十八年营造完成的坛庙建筑，包括太庙、社稷坛、天地坛和山川坛。在明初的祀典中，这四种祭祀都属于大祀。

　　太庙和社稷坛，位于宫城南"门前大道"的东西两侧，对称于中轴线，

占据了皇城之内、宫城南方的全部面积。社稷坛移植了南京规制。南京社稷坛初建时使用的是元代制度，即社神与稷神各设一坛，分别祭祀。洪武十年改建南京时太祖主持进行了深入考证，确定应遵循唐宋的制度，改分祀为合祀。并决定按古制建于宫阙"中门之外、外门之内"，与太庙相对。社稷坛正门设在北面，依次向南建拜殿五间、祭殿五间和社稷坛台。坛台西建神厨、神库和宰牲亭。北京社稷坛沿用这个布局。1914年社稷坛辟为北京的市民公园，后定名中山公园。现存大部分古建筑还是明初杰作（图一七）。

天地坛和山川坛建在京城南郊。嘉靖建外城以后围在了城内，但是在制度上仍旧称为"郊祀"。而且为了形成正阳门大街与山川坛对称的效果，在天坛西、南两面加建坛墙，与永乐时期的坛墙组成内外两重坛墙。

永乐时期所建天地坛移植了南京的大祀殿制度。明初天地各有坛，洪武十年更改为"合祀天地"的祭祀制度，于是就圜丘旧址，"以屋覆之"，改

图一七　◆　社稷坛和拜殿

建为大祀殿，十一年建成。外坛墙"九里三十步"，相当于皇城尺度。大祀殿建筑群，核心是大祀殿十一间，中央三间用金彩画，奉安上帝和皇祇神座。殿前有东西配殿各十五间，大祀门五间。大祀殿后建天库五间，储藏神牌等物。正殿之东偏北，有长廊通到厨库。再东北，通到宰牲亭、井。大祀殿建筑群之西北，建有供皇帝亲祭之前斋居的斋宫。北京天坛中，祈年殿建筑群的布局与南京完全一致。嘉靖九年（1530），皇帝主持了祭祀制度的讨论，认为天地祭礼应该分开，于是在大祀殿之南，另建圜丘坛祭天。同时在坛北建皇穹宇贮藏神牌，坛东建另一套厨库、宰牲亭等。嘉靖十九年（1540），改建大祀殿，成有三层屋檐的圆殿，名大享殿，行祈谷之礼。大享殿之北，也改建了贮藏神牌的五间大殿，叫皇乾殿。清代乾隆十六年（1751）改大享殿名祈年殿，沿用至今。

天坛建筑疏朗，用大面积的柏树林烘托庄严肃穆的气氛。从南向北，核心建筑沿一条轴线推进。圜丘以广阔的尺度和简洁的造型表达对天的崇敬。皇穹宇精工细作的圆形围墙与圆殿，充满神秘的气息。长达400米、宽30米的砖石砌筑的丹陛桥气度非凡，尽端最高处的祈年殿，用圆形攒尖屋顶和青色琉璃瓦，象征着天的无比崇高。天坛建筑群是中国古建筑的瑰宝，也是近代北京较早开放的市民公园，1998年列入世界文化遗产名录。

山川坛的坛墙"周回六里"，也采用了北部圆角、南部方角的形式，与天坛协调一致。洪武九年，南京按照新的规制改建了山川诸神坛。有正殿、拜殿各七间，两庑各十一间。西有神厨、神库、宰牲池亭、井亭。西南有先农坛，东南有具服殿，具服殿之南有"藉田"。山川诸神坛之东有旗纛庙，庙后建神仓，贮存藉田收获的粮食。永乐时期就按照这套规制在北京建设山川坛。嘉靖十年（1531），在山川坛南部空地上，增建神祇坛。清代对山川坛格局没有大改动，不过祭祀活动以祭先农和皇帝亲耕为重，坛名也改为先农坛，增加了琉璃砖砌的观耕台。现在这里是北京保存较完整的明代建筑群之一，北京市政府把它开辟为古代建筑博物馆（图一八）。

明嘉靖九年（1530）实行的"郊祀"改革，改永乐朝的"南郊"祭祀为天、地、

日、月四郊祭祀，在原天地坛添建圜丘坛祭天，在京城北郊、安定门外兴建方泽坛祭地，朝阳门外东郊建日坛，阜成门外西郊建月坛。另外，南京在洪武六年还创立了祭祀历代帝王的制度，祭祀从传说时代的三皇五帝，到汉、唐、宋的创业之君。用这个制度树立中国"道统"，确立明代的合法历史地位。嘉靖十年，在北京阜成门大街路北建历代帝王庙，传承了洪武时期的制度。清代把这些坛庙全部继承下来。现在地坛、历代帝王庙得到完整保存，对外开放。

街市与水系

明代把京城和外城的居民区分为三十六个坊，内城二十八坊，外城八坊。从东西长安街往北的二十四坊，街巷延续了元大都的格局。保持了大街、小街、火巷、胡同的级差，棋盘格式构图。尤其在大小街交叉形成的矩形地块内，用东西向成排的胡同安置住宅，以及住宅的四合院形式，形成了"北京特色"（图一九）。如果从城市规划的宏观角度观察，四合院的群体规模，单层的建筑高度，灰瓦白墙的色彩，成排布置的秩序，居民从胡同进入大街市场的便利交通，无不展示着古代"宜居"的设计智慧。同时方圆数十里的平房，又衬托出宫城的雄伟与威严，城池的壮阔与气魄。内城的商业繁华街区也与元大都有继承关系，比如万岁山之北的鼓楼前，东安门外的灯市街，西安门外的大市街，都城隍庙庙会等。

图一八 ◆ 先农坛太岁殿拜殿

东西长安街以南的内城四坊所在地,在永乐拓展南城以前是元大都城南墙三门的关厢,有一些商业活动。比如《析津志》记载,顺承门城南街边、文明门外市桥和丽正门西,都有穷汉市。按现代人理解,可能是旧货市场,或者是"夕市"。文明门外还有鱼市、猪市。顺承门外也有果市和柴炭市集。经过百余年发展,这些区域也应该是有居民的,会自发地形成街巷的雏形。拓展之后,文明门街向南延长为崇文门里街,顺承门街南延为宣武门里街。沿原丽正门东西城墙,在东长安门左建设东长安街,与崇文门里街相交,建单牌楼。在西长安门右建设西长安街,与宣武门里街相交,也建单牌楼。至今这两处地名仍叫"东单(牌楼)"和"西单(牌楼)"。在正阳门北棋盘街的两侧,建设了一条长巷,向东叫东交民巷,向西叫西交民巷。作为标志,建了两座遥遥相对的牌坊,东名文德坊,西名武功坊。本区域其余街巷,似乎缺乏系统的规划。

外城八坊地段的情况与上述四坊十分相似,嘉靖增建外城时,正阳、崇文和宣武三个关厢地区也已经有百余年的发展史,有一些自发的道路,也有从正阳门向西通往琉璃厂、黑窑厂,向东通往神木厂的比较宽的道路。经过规划的大路,中央有正阳门大

图一九 ◆ 北京府学胡同 36 号四合院垂花门

街，直达永定门。东有崇文门大街，西有宣武门大街，但两条街的长度都只有1000米左右。广宁门大街与正阳门大街相交，但是往东到广渠门变得曲折而狭窄。外城南部的中间天坛、山川坛占据了很大面积，东西两部相当空旷，又多为湿地，街巷比较凌乱。

  清代对北京街巷布局和功能最大的改变有三点。第一，开放了皇城。"皇城之内，前明悉为禁地，民间不得出入。我朝建极宅中，四聪悉达，东安、西安、地安三门以内，紫禁城以外，牵车列阓，集止齐民。稽之古昔，前朝后市，规制允符。"（《日下旧闻考》卷三九）大片原明代内官衙署作坊占地，分解为小巷胡同。第二，在北京内城分区域安置八旗军伍，汉族居民迁居外城。清代八旗贵族封王制度与明代藩封不同，王府都建在北京城内。所以在民居建筑群内出现了一大批亲王、郡王、贝勒等府邸，占地往往跨数条胡同，在皇宫建筑和民居建筑的两极之间，增加了一个中间等级（图二〇）。第三，永乐迁都以后，会试要在北京举行，每三年一次。届时天下赶考的举人约有数千，他们的食宿大有问题。于是各省以及较发达的州县的官宦乡绅，自发集资在北京购置地产，建设同乡会馆，专供本地举子赶考时

图二〇 ◆ 北京清恭王府建筑

居住。清代规定汉族人只能居住于外城之后，同乡会馆也随之集中于外城。据调查，1949年时，北京有会馆391所，绝大部分在外城。这也促成了外城地区文化和娱乐产业的繁荣。（胡春焕等《北京的会馆》，中国经济出版社1994年版）

明北京利用的水源主要是西山玉泉山诸泉，汇集到西湖景，沿金元故道，从德胜门北水关入城，汇为积水潭。重新开挖的水渠引向东南，注入什刹海（元代积水潭）。分向东和南流去。向东一脉，即元通惠河故道，向南注入内城南护城河。宣德七年皇城东扩，河道圈入禁区，其南段改称玉河。什刹海南流也分两支，一支入太液池，从南海日知阁闸流向东，经社稷坛西墙南流，再折向承天门前，为外金水河，东流入玉河。另一支沿西苑东墙南流，经万岁山西墙，流入宫城筒子河，成内金水河。从宫城东南出城后注入外金水河。清代的城市和宫城用水系统与明代相同。在开辟水源方面，乾隆十四年起，疏浚和扩展昆明湖（明西湖景），使之成为北京的大型蓄水库。为了扩充外城和京城护城河的水量，还引来了玉渊潭和莲花池的水，它们都是金代开发过的水源。另外，北京地区的市民饮用水，金、元、明、清，都是依靠井水。

衙署

明代直属朝廷的衙署大部分布置在大明门千步廊的东西两侧。据《大明会典》，"文职公廨：宗人府，在长安左门南。吏部，在宗人府南。户部，在吏部南。礼部，在户部南。兵部，在宗人府后。……工部，在兵部南。……翰林院，在长安左门外。……太常寺，在后府南。通政使司，在太常寺南。……詹事府，在玉河东岸。……鸿胪寺，在工部南。钦天监，在鸿胪寺南。太医院，在钦天监南。行人司，在长安右门外"；"武职公廨：中军都督府，在长安右门南。左军都督府，在中府南。右军都督府，

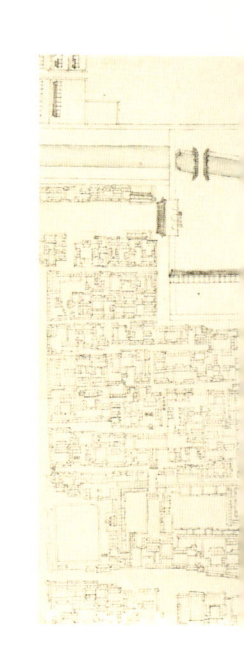

在左府南。前军都督府，在右府南。后军都督府，在中府后。锦衣卫，在通政司南。旗手卫，在通政司后"。

大明门衙署区北界东西长安街，南界东西江米巷，东界玉河，西以锦衣卫后街为界。衙署布置基本以文东武西为原则。在千步廊以东的，朝西设门；千步廊以西的，朝东设门：都以朝向中轴线为正方向。衙署排成前后两列，之间形成了小街，所以才有"兵部在宗人府后"的位置关系。街北端与皇城墙相对的位置上，开有东西"公生门"，以方便官员们出入。与《洪武京城图志》相比，南京衙署靠近千步廊的文武两列各有五个衙门，北京只有四个。其原因，或者南京千步廊长于北京，或者北京衙门占地大于南京，未可遽下结论。三法司虽然属于文职，但仍旧按南京的模式，在宣武门里大街西另外建造。"刑部，在贯城坊。都察院，在刑部南。大理寺，在都察院南。"国家教育机构"国子监，在安定门内"，使用元代旧址。光禄寺掌管祭品的制作、宴会时酒馔膳馐的备办等，所以放在皇城之内，东安门内街北。太仆寺管理马政，放在小时雍坊。清代实行八旗军制，没有五府、锦衣卫等机构，所以调整了西区。东区大部分沿袭下来（图二一）。

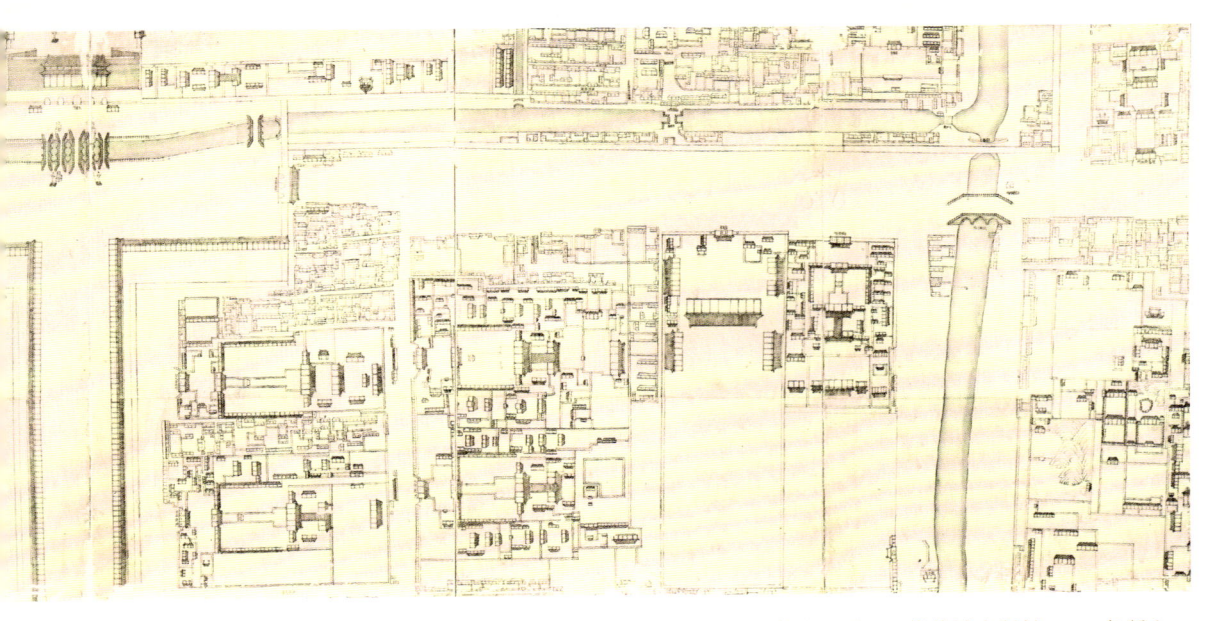

图二一 ◆ 清乾隆十五年大清门东的衙署区图（引自《清乾隆内府绘制京城全图》，紫禁城出版社2009年版）

明代宦官是能够左右明代政治的重要力量，职掌庞杂，人数多至数万。

内官衙署有"二十四衙门"，包括十二监、四司、八局。掌管中枢机要的是司礼监。《明史》把司礼监掌印太监比作内阁的首辅，秉笔、随堂太监比作内阁大学士。其下有文书房，是明代朝廷公文收发的枢纽。官员甚至藩王的本章、奏本，都要经过文书房收纳，所有皇帝的圣谕、旨意、御批，也都要经由文书房登记后对外发出，所以太监弄权是非常容易的。司礼监衙门设在北安门内街之东。内官监最初是机要机构，宣德以后逐渐改为管理国家营造的部门，俗称"内工部"，衙门设在北安门内街之西。二十四衙门还要管理皇帝家族的一切生活，因此设有许多部门。御用监，生产家具、文玩、书画。御马监，管理御用马匹和象房。尚膳监，制作膳食，筹备宴会。尚衣监，制作、管理皇帝的冠冕袍服靴袜。惜薪司，管理内廷所用柴炭。钟鼓司，管理出朝钟鼓和宫中娱乐。司、局中很多机构管理着作坊，比如兵仗局，掌管兵器制作。银作局，掌打造金银器皿。针工局、巾帽局，掌造宫中衣服鞋帽。内织染局，掌染造御用和宫中的衣料。酒醋面局，酿造宫中所用酒醋糖酱。另外还专有御酒房。总之，衣、食、住、行所有方面都专设衙门制作和管理。衙门之下还管理着许多库、厂和房。这些衙门和下属库厂，绝大部分安排在皇城之内。

二十四衙门之外，还有其他太监机构。如东厂，是刺探和处理官员违法行为的特务机构，只听命于皇帝，提督太监由司礼监兼任，《明史》认为它的权力可比都察院。衙门有内外两处，外东厂署在皇城东墙外、东安门北的胡同里。内署在东上北门街东。

清代以明为鉴，始终对太监干政保持高度戒备，内官品级降低，人数大为减少，衙署设在宫中。

初创时期北京宫城的格局

初创时期，指永乐到正统时期。这一时期已经远离我们6个世纪，宫城建筑群发生了太多的故事。水火无情，对宫城的第一次袭击是大火，以后还发生过多次火灾，仅奉天殿就失火四次，现存太和殿已经是原创的第五个版本。有几任紫禁城主人，根据自己的需要和喜好，对祖宗遗留下来的房产，进行了添加或者改建。多种文献记载，明清换代之际，大顺皇帝李自成短暂占据紫禁城，逃跑时放火焚烧，清代必须加以修复建设。这些情况都可能改变宫城格局。但是初创时的面貌才最清晰地表达了设计者的思想，也构成宫城发展历史轨迹的起点，所以应该加以研究。初创时的格局是否有可能判断呢？我觉得有可能，同时也具备一定的条件。首先是紫禁城完整地保存至今，其次是有文献提供的线索，我用两者相对照的方法画出宫城初创时期的平面示意图（图二二）。该图以现代实测地图为底图，方便大家进行对照。午门至大明门的"门前大道"不属于宫城地理范围之内，但却是宫城规划重要的一部分，由于图幅问题只能省略了。图中把宫城分成三大功能区：外围的防御系统，图中建筑标为玫瑰色；南部的外朝区域，图中标注为黄色；北部的内廷区域，图中标为灰色。其中午门既具有防御功能，也是重要的外朝建筑。三大功能区以外，见缝插针式地安排了内官衙署、作坊及下层服务人员的住所，特别集中于西、北两面城墙脚下。为了使图纸简明扼要，图里没有表现这些内容。

各区域的建筑构成

初创时期北京宫城建成了哪些建筑？《明太宗实录》的工程总结说："初，

防御系统

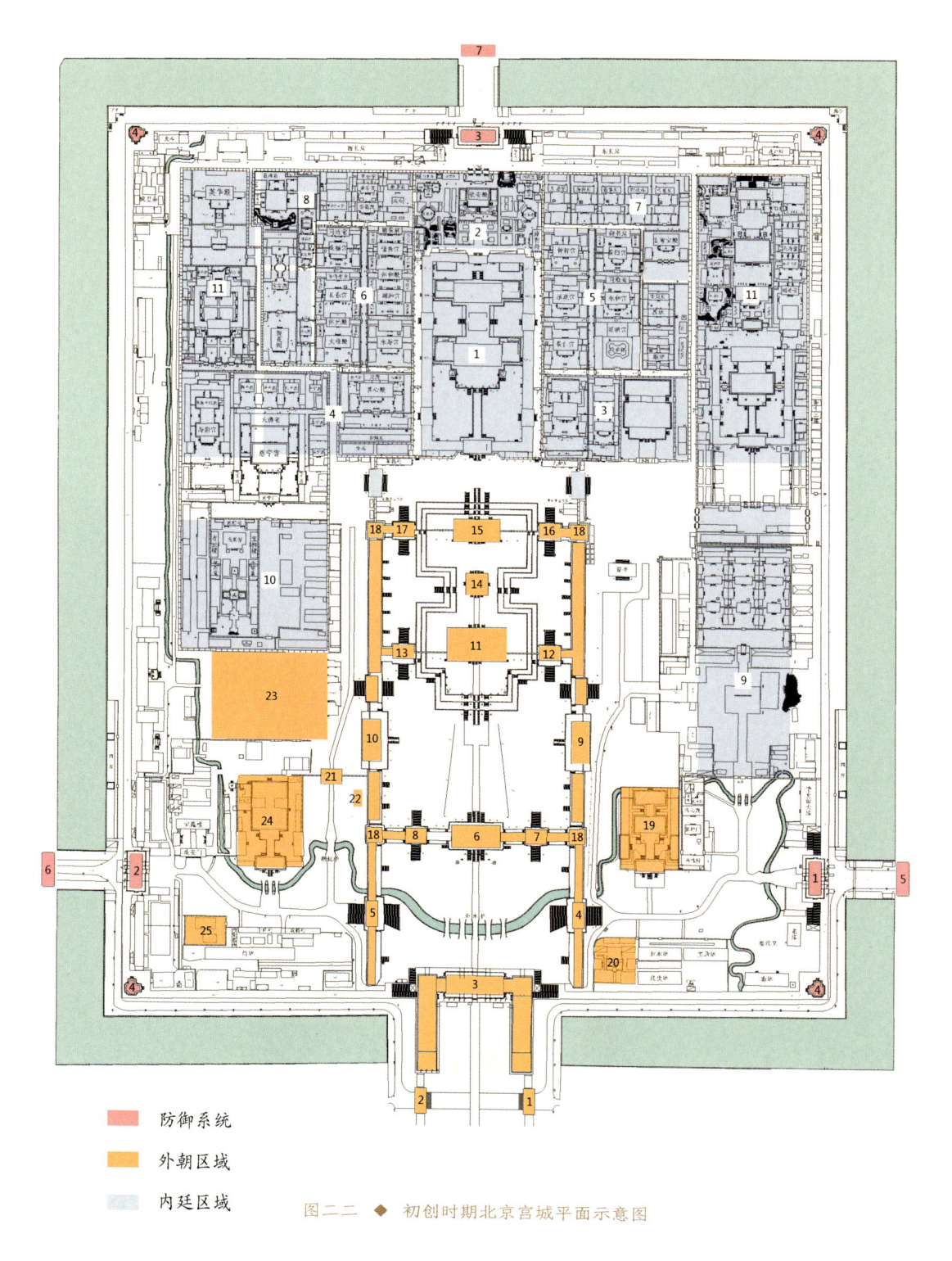

外朝区域

内廷区域

图二二 ◆ 初创时期北京宫城平面示意图

114 —— 第三章 故宫建筑的格局

图片说明：

一、防御系统：
1. 东华门 2. 西华门 3. 玄武门 4. 角楼 5. 东上门 6. 西上门 7. 北上门

二、外朝区域：
1. 阙左门 2. 阙右门 3. 午门 4. 左顺门 5. 右顺门 6. 奉天门 7. 东角门 8. 西角门 9. 文楼 10. 武楼 11. 奉天殿 12. 中左门 13. 中右门 14. 华盖殿 15. 谨身殿 16. 后左门 17. 后右门 18. 崇楼 19. 文华殿 20. 文渊阁 21. 思善门 22. 弘文阁 23. 仁智殿 24. 武英殿 25. 南薰殿

三、内廷区域：
1. 后二宫 2. 后苑 3. 奉先殿 4. 仁寿宫 5. 东六宫 6. 西六宫 7. 东七所 8. 西七所 9. 清宁宫 10. 大善殿 11. 预留用地

营建北京，凡庙社、郊祀坛场、宫殿门阙，规制悉如南京，而高敞壮丽过之。"那么我们需要回顾一下南京的规制。

洪武十年十月改建完成的南京"大内宫殿"规制如下："阙门曰午门，翼以两观。中三门，东西为左右掖门。午门内曰奉天门，门之左右为东西角门。内正殿曰奉天殿，上御之以受朝贺。殿之左右有门，左曰中左门、右曰中右门。两庑之间，左曰文楼，右曰武楼。奉天殿之后为华盖殿。华盖殿之后曰谨身殿。殿后则后宫之正门也。奉天门外两庑之间有门，左曰左顺门，右曰右顺门。左顺门之外为东华门，内有殿曰文华殿，东宫视事之所也。右顺门之外为西华门，内有殿曰武英殿，上斋戒时所居也。"（《明太祖实录》卷一一五）这里提到的十七座建筑额名，都在北京再现。可见外朝这些建筑是初创时确定的。

《洪武京城图志》在"宫阙"标题下也包括上述十七座建筑，此外还有"文渊阁、东角门楼、西角门楼"。故宫现存文渊阁位于文华殿北，是乾隆四十一年（1776）专为庋藏四库全书而建。明代北京皇宫是否建有文渊阁，一直有不同的说法。永乐十九年四月三殿大火，"火势猛烈。而奉天门东庑切近秘阁，学士杨荣奋身直入，麾武士三百人，将御书图籍并积岁制

— 115

敕文书异至东华门河次",得到永乐皇帝褒奖。(《翰林记》卷一二,转引自《史料长编永乐洪熙宣德朝卷》,第七九九条)说明这时候在奉天门东庑附近建有"秘阁",所谓秘阁,应是文渊阁的别称。宣德四年(1429)十月初十日,皇帝驾临文渊阁,巡视了大学士杨荣的办公室,遂命增加文渊阁房屋。(《翰林记》)天顺二年(1458)四月初十,皇帝命工修整文渊阁门窗。(《明英宗实录》卷二九〇)这些都说明初创时期的确建有文渊阁。

明孝宗弘治五年(1492),内阁大学士丘濬呈报了一份超长的奏疏,希望皇帝重视历代书籍和明代历史档案,恳切建议安排抄录备份、妥善收藏和扩大流传。奏疏中说,恳请朝廷,"于文渊阁近便去处别建重楼一所",不用木结构,只用砖石来砌,就像民间的"土库",来收储要紧的文书,以防意外之虞。皇帝看了奏疏,"纳之"。虽然以后没有建造文渊阁的其他记载,但是应该就在这以后,建起了砖结构的二层楼。当年,也称这类建筑为"砖城"。关于它们的位置,单士元先生排比多种史料,对照故宫建筑,提出自己的论断:"从銮仪卫以西各库,直到清内阁大堂,都应属于明文渊阁范围,古今通集库是明文渊阁库房的一区,在各库之东。"(单士元《文渊阁》,《故宫博物院院刊》1979年第2期)这些建筑在文华殿之南。既然弘治时期是"于文渊阁近便去处别建",说明并未用砖城取代木结构的建筑。既靠近奉天门东庑,又靠近砖城的,只有后来的内阁大堂,应是明文渊阁所在。

至于东角门楼和西角门楼,列于"殿"名之内,决不是角门上盖有门楼。我怀疑是奉天门左右转角庑房的角楼,后来称为"崇楼"。但是为什么只有两座,而不是四座,只能存疑。

明末太监刘若愚记载,从隆宗门外向南,过宝宁门,"门外偏西大殿曰仁智殿,俗所谓白虎殿也,凡大行帝后梓宫灵位在此停供"。继续向南,出思善门,到武英殿西南方,有"南薰殿,凡遇徽号册封大典,阁臣率领中书,撰写金宝金册在此。例有司礼监印公奉钦遣临视管待。该御用监里监把总官置办盛席伺候,必杀鹿一只蒸炰作羹,以明丰侈,此盛典也"。(《酌中志》卷十七,《海山仙馆丛书》本,台北伟文图书出版社有限公司

1976年版）在记录南京宫殿额名的文献中，没有这两座建筑。有可能是建筑异名、文献遗漏，也可能它们是北京所创造。仁智殿早已无存，但是文献记载，永乐皇帝北征逝于榆木川，灵柩回北京后就停在仁智殿。所以它一定是初创时期建筑。南薰殿现在保存完整，从建筑形制考察，有比较明确的明初特征。文献中也还没有找到建造时间的记录，所以它很可能也是初创时期作品。在《明仁宗实录》中，还记载有仁宗曾经命在思善门建一座弘文阁，翰林学士杨溥主管，集合几位老儒，以备皇帝咨询。地点应在门外，路之东。仁宗去世不久，弘文阁的制度就终止了。

《洪武京城图志》列举了皇城的各重门名，如下："午门、左掖门、右掖门、左阙门、右阙门、社街门、庙街门、端门、承天门、庙左门、社右门、长安左门、长安右门、洪武门、东华门、东上南门、东上北门、东安门、西华门、西北（作者按：误，应为上）门、西上南门、西上北门、西安门、玄武门、北上东门、北上西门、北安门、亲蚕之门。"在当时的概念下，包括两重皇城门，和"门前大道"各门。万历《大明会典》把它们区别为皇城门、宫城门和"在皇城、宫城外"三类。两种文献中建筑额名及其相互关系是完全相同的。所以，北京宫城的防御系统格局也是初创时期确定的。在北京仅不见亲蚕之门。

《洪武京城图志》的殿门名中，还列举了乾清宫、坤宁宫、柔仪殿、春和殿、春和门等五座建筑，它们属于内廷。关于南京内廷建筑的文献极其匮乏。所幸在庆祝北京营建成功的辞赋中，还有一些直接描述内廷建筑的词句。"华盖屹立乎中央，奉天端拱乎南面。其北则有坤宁之域，乾清之宫。""若夫乾清之前，门列先后，日精月华之对峙，景运隆宗之并构。谨身翼乎其前，仁寿屹乎其右。又有奉先之祠，大善之殿。""宝善在左以翼翼，思善居右而崇崇。若夫钦安之后，珠宫贝阙，藻绣交耀。雕栊嶻嵲。六宫备陈，七所在列。"（明·杨荣《皇都大一统赋》，《杨文敏集》卷八，转引自《史料长编永乐洪熙宣德卷》，第七八五条）"奉天凌霄以磊砢，谨身镇极而峥嵘，华盖穹崇以造天，俨特处乎中央。""其后则奉先之殿，仁寿之宫，乾清坤宁，眇丽穹窿。掖庭椒房，闺闱阃通。"（明·李时勉《北京赋》，《古廉文集》卷一，转引同上，第七八六条）"奉天屹乎其前，谨身俨乎其后。惟华盖之在中，竦摩空之伟构。文华翼其在左，武英峙其在右。乾清并耀于坤宁，大善齐辉于仁寿。"（明·金幼孜《皇都大一统赋》，《金文靖集》卷六，转引同上，第七八七条）根据这些词句，可以得出以下认识。

奉天、华盖、谨身三座大殿处于宫城的中央。其后有乾清之宫、坤宁之域的内廷。乾清宫之前，有景运门和隆宗门相对，日精门和月华门相对。坤宁宫后有钦安殿，周围是后苑。这些建筑及相互位置，可以与现存内廷中路建筑一一对应。三大殿之后，还有奉先殿、仁寿宫和大善殿三组建筑群。奉先殿现在完整保存，位于乾清宫前之左。"仁寿屹乎其右"，当是与奉先殿对称的位置。"乾清并耀于坤宁，大善齐辉于仁寿"，我理解所描述的是南北接踵的关系，乾清宫居南，坤宁宫居北。那么大善殿也当位列于仁寿宫之南。

乾清宫和坤宁宫左右各有一条长街，称为东一长街和西一长街，街左右是后宫地段，"掖庭椒房，闺闱阃通"，"六宫备陈，七所在列"，即左右地段各有六宫和七所。目前的故宫中东西六宫都还存在，虽然西六宫的布局有些改变，但是总体格局还是非常清晰的。故宫博物院的前辈学者王璞子先生认为，东西六宫各占内廷总面积的35%左右，略大于中路之比数。从建筑布局看，"很明显当初设计是采取'九宫格'方式作为蓝图底本的。古井田制，明堂九宫，临摹碑帖所用的九宫格，都是在正方形的格局上，纵横各分三格，划分成九个小方格，每一方格布置一所宫殿，可以安排九所。但从六宫建置要求，实际应用六格，用六不用九，以符'后立六宫'之说。六宫靠外侧空余的三小格留为其它用途"。（王璞子《三宫六院》，《紫禁城》特辑，1984年版）

现在故宫的东六宫之北还有五所布局相同的小院，统称乾东五所。原来西六宫北也有五所，清代乾隆时期做了改建。但是初创时期这里是七所，即"七所在列"。明嘉靖八年（1529）十月二十一日，"乾清宫内西七所火灾"，皇帝因此要求大臣们加强自身反省，以回应上天的警告。但是后来的文献中，如《春明梦余录》附录的《宫殿额名考》中，东西所就只有头一所、第二所、第三所至第五所的匾额了。说明后来七所减少为五所了。

最后，在示意图内廷部分的东西两侧，虽然没有建筑，但是画了两个灰色块，表示有宫墙围起来的地块。于倬云先生发现，"明永乐十八年的第一期工程中，不包括东西六宫以外的基地（九宫格中边缘的三格地段）以及外东西路地段，但是宫墙与宫门均已作齐。为解决日后施工时进料的困难，当时的工程主持人于建造宫墙时在墙上做出许多砖券，其中有的砖券还立有石券口，为竣工后的使用提供了方便"。（于倬云《紫禁城始建经略与明代建筑考》）（图二三）这是很有说服力的。

图二三 ◆ 东筒子宁寿宫墙上的砖券

119

五门三朝与前朝后寝

考古学家发现，中国古代宫城规划存在一些共同规律。其中之一是"外朝居南、内廷位北，正殿居南、后宫位北"。具体实例包括汉长安城未央宫的前殿与椒房殿，唐长安的太极殿、两仪殿与甘露殿，唐大明宫的含元殿、宣政殿与紫宸殿，北宋东京的大庆殿、文德殿、垂拱殿与紫宸殿，等等。（刘庆柱《中国古代宫城考古学研究的几个问题》，《古代都城与帝陵考古学研究》，科学出版社2000年版，第41页）北京宫城也是如此，说明它的规划思想有着悠久的传统。北京移植自南京，而南京规划的主持者朱元璋主张，事关国家制度时一切依古礼。如吴元年，在规定皇后、皇太子册宝的规格时，采用"周尺"度量。洪武三年命令礼部考证历代服色等级。礼部回奏说，大明继承了元代皇统，但是在治理国家时取法于周汉唐宋。这反映了当时的国策。

所谓五门三朝与前朝后寝制度，是对周礼的一种解释。由于周礼原典年代过于久远，很多文辞已经难于理解，于是从汉代起就有学者进行注解，越往后，对周礼的构成和解释也就越复杂。学者们对宫寝制度的讨论，集中在对门、廷、朝、寝、宫的名称、位置和功能的研究上，反映了他们心目中的宫城布局。第一，门。宫城内外，中轴线上要建重重大门，"天子之门五，郭门谓之皋，皋内谓之库，库内谓之雉，雉内谓之应，应内谓之路"，这就是"天子五门"。相应诸侯之宫只有三门。还有学者说天子也只有三门，即皋、应、路三座，与诸侯只是名称不同而已。第二，廷，也可以写作庭，即广场，或在门前，或在宫、庙之前，是举行朝会的地方。第三，朝会，有三种不同的主题，也有三个规定的位置。外朝：公示布告；断狱蔽讼；询问非常之事，《周礼·秋官司寇·小司寇》谓之"三询之朝"，即"国危、国迁、立君"。外朝在"大廷"举办。治朝：君臣日见之朝，也名正朝、内朝、常朝。"治朝无堂，即门以为朝"。燕朝：接见臣下处理政务，举办宴会、射礼，册命等宗族嘉事，在路门内进行。第四，寝，是从功能出发的建筑分类。

考古学家在甘肃秦安大地湾发现了一座距今5000年左右的大房子遗址。大房子里用木骨泥墙隔成多个房间，中间朝门的是大房间，左右和后壁隔成小间。考古学家分析，正中大房间是"堂"，后边小房间是"室"。这座大房子是部落首领专属的地方，处理政务在大房间，起居休息在小房间。建筑结构上的前堂后室，将来就演变成建筑布局上的"前朝后寝"。（杨鸿勋《论宫殿的雏形》，《宫殿考古通论》第二章，紫禁城出版社2001年版）无论是庙，还是宫，都实行共同的前朝后寝制度。具有"寝"功能的建筑又分前后两组，"朝以内谓之路寝，路寝以内谓之燕寝"。路寝也名正寝，燕寝也称小寝。天子之路寝一、小寝五。王后之适寝一、小寝五。第五，宫。"后、夫人之寝在王寝之北，曰北宫。天子六宫。"以上所说，就是"五门三朝""前朝后寝"制度的梗概。需要说明，前朝后寝之前后，是指方位，"后寝"写成繁体字是"後寝"，要注意与古文献中王后之寝的区别。（本段引文均引自清·任启运《宫室考》）（图二四）

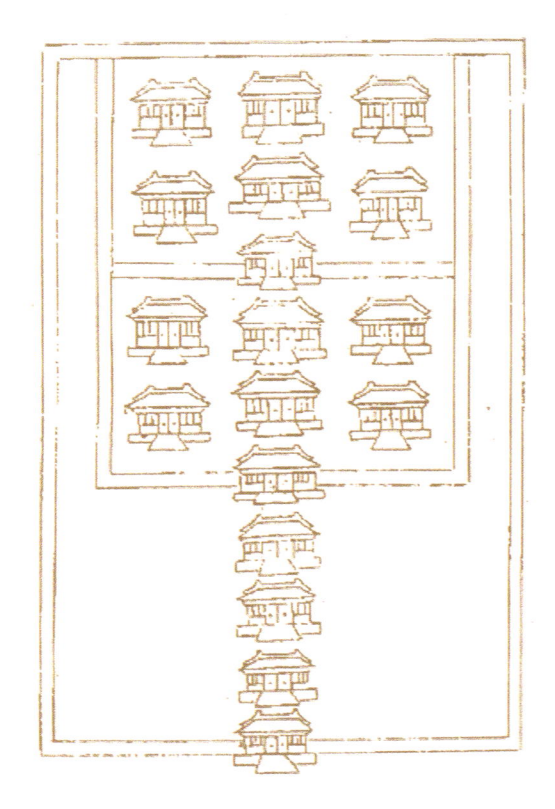

图二四 ◆ 宋代学者推测的宫寝制度
（引自宋·聂崇义《三礼图集注》）

明代宫城规划设计是否依据了周礼，当年文献并没有记载。但是从建筑的格局看是高度吻合的。宫城中轴线上建有重重门阙，是天子五门的再现。但是从大明门、承天门、端门、午门、奉天门到乾清门是六座，怎么解释呢？我认为不必过于拘泥，每个朝代在"门制"上都有自己的理解。

"郭门谓之皋"，任启运解释，这里的郭，指的是宫城外的又一周城墙，那么非大明门莫属。除非有大典，大明门常扃不开，百官上朝全都从东西两座长安门进城。清代也类似，"大清门除太后慈驾、皇帝乘舆外，皇后惟大婚日由此门入，文武状元传胪后由此门出，此外无得出入者"。（章乃炜、王蔼人《清宫述闻》正续编合编本，紫禁城出版社2009年版，第22页）

承天门前有金水桥和一对华表，建筑舒展雄壮，风景如画。遇有国家大典，颁发皇帝诏书，就要用到城楼。官员把从午门内传来的诏书盛在木匣里，从城楼缒下。清代则衔在一只铜雕镀金的凤凰嘴里，用云盘托着，系绒绳徐徐降下，称为金凤颁诏。每年秋天霜降节气后，都要在承天门外广场对重囚进行终审。这次审问规格特高，非常严肃，称为"朝审"，参与者不仅有三法司，还有五军都督府、六部、六科、通政司等衙门，直至公、侯、伯等勋臣，结论报皇帝。这些活动是外朝的基本内容，所以承天门广场就是外朝之大廷。端门，是外朝与雉门的中间节点，清代称大清门、天安门和端门为"外朝三门"。

雉门的最突出标志是具有两观。"天子之雉，阙门、两观。诸侯之雉，台门、一观。"（《宫室考》）明代午门即天子之雉，是毫无疑问的。奉天门是明代举行常朝的地方，皇帝御奉天门，设宝座。文武百官按照规定的次序，列队站在台基之下。景泰二年（1451）九月初阴雨不断，允许大臣们站到奉天门台基之上奏事，结果班次没有排好，内阁官员无地可站，弄得大学士陈循给皇帝提意见。依照儒家学者的研究，治朝在应门内，所以奉天门即应门。

乾清门在三大殿之后，前面有一个横长的小广场，与外朝拉开距离。任启运认为，路门"谓内外之界于此分"，而且路门又名毕门，"五门至此而毕也"。正与乾清门相同。如果按照燕朝在路门以内的说法，乾清宫应当是燕朝举办之所。但是在明代，乾清宫是名副其实的皇帝正寝，找不到燕朝或类似制度的规定。倒是清代，把"御门听政"的常朝后移到乾清门，而"皇帝临轩听政，岁时于内廷受贺、赐宴及常日召对臣工，引见庶僚，接觐外藩属国陪臣"，这些活动，都在乾清宫，恰恰是燕朝的内容。（清·庆桂等《国朝宫室续编》卷五四，北京古籍出版社 1994 年版，第 431 页）

三殿二宫与东西六宫

初创时期的宫城内，中轴线上的前三殿、后二宫和后二宫两侧的东西六宫形成一个 T 字形，构成了宫城建筑的骨干，其余建筑则完善了大内的功能，丰富了宫城的构图。前三殿、后二宫与东西六宫带给人们完全不同的建筑感受，前三殿宽阔而雄厚，后二宫严谨而收敛，东西六宫亲切而深邃。三者当中的主要建筑也代表了宫城建筑的三个主要等级。现存太和殿面阔十一间（太和殿面阔还可以表述为九间，两侧各加侧廊一间。详后），通高近 27 米，是宫城内面阔最长、高度最高的建筑物。最能突出它崇高地位的是三台，三层须弥座石台中部高达 8.13 米，在宫城中是唯一的。现存乾清宫面阔九间，通高 21 米左右，虽然也采用宫城中等级最高的建筑形式，但是比太和殿下一等。它脚下的须弥座只有一层，高 2.86 米，也仅次于三台。东西六宫的中心建筑最大面阔是五间，通高约 11 米至 8 米，台基一般在 1 米以下。

这些建筑，千门万户又秩序井然，显然经过统一而严密的总体规划设计。可惜明代没有这类资料流传下来，对明代专家们用什么手法达到这样的效果，只能从现存的建筑现象去推测溯源。梁思成先生、刘敦桢先生等中国古建筑学的开创者们，从 20 世纪 30 年代就开始了溯源工作。他们从实测古建筑的数据开始，与宋代的《营造法式》和清代的《工程做法》进行对照，发现了中国古建筑在设计建造的时候，使用了"模数制"的方法。就是选择"斗栱"构件尺寸的倍数，来决定整栋建筑各部位木构件的尺寸。宋代叫作"材分制"，清代叫作"斗口制"。之后学者们继续推进，发现檐柱的高度与建筑的整体比例也存在固定关系。比如著名的山西应县木塔整座塔高，不算顶上的塔刹，是底层檐柱高的6倍。于是发现了"扩大模数"的概念，解释了古人在进行设计的时候，如何把握建筑的整体效果。傅熹年先生继续探索，用扩大模数来检验建筑群。他发现了北京宫城构图的四大有趣现象。

其一，内廷后二宫周围用庑房和多座门围合成一个长方形的院落，南北长约218米，东西宽约118米。这一对数字具有"扩大模数"的意义，我们叫它们作"标准长度和宽度"。前三殿周围院落，长度约437米，宽度约234米，分别约是标准长、宽的2倍。就是说，中轴线上的占地面积，外朝是内廷的4倍。东六宫和西六宫的宽度，都约等于标准宽度，六宫加七所的总长度，也约等于标准长度。再放大范围，从大明门到承天门前，相当于3个标准长度。从承天门到景山寿皇殿后，相当于10个标准长度。午门到承天门的御道加上两侧庑房，总宽度约等于标准宽度，宫城宽约等于6个标准宽度。所以，这一对标准尺度"即规划紫禁城宫殿时使其各部分之间保持一定关系所采用的模数"。（傅熹年《中国古代城市规划建筑群布局及建筑设计方法研究》，中国建筑工业出版社2001年版）

其二，主要院落中，重点建筑建在院落的几何中心。太和殿建在前三殿院落中心，乾清宫建在后二宫院落中心，武英殿、文华殿、六宫等，均是如此。这就在正殿前留足了"廷"的空间，也突出了正殿的地位和艺术效果。

其三，前三殿院落若以四个崇楼为标志测量，其南北长约353米，东西宽234米，长宽之比约为3:2。前三殿下的三台，除月台不计，其长度约195米，宽129米，长宽之比也是约3:2。而院落与三台的宽度之比，约为9:5。"在前三殿殿庭和工字形大台基之间采用九与五的比值正是用数字比例关系来隐喻前三殿是'九五富贵之位'的帝王之宫的意思。"（引文出处同上）

其四，以上方法溯源，使用的是公制的测量数据，还需要推算为"明尺"，才能复原古人如何计算、如何绘图，并最终把图铺上大地。傅先生经过对全国多处建筑群的验算，认为古人所用是一种"方格网"作图方法，即在建筑群布局规划时使用"面积模数"，"以它为基准来控制院落内各座房屋间的相对位置和尺度关系"。（引文出处同上）在紫禁城，视建筑组群规模的大小，使用了十丈、五丈和三丈这样三种方格网。所谓方格网，相当于现在工程学上经常要用到的"米厘格纸"，十丈，就是以十丈见方为一格。

三殿、二宫、东西六宫，涵盖了朝、寝、宫的三大功能，也代表了宫城建筑的三个等第。古人是如何把这些院落的相互位置安排妥当，怎样设计院落内部建筑群的照应，用建筑物的造型、体量，以及相应艺术装饰，表现主次、等级制约下的基本协调，傅熹年先生的研究揭开了问题的答案，揭示了中国古建筑特有的丰富文化内涵，也充分展现了中国古代建筑学和建筑设计的水平。近年，天津大学王其亨教授的团队通过对清代建筑设计雷氏家族及其遗留图档的研究，发现清代也使用方格网的测量和设计方法，特别是该团队解读了大量方格网图的实物，把这项研究推向深入。

中轴线与对称

初创时期的北京宫城有一条明确的中轴线，它也是宫城平面的几何轴线。它向南到达永定门，向北到达钟楼，显示宫城与整座北京城是一个有机的生命体。这条中轴线全长 7.8 千米，从大明门到万岁山主峰长约 2.6 千米，约占全长的 1/3。体现中轴线设计有两种手法，一是把重点建筑建在中轴线上，二是把建筑物和建筑群建在中轴线两侧，形成对称。初创时期，无论是建筑样式还是建筑命名，都严格对称。而且在功能上，东西的对称还表现为文东武西的权衡。

北京城里最高大的和最具有标志性的建筑建于中轴线上，"北京独有的壮美秩序就由这条中轴的建立而产生。前后起伏左右对称的形体或空间的分配都是以这中轴为依据的。气魄之雄伟就在这个南北引申，一贯到底的规模"。（梁思成《北京——都市计划的无比杰作》，《梁思成全集》第五卷，中国建筑工业出版社 2001 年版，第 107 页）中轴线宫城段的建筑，第一座午门，体量超大，正楼连城台通高近 38 米；太和门（清晚期重建）通高约 23.8 米；太和殿（清早期重建）通高约 35 米；保和殿（明晚期重建）通高约 29 米；乾清门通高约 14.7 米；乾清宫、坤宁宫（清中期重建）通高均约 20.5 米；钦安殿，通高连宝顶约 16.82 米；玄武门城楼通高约 31.46 米。仅看高度，也可谓跌宕起伏，蔚为壮观。太和殿里皇帝的宝座就坐落在中轴线上，从"择中治国"的理念出发，这里就是天下之中（图二五）。

奉天门之前的东西两侧，在廊庑的中间位置建左顺门和右顺门。出左顺门可到文华殿和东华门，出右顺门可到武英殿和西华门。这种对称式布置左右门，是只有皇帝才可以采用的制度。南京吴王宫时期，确立了前后排列三殿的制度，但只有一条中轴线。永乐西宫只为视朝而建，也没有左右顺门。大明正式建立以后，改建南京宫殿，增加了左右顺门，说明外朝建筑增加了左右辅轴线。在内廷正门前也使用了景运门和隆宗门对称的做法，此外就只有后来所建太后宫才有这样的左右门对称的格局。

内廷院落和东西六宫的对称关系是非常严格的，我为了较清楚地表现这种关系，绘制了内廷建筑的对称关系示意图（图二六）。

如图所示，对称有四种情况。一是在后二宫的左右庑房中各设五座门，一一对称：乾清宫前，设日精门与月华门；乾清宫两侧各将一间庑房辟为小门，名龙光门与凤彩门。坤宁宫前，设景和门与隆福门；坤宁宫两侧，小门名永祥门与增瑞门；坤宁宫北两侧小门名基化门与端则门。二是开在东西两条长街外侧的六宫墙和整座内廷宫墙的各门一一对称：与日精、月华相对的迎祥门与膳厨门；其北的百福门与广安门；再北的千祥门与广生门；再北长庆门与大成门。内廷宫墙的宫东门与宫西门。三是街门，东西长街从南往北，依次建有景和门与顺德门，长宁门与丽景门，嘉福门与隆德门。东西二长街南北街口有寿春门与蠡斯门，庆安门与百子门，还有东西宫门的中门嘉德门与景福门。四是后苑北门，正门承光门左右的集福门与延和门。后来到嘉靖时期，皇帝亲自更定了各宫墙和街门的门名，大大简化，每对门只用一个名字，再冠以左右。如将景和门与顺德门，更为顺德左门和顺德右门，使这种相对

图二五 ◆ 紫禁城中轴线鸟瞰

于中轴线对称的关系更为清晰。

从这张图上我们还可以看到，偌大的内廷，只有前后两座大门和东西两座小门，周围被高大的宫墙围合得水泄不通。圈在里面的人除皇帝外毫无自由可言。明代太监、宫女众多，饮食供应不周导致有人饿死。明末魏忠贤弄权，连皇妃都被"绝其水火，无所饮食"，最后伏在地上啖雨水而死。这是辉煌建筑里黑暗的一面。

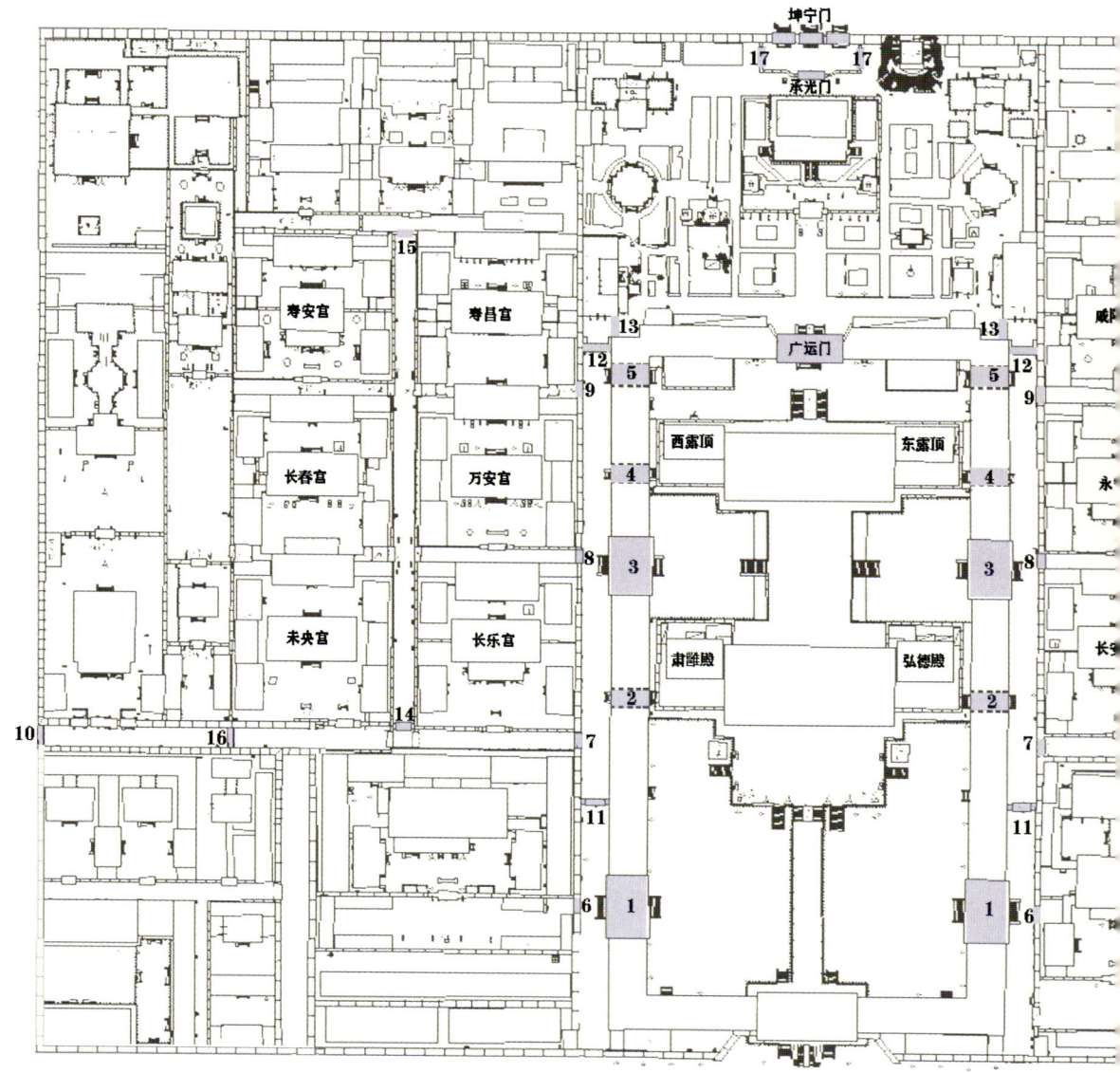

图二六 ◆ 内廷建筑对称关系示意图

128 —— 第三章 故宫建筑的格局

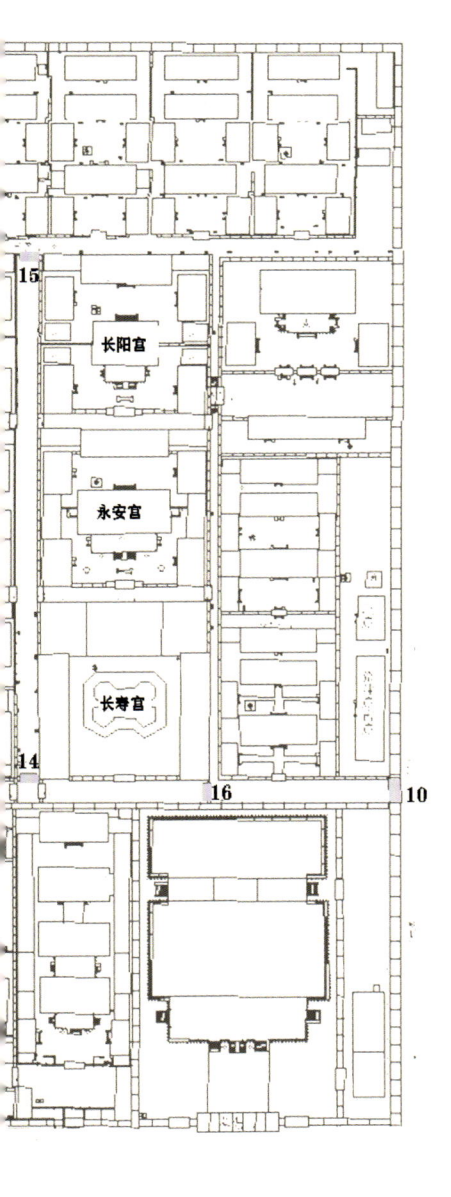

图片说明：

一、内廷周庑：
1. 日精门与月华门 2. 龙光门与凤彩门 3. 景和门与隆福门 4. 永祥门与增瑞门 5. 基化门与端则门

二、东西宫墙门：
6. 迎祥门与膳厨门 7. 百福门与广安门 8. 千祥门与广生门 9. 长庆门与大成门 10. 宫东门与宫西门

三、街门：
11. 景和门与顺德门 12. 长宁门与丽景门 13. 嘉福门与隆德门 14. 寿春门与螽斯门 15. 庆安门与百子门 16. 嘉德门与景福门

四、后苑北门：
17. 集福门与延和门

129

明代中后期和清代中期的改造

明代皇帝的平均寿命不长,活过60岁的只有太祖(71岁)、太宗(65岁)、世宗(60岁)三位。其余的平均年龄只有38岁。先皇帝给后代的,除了皇位,还有众多的女眷,包括新皇的母亲辈甚至祖母辈的长亲,其中有名分的位尊代远。新皇帝即位以后,她们要把原来居住的宫室腾出来,给下一辈的第一家庭居住。而新皇帝也有责任妥善安排她们的新居。对逝世的前皇后,还有因为是皇帝生母而追封为前皇后的,要给予神主祔庙的崇高礼遇。

改建慈宁宫和慈庆宫

嘉靖皇帝从湖北进京后,和他见面的前辈,有祖母辈的宪宗辰妃邵氏,她是兴献王的生母,当年兴王之国,她没有得到随行的机会,留在北京。这时她眼睛已经瞎了,知道自己的亲孙儿当了皇帝,激动得从头到脚抚摸他。另一位长辈是孝宗的皇后张氏,正德皇帝已经追封她为皇太后,这次选择嘉靖进京,她是决策的批准人。嘉靖皇帝先称她圣母,后改伯母,尊为慈寿皇太后。还有一位正德皇帝的皇后夏氏,是嘉靖皇帝的堂嫂。不久,皇帝把自己的母亲蒋太后从安陆接到北京,尊为圣母章圣皇太后。这些老人家都需要有自己的宫殿。所以嘉靖元年(1522)五月,就开始维修仁寿宫和清宁宫。邵氏没有熬到新居建成就逝世了,另两位就居住在一东一西两个宫中。寡嫂没地方安排,只能住到仁智殿去了。

嘉靖十五年(1536),皇帝开始张罗为自己预建寿陵。四月初九日,考察之后,就在行宫召集武定侯郭勋及大学士李时讨论近期的工程计划。他说:除恭建郊庙上事天地、祖宗以外,我还想到,我的皇祖当初没有考虑设立太皇太后、皇太后两宫。今天的清宁宫本来是太子青宫，现在虽然还没有太子，但是不可以没有这个宫，总之这里不是母后应该居住的地方。仁寿宫本是从属于乾清宫的，母后住在这里也不合适。所以我考虑，将清宁宫存储居之地后半做太皇太后的宫殿。将仁寿宫故址和拆去大善殿的地盘，建一座皇太后的宫殿，以此来使皇祖所建宫殿制度更为完善。具体的开工日期，就让钦天监看看五月十五以后好不好。至于大善殿的佛像器皿现在就可以撤除，日后讨论一下怎么处理。

一个月后，皇帝特命侯爷郭勋和一位大学士、一位尚书进入内廷查看佛像的处理。大善殿应是一座藏传佛教寺院。嘉靖皇帝信奉道教，决定将大善殿收藏的像设一律焚毁，包括金银像一百六十九座，头、牙等骨一万三千余斤。嘉靖十七年（1538）七月，皇太后宫殿建成，命名为慈宁宫。与这次工程一起上马的还有养心殿，它在十六年（1537）六月二十九日先竣工了。养心殿南的小院里，还有供嘉靖皇帝烧炼丹药的砖结构无梁殿。推测很可能就在同时，还建造了玄极宝殿等道教场所，供嘉靖清修。这次工程改变了内廷西南部的建筑布局。

嘉靖朝的故事说明，宫城内发生改动首先是功能的需要，增加的人口把原来的预留用地逐渐占满。嘉靖皇帝恰恰又是一位喜欢自我作古的人物，所以嘉靖时期是宫城发生较大变化的时期。我们借用《北京历史地图集》中的明紫禁城图，来说明明代中后期北京宫城的格局，图中部分地段稍有调整（图二七）。

提升潜龙邸

清代中期的乾隆也是一位充满活力的皇帝，占尽天时地利人和，他在位时对紫禁城改动最大。但是他的改建基本是在明代格局内，最重要的有以下几项。

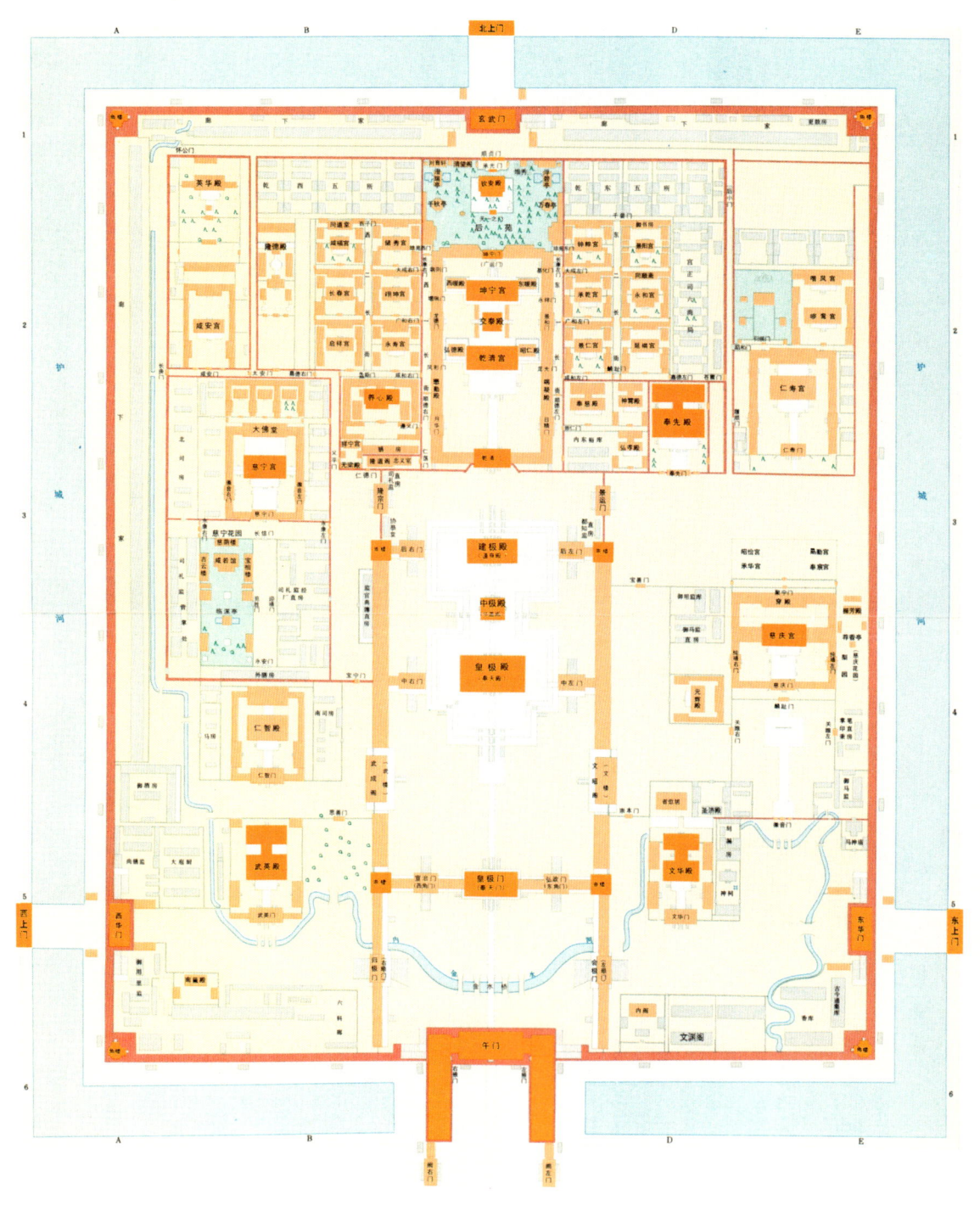

图二七 ◆ 明代中后期紫禁城图（引自《北京历史地图集》）

清康熙五十年（1711）八月爱新觉罗·弘历在雍亲王府出生。他11岁的时候，在雍亲王赐园圆明园中的牡丹台见到他的祖父。康熙皇帝很喜爱这位皇孙，命将他养育宫中，于是弘历搬出雍王府，住进紫禁城毓庆宫东所。雍正四年（1726）皇帝将圆明园桃花坞赐予他为书房。次年，皇帝为17岁的弘历赐了婚，赐居乾西二所。1736年，26岁的弘历继承了皇位，住进养心殿。于是乾西二所成了"潜龙邸"，升格为重华宫。后来又将头所改建为漱芳斋。幼年弘历有园居的美好体验，而在为父亲守孝的27个月当中，一直没有离开紫禁城，盛夏酷暑难熬。这使他萌生了将重华宫以西的四所、五所改建为一座花园的想法。乾隆七年（1742）改建工程初见眉目，整座建筑群是"渐次"完成的。

　　建福宫花园的地盘呈刀把形，实际占地，南、西两边都超出了原乾西四、五所的范围，因此把明代内廷宫墙向西推出去。其布局，东侧沿一条轴线，安排了宫殿和佛楼。从南往北，依次是建福门、抚辰殿、建福宫、惠风亭、存性门、静怡轩、慧曜楼。东侧是以楼阁为中心的花园组团，即：延春阁为主楼；北部吉云楼、敬胜斋；西部碧琳馆、妙莲花室、凝晖堂；南部堆一座大假山，山顶正中立积翠亭，西南有玉壶冰，东南有值房。园内建设了大量游廊，串联起各座建筑（图二八）。花园广植花木，仅写入乾隆御制诗的，就有红梨花、地栽和盆栽的梅花、牡丹花、芍药等观赏花卉，还有翠竹、桧树等常绿品类。碧琳馆的对联"参得王蒙皴法，写将杜甫诗情"恰当地描述了这座园林的文化深度。终清之世，建福宫花园一直保持了乾隆时期的原状，而且收藏了无数古籍珍玩。

增加太后宫

　　清顺治十年（1653），慈宁宫经历了一次"落架大修"，以奉养皇帝的生母。老太太是清太宗的庄妃博尔济吉特氏，清世祖尊为皇太后，清圣祖又尊为太

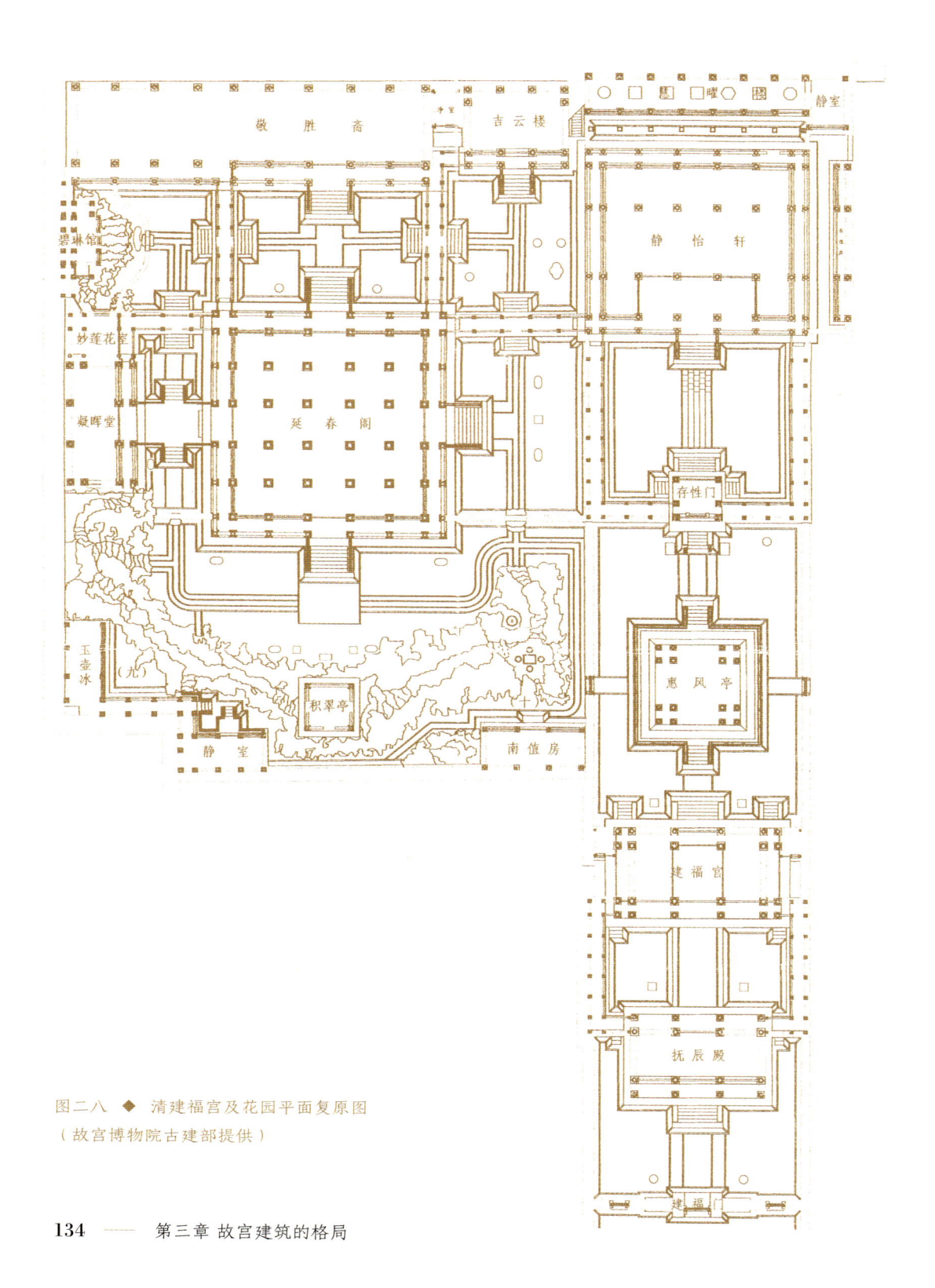

图二八 ◆ 清建福宫及花园平面复原图
（故宫博物院古建部提供）

皇太后。她对清初政治发挥了巨大影响，极具传奇色彩。她在慈宁宫住到康熙二十六年（1687）去世，一共34年。此后，皇帝命将她居住的慈宁宫东宫的五间殿迁建到清孝陵，为"暂安奉殿"。她在世时，慈宁宫大殿和月台、庭院成为清代太后宫的朝会之所，门外要陈设皇太后的仪驾。平日皇帝及亲王也来问安。太皇太后去世后，这里长期没有住人，但是皇太后朝会之所的性质始终没有改变。

雍正十三年（1735）八月二十三日，清世宗在圆明园逝世。当天，弘历宣布承遗命，尊他的生母、先帝的熹贵妃钮祜禄氏为皇太后，后来上徽号为崇庆。九月初改建慈宁宫的方案画样呈报上来，皇帝命择吉于十二月初四日开工。崇庆皇太后暂居景仁宫。这次工程，拆了一些旧房，在慈宁宫的西侧徽音右门外稍北，新建了一座寿康宫，表示对慈宁宫的从属地位。中间有前后两进大殿，左、右、后三面是围房。在慈宁宫后建了并列的三座宫，命名为东、中、西三宫殿。在慈宁宫东侧，南北串联了三座宫殿。乾隆元年（1736）十月二十四日，一切就绪，乾隆皇帝为崇庆皇太后举办了隆重的仪式，请她从景仁宫入住寿康宫（图二九）。后三宫和东三宫供其他太妃、太嫔等居住。（关于寿康宫的历史，请参阅林姝《奉养东朝之所的兴建》，《紫禁城》2015年第7期）

崇庆皇太后身体健康硬朗，乾隆六下江南，三次侍奉她同行。乾隆十六年，是皇太后六十寿诞之年，皇帝又命将寿康宫北部的原明代旧宫咸安宫加以改建，命名为寿安宫，作为寿礼。同年，疏浚扩大西湖的工程也告成了，乾隆皇帝将瓮山西湖命名为万寿山昆明湖，并在万寿山之阳，建大报恩延寿寺，为皇太后祈寿。乾隆二十六年（1761），在寿安宫中建三层大戏楼，为皇太后祝七十大寿。从乾隆三十二年底开始，筹备对慈宁宫进行一次彻底的修理，计划把大殿从单檐增为重檐，后殿以及大门、左右门、转角围房等都要挪盖。施工在三十四年（1769）完成。乾隆三十五年（1770），在太液池北岸，建极乐世界和万佛楼。这些大工程都是准备为崇庆皇太后祝贺八十大寿。乾隆时期这些工程虽然没有改变宫城格局，但是外西路的建筑都见新了。

改建南三所

位于文华殿东北方向的清宁宫、慈庆宫，直到明晚期仍旧是皇太子、皇太后居住的地方。到乾隆初，这个地方被叫作撷芳殿。乾隆十一年（1746）三月开始进行改建工程，次年完成，供皇子们居住。（关于南三所的历史，请参阅单士元《故宫南三所考》，《单士元集》第四卷）三所东西并列，布局完全相同，各有前、中、后三殿和左右厢房，拥有一个共同的前廷。各所前殿，是礼仪空间，明间设"宝座地平"和四扇屏风。中殿是厅堂，东间设万字炕，明间靠后檐设大灶，是满族祭祀习俗的需要。后殿和厢房是起居和居住的地方。南三所建筑还有一个突出的特点，就是屋顶和墙顶都覆盖绿色琉璃瓦，表示皇子的地位，这也是有传统的。本来文华殿是皇太子听政的宫殿，也用绿色琉璃瓦。后来嘉靖皇帝占用了文华殿，才改成黄瓦了。

图二九 ◆ 寿康宫内部原状陈列

兴建太上皇宫殿

乾隆非常崇拜他的祖父，即位之初暗暗祈祷上天，如果允许自己执政六十年，就当传位嗣子，绝不敢超过祖父纪元六十一年的数字，当时也并未顾及自己的阳寿须达到八十有六。结果上天眷顾，六十岁以后，他身体依旧健康，于是决定建造一座宫殿，作为自己"归政"后的去处。他选择了宫城的最东边。初创时期这里是预留地块，明中期逐渐成为太后太妃们的宫殿，叫一号殿，其中有仁寿等宫。康熙二十八年（1689）经过修理，命名为宁寿宫，请皇太后即顺治皇帝的孝惠章皇后御新宫。太上皇宫殿就康熙宁寿宫加以改建添加，工程从乾隆三十七年（1772）开始，直到四十一年才完成。

宁寿宫外围宫墙，长一百二十七丈余，宽三十六丈余，除南侧一部分以外，还都是明代旧基，连西墙中部的两座便门——履顺门和蹈和门，也是明代位置。宁寿宫制度也是前朝后寝。前朝有一门二殿，四周廊庑围成院落。朝、寝之间有一条横街。后寝建筑分三路，中路是殿堂，东路有大戏楼、四进合院和景福宫。中、东两路最北端建佛楼。西路是一座花园，叫作宁寿宫花园，俗称乾隆花园。宁寿宫"其制九重"，即中轴线上安排九座门殿：皇极门、宁寿门、皇极殿、宁寿宫、养性门、养性殿、乐寿堂、颐和轩和景祺阁。

清代还改建了奉先殿，在奉先殿西添加了毓庆宫和斋宫两组建筑群。在文华殿后，建造了文渊阁，用来专门收藏《四库全书》。清末，还将西六宫中的启祥宫与长春宫、翊坤宫与储秀宫两宫连成一宫，六宫成四宫。在今天的故宫，我们看到的，总体上是明代的格局，和经过清代不断修理、改建、添加的建筑（图三〇）。

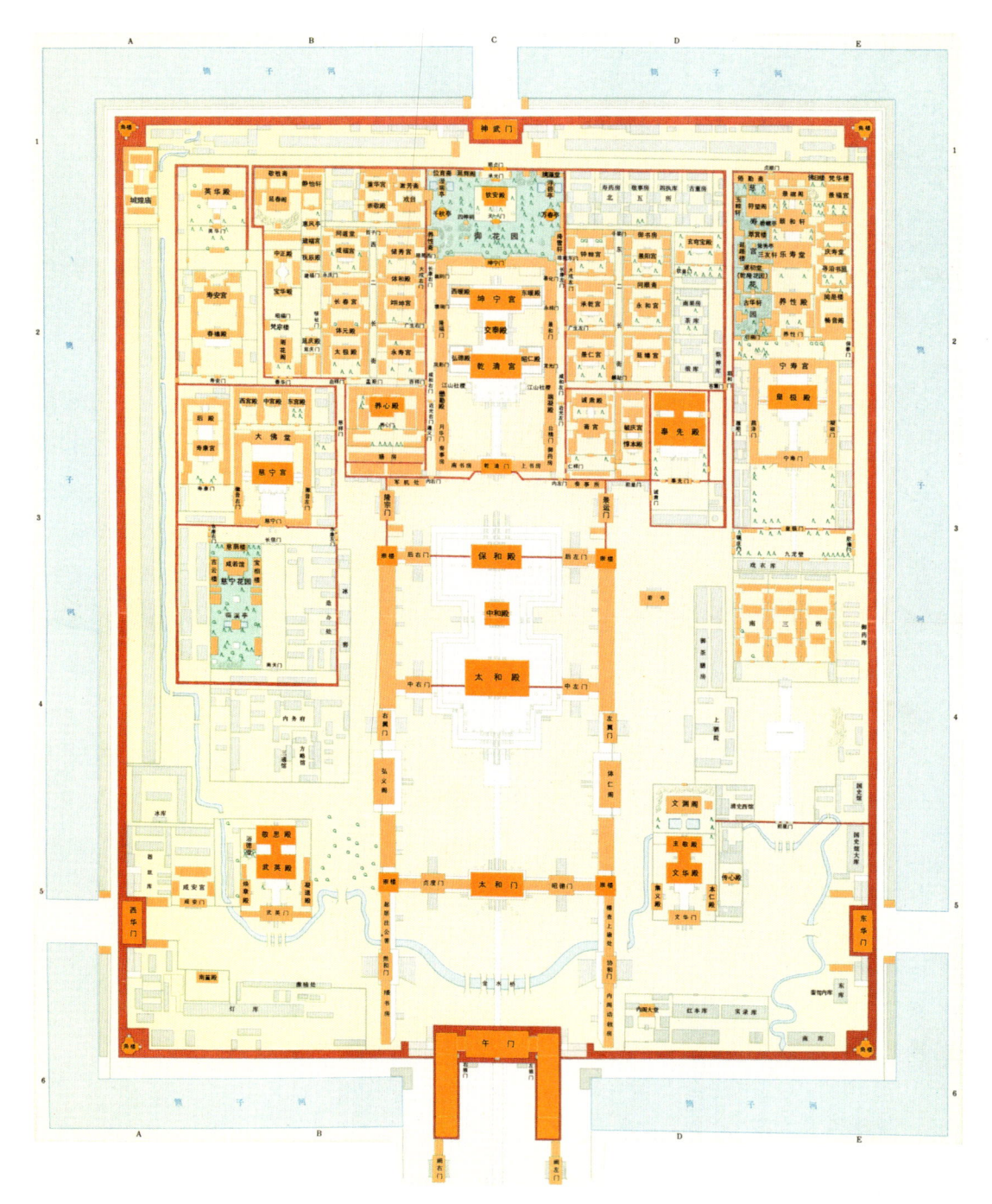

图三〇 ◆ 清晚期紫禁城图（引自《北京历史地图集》）

第四章

故宫的建筑艺术

建筑艺术是建筑学中一个重大的研究课题，较早开拓中国建筑美学的王世仁先生做了一个定义："建筑艺术是一个多义词，它既指作为艺术门类之一的建筑本身，也指它们的艺术形式、艺术语言和艺术手段。"（王世仁《环境艺术与建筑美学》，《王世仁建筑历史理论文集》，中国建筑工业出版社2001年版，第241页）萧默先生对中国建筑艺术现象进行了哲学高度的深层阐释，在他主编的《中国建筑艺术史》一书中，用四章的大篇幅，找到主导艺术现象的传统哲学思想，诸如凝聚了政治伦理观与宗法伦理观的"礼"的思想，热爱自然、尊重自然、与自然高度协同的文化精神，以《周易》为代表的宇宙观和阴阳运行哲理等。（中国艺术研究院编《中国建筑艺术史》，文物出版社1999年版）他们的研究对我们理解建筑艺术有着指导意义。

林徽因（原名林徽音）先生认为，中国建筑的美，"其轮廓的和谐，权衡的俊秀伟丽，大部分是有机的、有用的结构所直接产生的结果。并非因其有色彩，或因其形式特殊，我们才推崇中国建筑；而是因产生这特殊式样的内部是智慧的组织，诚实的努力"。（《清式营造则例》绪论）这段话揭示了中国建筑美的根源。本章首先结合古建筑知识，介绍故宫建筑的各个组成部分，直至主要的构件，目的是介绍故宫建筑的结构美和构造美。同时解释一点古建筑的专业名词，免得在进入主题的时候，被一些稀奇古怪的词汇所打扰。然后介绍故宫建筑艺术的主要形式和手段。

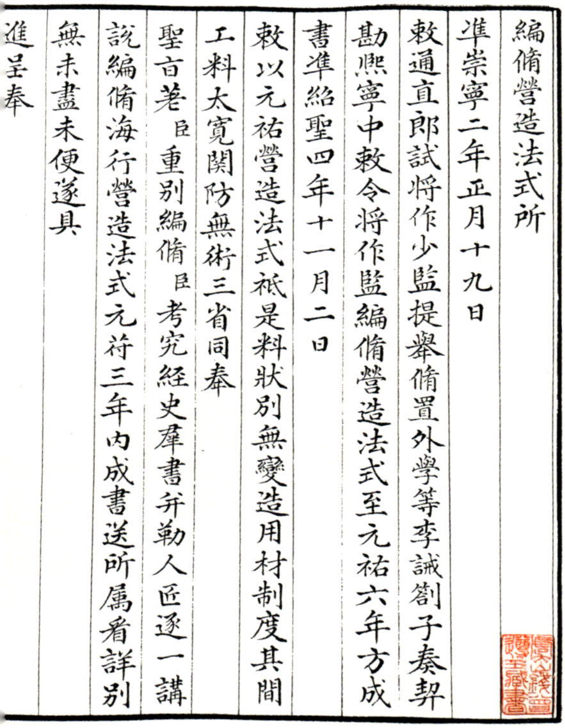
編脩營造法式所
準崇寧二年正月十九日
敕通直郎試将作少監提舉脩置外學等李誡劄子奏契
勘熙寧中敕令将作監編脩營造法式至元祐六年方成
書準紹聖四年十一月二日
敕以元祐營造法式祗是料狀別無變造用材制度其間
工料太寬關防無術三省同奉
聖旨著臣重別編脩臣考究經史羣書并勒人匠逐一講
說編脩海行營造法式元符三年內成書送所屬看詳別
無未盡未便遂具
進呈奉

图一 ◆ 故宫博物院图书馆藏抄本《营造法式》

故宫古建筑的一般常识

在中国，古建筑是指1911年以前建造的传统建筑。中国国土广袤，民族众多，很多建筑具有地方的和民族的特色，而数量最多的，是汉族地区建筑。汉族地区古建筑从材料上分，有砖石结构和木结构两大类型，分布最为广泛，留存至今也最多。像河南嵩山北魏时期建造的嵩岳寺塔，河北赵县隋代建造的安济桥，陕西西安唐代的大雁塔，都是砖石结构；山西五台山南禅寺和佛光寺的唐代大殿都是木结构。

古代中国的建筑行业，很早就实行“官营”的管理制度，相传从商代开始设“大司空”，掌管营建和水利。国家管理就要颁布国家的标准，今天还能读到的只有两套，一是北宋崇宁二年（1103）颁布的《营造法式》（图一），二是清代雍正十二年（1734）颁布的工部《工程做法》。所以中国古建筑形成了“官式建筑”与“民间建筑”两个体系。由官方管理，遵循官方标准，组织工匠，进行材料采办、烧造、构件制作并且安装的建筑，就是官式建筑。故宫古建筑是明清两代官式建筑的代表，在外观上有三个基本要素：台基、柱梁等屋身和屋顶。直观上一望而知的三个部分，即建筑的下、中、上三段，互相衬托，各呈其美。

台基

台基在地基基础之上建造，是古建筑的下段。它的外部各面都用砖石包砌，内部用砖石砌成网格，叫拦土，用来稳定和安装柱础石。空当部分用灰土夯实（图二）。台基的外立面有两种样式。一种普通样式，平齐如切，方方正正，常在各面的边缘加上条石，来使它牢固（图三）。另一种叫作须弥座，是从印度佛座演变成建筑台基的。

故宫须弥座台基从下到上至少分成六层。第一、五层方正平直，叫上、下枋。第二、四层轮廓弧形，叫上、下枭。中间第三层凹进去，叫束腰。第六层是须弥座的底座，叫圭角，或龟脚。须弥座台基的上、下枋一般不雕刻，上、下枭经常雕刻成并列的莲花瓣，束腰两端和中间雕刻"椀花结带"，相应圭角雕刻卷云（图四）。石材须弥座也常用来当作台座，安放花盆、赏石、鱼缸等器物，花纹就更为复杂。

高大的台基，需要设置台阶或者坡道供人上下。正对大殿中央的台阶都做成"两阶夹一路"的样式，即左右是台阶石，称为"踏跺"；中间斜铺一整块大石板，雕刻着华丽的花纹，称为"御路"。台阶的外边缘也斜铺石条，称为"垂带"（图五）。坡道为了防滑，用砖砌成或条石凿成小锯齿的形状，这种坡道叫作"礓䃰"（图六）。

为了防止有人从台基上跌落，台基边缘要安设栏杆。在中国古代文学作品中，栏杆往往是"登临"的代名词，栏杆拍遍，感慨万千。台基上安设了栏杆，形象就非常丰富了，形成了有节律的美感。元、明、清宫殿里的石栏

图二 ◆ 北京香山寺八角亭台基遗址，内部拦土多被挖去

图三 ◆ 故宫体仁阁台基

— 143

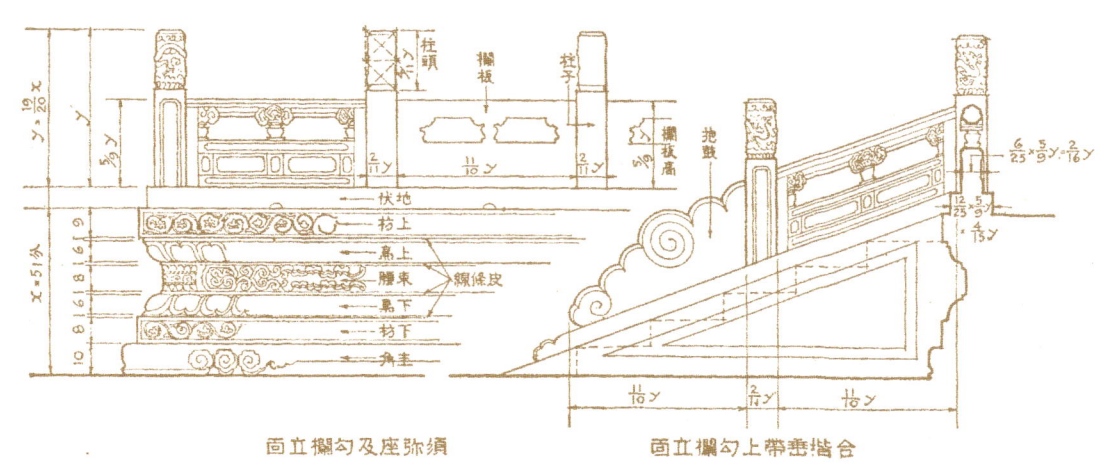

图四 ◆ 须弥座及勾栏立面（引自梁思成《清式营造则例》）

图五 ◆ 箭亭的垂带

图六 ◆ 左翼门外的砖砌"礓磜"坡道

第四章 故宫的建筑艺术

图七 ◆ 故宫钦安殿汉白玉石栏杆，这是故宫里石质最纯洁、雕刻最精美的栏杆

杆样式非常接近，都是两根望柱夹着一块栏板，是从宋代的"单勾栏"演化而来。而且每一根望柱的脚下，都向外远远地伸出一个龙头，宋代叫作"殿阶螭首"，可见只能用在尊贵的地方。龙嘴里有一个凿通的小孔，可以把台基上的雨水排出去（图七）。

帝王宫殿的台基，古代称"陛"，朝会等重要活动在"廷"中举行，台基上下都是会场。为了加大"陛"的面积，故宫的朝、寝大殿前的台基都向前凸出，称为月台。也许是古代有用丹色装饰地面的做法，月台等台基之上的面积，被称为"丹陛"；月台之下、中轴线两侧的面积被称为"丹墀"。与会贵族、官员应立于什么位置是丝毫不可大意的。在丹陛者地位高于在丹墀者，距离皇帝近者贵于远者。

台基的上面要安装柱础。明清宫殿的柱础样式一般非常朴素，称为古镜式。钦安殿的柱础是覆盆式，还雕刻了龙纹，整个故宫仅此一例。还有奉先殿的柱础也是覆盆式，雕刻了覆莲花瓣，用华丽样式表达对祖先的尊崇（图八）。再有乾隆时代的两座花园建筑也使用了覆莲花瓣的柱础。柱础的作用非常重

— 145

图八 ◆ 故宫奉先殿的柱础

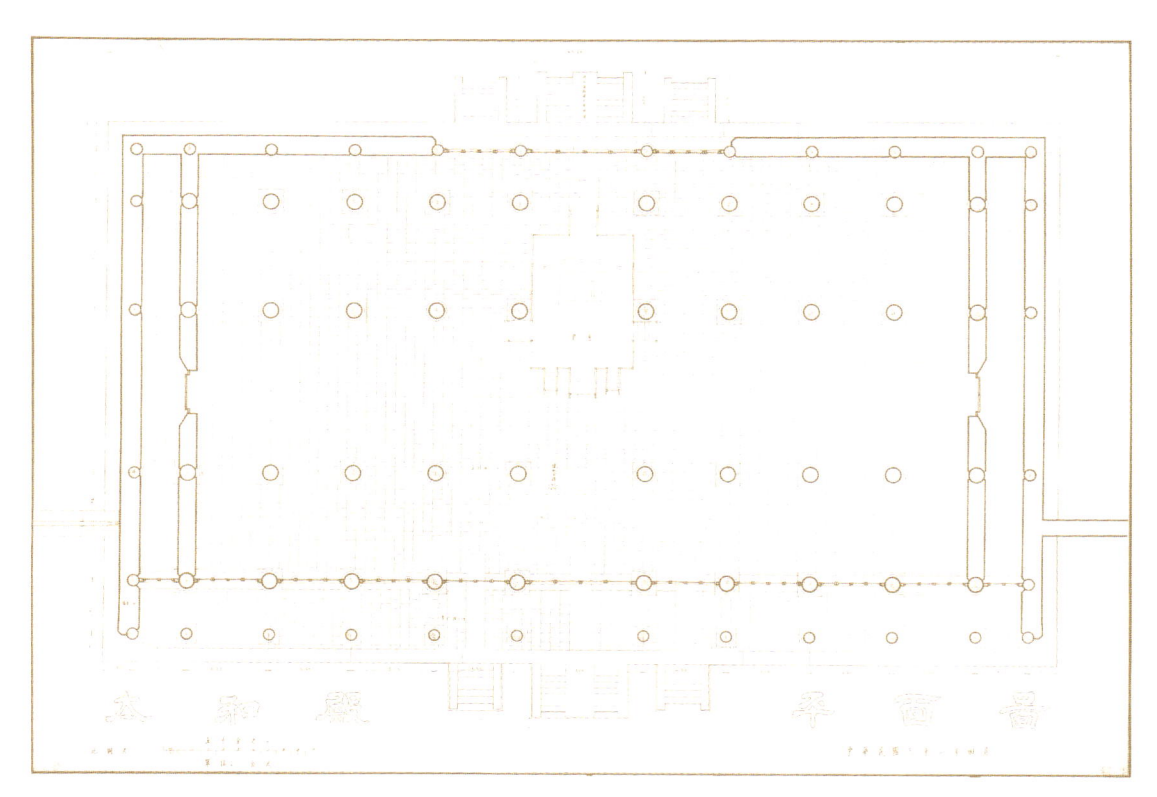

图九 ◆ 故宫太和殿平面图（引自《北京城中轴线古建筑实测图集》，故宫出版社 2015 年版）

第四章 故宫的建筑艺术

要，木柱竖立在柱础上，建筑的全部重量都要经过木柱和柱础传递到大地上。

　　古建筑台基平面图表现了建筑物的方位、分间等基本数据，为我们了解古建筑所必须。以太和殿为例（图九）。太和殿正面朝南，于是南面就定为建筑的前檐，北面是后檐，东西两面称两山，这些名称表达建筑的方位。太和殿台基上共竖立72根木柱，前檐12根，从南往北排成6列。最外围的32根柱子都称为檐柱，其中四角的也叫角柱。里面的柱子称为金柱。

　　古建筑面积单位称为"间"，凡四柱中的面积就是一间。前后檐各间的宽度都称为面阔，两山各间的宽度都称为进深。太和殿"通面阔"十一间，当中一间称为明间，两旁称次间，再旁称稍间，最后的称尽间。太和殿面阔明间最宽；次、稍各间相等，小于明间；尽间最窄。也有的建筑使用明、次、稍、尽间面阔依次减小的做法。太和殿的"通进深"是五间。

　　太和殿的两山和后檐两侧砌墙。两山的叫山墙，后檐的就叫后檐墙。室内还砌有隔墙，太和殿这种进深方向的墙叫作隔断墙。还常用一种平行于前后檐的，叫扇面墙。窗子下部的矮墙称为槛墙。太和殿前檐的门窗安装在金柱之间，檐柱是敞开的，前檐柱与金柱间的空间称为前廊。还有些建筑四面廊都是开敞的，称为周围廊。

屋身·大木构架与斗栱

　　建筑物的使用空间在屋身里面，大木结构是它的骨架。故宫古建筑的大木结构都属于抬梁式，用柱、梁、枋、桁（檩）、椽五类构件构成。立4根木柱排成矩形，柱头上沿进深方向各架一根大梁，再沿面阔方向连上额枋，就组成了一间柱梁框架。然后在梁上加矮柱，支短梁，短梁中间支脊瓜柱。之后，在脊瓜柱顶、短梁两端、大梁两端各压上一根檩。最后在檩上钉椽子。就完成了一座面阔、进深各一间的抬梁式大木构架，即建筑构架的一个基本单元。

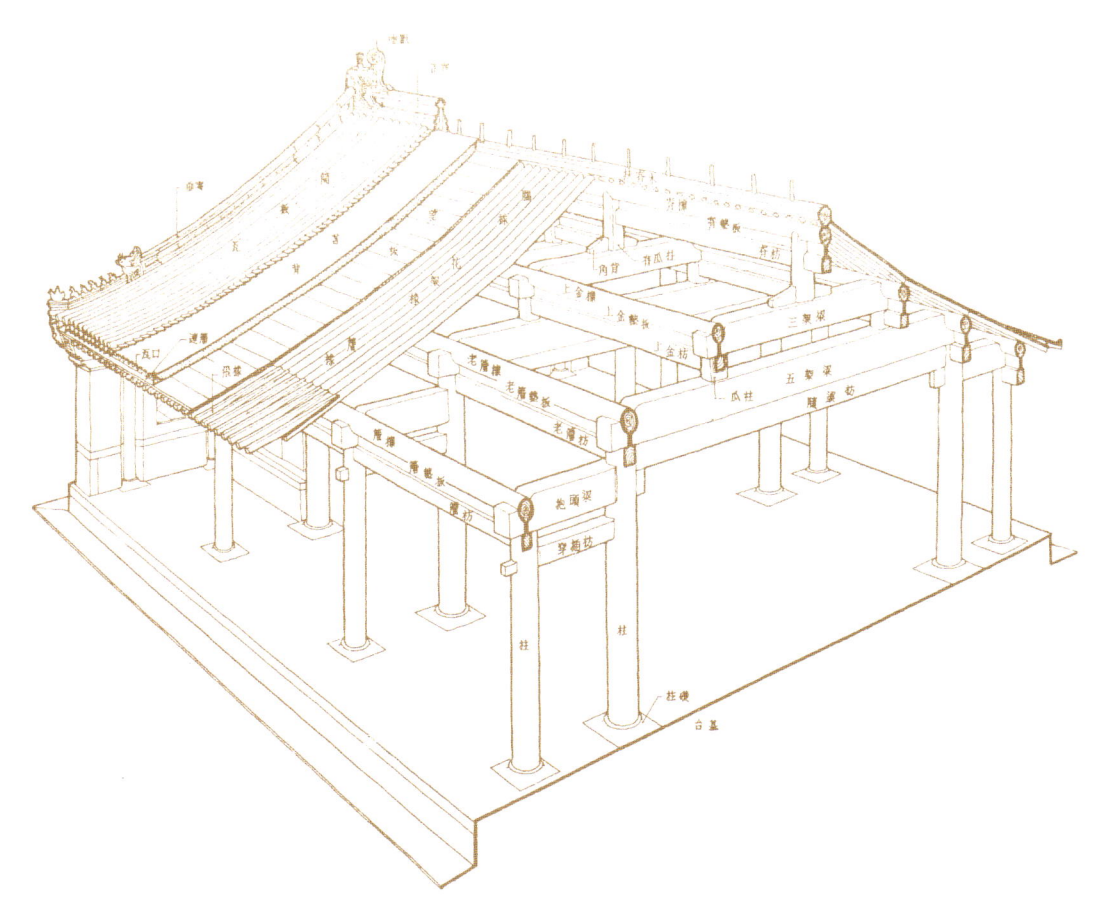

图一〇 ◆ 中国建筑木构架：清代七檩硬山大木小式
（引自刘敦桢主编《中国古代建筑史》，中国建筑工业出版社1981年版）

  如果要增加面积有三种方法。可以增加大梁长度，相应增加短梁的层数，还可以在进深方向增加木柱。这两种方法都用来增加檩数，也就加大了进深。还可以在面阔方向并列同样构造的若干间，来加大面阔。故宫庞大的古建筑群，就是由这样四柱一间的基本单元组成的（图一〇）。

  柱、枋、梁、桁（檩）构件的连接完全依靠榫卯，浙江河姆渡新石器时代遗址中发现了榫卯遗物，这是中国木工引以为傲的技术，也是日本等尚保存有木结构古建筑国家的国宝级技术。故宫古建筑的柱、梁之间，经常还要增加"斗栱"这样一个层次。梁思成、林徽因等前辈认为斗栱是中国古建筑最显著且独有的特征。斗栱在中国经历了两千多年的发展，最初应是为了增强立柱与额枋的联系，以后为了使屋檐出挑得离开檐柱更高更远。明清是斗栱发展的最后阶段，外观和作用都与早期有很大改变。《营造法式》和《工程做法》中记载斗栱的专用词也有区别。由于这部分内容过于复杂，我只能简要地介绍清式规则。

斗栱的零件主要有四大类：斗，就是斗形的木块。翘，是一块两端刻成弓形的木枋，安装的时候与屋檐垂直。如果把翘的外端做成大象鼻子一样下垂的形状，就叫昂。栱，和翘的形状一样，但是安装的方向与翘垂直。木枋，与一间建筑的面阔或进深等长。这四大类零件都开有复杂的榫卯，因为安装的位置和作用的区别，每一个都还有自己的名字（图一一）。

安装好的斗栱称为一攒。根据安放的位置，命名为"柱头科""角科""平身科"，分别用在柱顶上、角柱顶上和两柱之间的木枋上。一攒斗栱最下面的构件是一个大斗，叫作"坐斗"。坐斗朝上的一面要开十字形的卯口，来安装

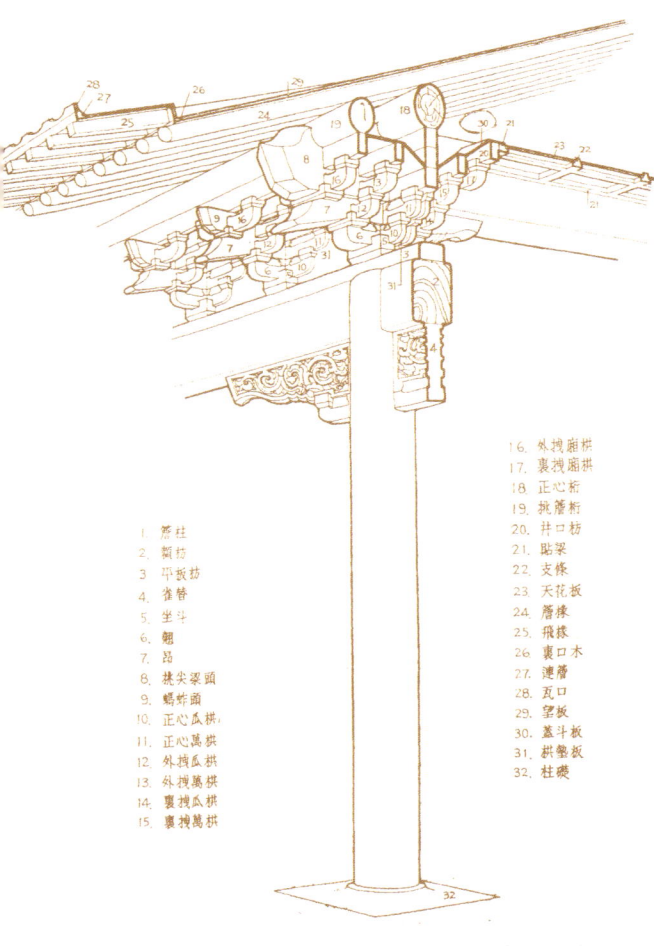

图一一 ◆ 中国古代建筑斗栱组合：清式五踩单翘单昂（引自《中国古代建筑史》）

— 149

翘与栱。平身科坐斗翘的卯口宽度就是"斗口",即前面提到的,是清代整座建筑尺寸权衡的标准数值。

由于斗栱的翘或昂向屋顶的檐口方向支出去,每支出一层的距离叫"一拽架"。加一拽架,就意味着屋檐可以延长一拽架,同时斗栱的零件也要增加,称为"出跴"(现常写作"出踩",本书采用古建筑术语写法。——编者注)。出跴越多,翘的长度就越大,出檐也越长,斗栱也越复杂。但是不能过长,会影响结构

图一二 ◆ 慈宁花园临溪亭一斗两升交麻叶不出跴斗栱

图一三 ◆ 慈宁花园慈荫楼单昂三跴斗栱

稳定。所以规定,斗栱依出跴多少命名,最简单的不出跴(图一二),斗口单昂叫三跴斗栱(图一三),斗口重昂和单翘单昂叫五跴斗栱(图一四),单翘重昂叫七跴斗栱(图一五),重翘重昂或单翘三昂叫九跴斗栱(图一六)。也就是出跴到四个拽架为止。

清式斗栱平身科的攒数远比宋式多,所用材料断面的尺寸(材)也远比宋式小,它的结构作用远不及宋式重要,它更多地发挥着表示建筑等级和性质的作用。还有一种"溜金斗栱",翘昂后尾经过特别处理,外观更加华丽,明显把着眼点放在美化建筑上(图一七)。清式斗栱在雄壮的建筑屋顶和屋身之间构成了柔美的过渡。

图一四 ◆ 北京社稷坛戟门单翘单昂五踩斗栱

图一五 ◆ 北京社稷坛拜殿单翘重昂七踩斗栱

图一六 ◆ 太和殿单翘三昂九踩斗栱

图一七 ◆ 慈宁门五踩溜金斗栱

屋身·外檐装修

  中国古建筑梁架的设计原则是"框架结构",建筑的重量通过大木结构传递到大地,所以不需要砌厚墙来承重,门窗可以做得很大,也不会影响建筑安全,这样造就了屋身的轻巧外观。这方面中国建筑在世界上独树一帜。清代把在大木结构中安装的门窗天花板等一概称为装修,用在建筑室外的叫外檐装修,其余的叫内檐装修。外檐装修包括门、窗和檐柱额枋之间的一些构件。

  中国古建筑中的"门"有两个意思。一是在总体布局中,承担门之功能的建筑物,如城门、太和门、乾清门等。第二个意思是门扇,指的是装修部件。凡是安装门窗,先要在立柱和额枋形成的空当里安装木框。这些零件也各有名称,总的来说,凡是水平使用的都叫槛,竖直使用的都叫框,做成门口或

图一八 ◆ 太和门的大门　　　　　图一九 ◆ 太和门东庑房外檐装修的布置

者窗口，使门窗结实严密。

　　用厚木板拼接的门扇都很厚重，用来限隔两个室外空间，有几种做法和名称。门扇和槛框一般漆成朱红的颜色，朝外一面排布着黄铜镀金的门钉、铺首以及包叶。门钉的数量有严格的等级规定。还有小型的门，如垂花门和游廊中使用的板门、屏门等（图一八）。

　　限隔室内外空间的门和窗，有时安装在檐柱一线，有时安装在金柱一线。制作槛框的时候，要在柱额中间划分好门窗的位置。在金柱安装的，额枋下往往做一排横向的横披窗，它们是不能开合的。横披窗之下，建筑的明间，或居中三间、五间，安装隔扇门。两侧，下半砌槛墙，上部安装窗户（图一九）。

　　隔扇门，是镶嵌了花格子的门，应用非常广泛。隔扇门用木枋做边框，同时把隔扇分成上下几个部位：上段是隔扇心，中段是绦环板，下段是裙板。复杂的隔扇还可以在上下再增加绦环板（图二〇）。《营造法式》规定了隔扇心有"四斜球纹格子"和"四直方格眼"两种基本样式，由于棂条起线的区别变幻成多种形象。

　　故宫外朝、内廷和六宫的殿堂外檐，隔扇心大多使用菱花图案。每个菱花单元，用六根棂条组成的叫"三交六椀菱花"，用四根棂条的叫"双交四椀菱花"。又因为棂条的花瓣形状不同，组合成不同花式，《工程做法》中

— 153

写到了六种。绦环板和裙板都要加以雕刻，太和殿、乾清宫、交泰殿和皇极殿浮雕龙、凤和流云，并且贴金，是最华丽的做法。一般则只浮雕如意云纹等线脚，贴上金（图二一、图二二）。与隔扇门配套的是槛窗，它的样式和菱花图案与隔扇门完全一致，只不过去掉了裙板，安装在槛墙之上罢了。

隔扇门、窗的边框，都是榫卯连接的，为了保证这些部位牢固不变形，在边框上安装了黄铜构件，用泡钉钉牢。这些铜构件通称面叶。它们在边框上占很大的面积，也成为隔扇门、窗的重要装饰物。要做出与边框一致的线脚，高高突起的云龙花纹，再做鎏金（图二三）。

殿堂周围的庑房，两旁的门堂，甚至体仁阁与弘义阁，都采取方格眼、直棂窗等非常简朴的格子，与殿堂富丽堂皇的门窗形成强烈的对比。清代初期，关外时兴的"吊搭窗"样式被移植到北京故宫，首先改建了坤宁宫。后来乾隆建设太上皇宫殿，又把它用在了宁寿宫。吊搭窗的槛墙十分低矮，所以窗扇特别长，直棂外面糊纸。需要开启时从外面用铁吊钩挂起来。里面还另有一层支摘窗（图二四）。

东西六宫、花园等生活区域的外檐装修流行支摘窗。也安装在槛墙之上，居中用间框分为左右两半，面积同样大小，每半再做

图二〇 ◆ 太和殿三交六椀菱花隔扇门

图二一 ◆ 钦安殿三交灯球嵌六椀菱花隔扇窗

154 —— 第四章 故宫的建筑艺术

图二二 ◆ 毓庆宫惇本殿古老钱菱花纹隔扇门

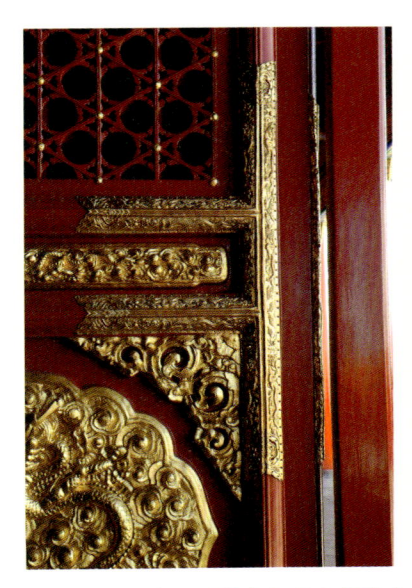

图二三 ◆ 太和殿隔扇门双人字面叶

图二四 ◆ 宁寿宫直棂吊搭窗

— 155

成内外两层，上下两截。外层做棂条糊纸，需要时上截可以用铁挺钩向上斜支起来，下截可以摘下去。内层上截有纱替（屉），下截可以安装玻璃。清代中晚期，玻璃在皇宫里普及，棂条格子的样式也发生了变化。隔扇心和支摘窗使用步步锦、灯笼框、冰裂纹等纹样，裙板上浅浮雕万字图案、写生的竹枝等，散发着生活气息（图二五）。

门窗安装在金柱上时，檐柱与额枋榫接的地方，要安装"雀替"。从结构上，它给额枋插进柱子的榫起到了补强的作用，同时极大地改善了"檐柱"这个空间层次的视觉效果。亭、廊一类建筑的两柱之间，上边安"倒挂楣子"，下边安"座凳楣子"，是园林建筑常用的外檐装修（图二六）。

内檐装修也是屋身构件的一类，为了强调它的装饰艺术作用，安排在下节介绍。

屋顶

屋顶是中国古建筑的冠冕。直观上，屋顶在整座建筑中占有相当大的比重，但是它并不给人笨重压抑之感。相反，它给人留下向上升腾、大鹏展翅的联想。《诗经·小雅·斯干》一连用了四个比喻——"如跂斯翼，如矢斯棘，如鸟斯革，如翚斯飞"，来表达这种感受。这种效果也是由古建筑的结构与材料、技术自然形成的。

古建筑屋顶的构造，在介绍大木结构时已经讲了一大半了，我们只需要在从上到下的层层檩上，钉上木椽，椽上钉望板，就完成了屋顶的木结构制作。椽上也有用望砖或石板做望板的，不过在故宫很少见。然后在望板上铺抹特制的灰泥，叫作"苫背"，起到防水和保温的功效。晾干后铺上瓦，屋顶就完成了。

屋顶要保持合适的坡度。早在《考工记》中就规定，前后檐之间的距离，到屋顶最高处高度的比值，瓦屋是四比一，草屋是三比一。《营造法式》称

图二五 ◆ 咸福宫步步锦支摘窗

图二六 ◆ 建福宫花园步步锦支摘窗、楣子和贴金雀替

确定比值的方法为"举屋之法",同时还规定从最高处的脊桁到最低处的檐桁的连线必须是曲线,要先在墙上用"折屋之法"画出屋顶的侧样(剖面图),定其"举之峻慢,折之圜和",才能决定柱梁的高低和榫卯的位置。《工程做法》是直接计算从下一层檩到上一层檩抬高的数值,越往上比率越高,屋顶越陡峻,这个方法称为"举架"。总之,屋面必须是曲面。而且,大多数建筑屋檐的檐椽尾端,还要再钉一层短椽,称为"檐飞椽",加强了曲面反向上扬的印象(图二七)。

故宫屋顶主要使用琉璃瓦,有板瓦和筒瓦两大类(图二八)。板瓦接近长方形,两侧稍向上弯曲成一定弧度,铺的时候,从下往上,总是上面一块压住下面的一部分,于是一列板瓦就形成一个排水沟。筒瓦从上往下,一块接一块地盖住两列板瓦形成的边缘。到了屋檐,筒瓦要加一个圆形的瓦当,清代叫"勾头",板瓦要加一块三角形的水嘴,叫"滴子"。还要钉上瓦钉防止屋瓦下滑。故宫最重要建筑的钉帽都是黄铜鎏金的。屋脊上使用的瓦件,有几十种之多,非常复杂。根据建筑物的大小,可以选择相应瓦号的琉璃瓦,"二样"最大,"九样"最小,共八套。故宫也有少量"黑活"屋顶,即用陶土烧造的"布瓦",基本用在内官衙署、作坊、低品级太妃嫔住宅等建筑上。

古建筑屋顶根据坡面的组合样式分类,每类屋顶的屋脊也各有专用名称。屋脊的作用,是把两面屋顶搭接的部分遮盖起来,或者压住屋顶的边缘,形成固定的做法。古建筑最简单的屋顶是前后两面坡的人字形屋顶,两坡相交的顶部一线压上屋脊,称为正脊。有的屋顶用圆弧形的"罗锅瓦"连接两坡,叫作卷棚顶,一般不再做正脊(图二九)。覆盖到山墙为止的坡屋顶,称为硬山顶(图三〇)。屋顶覆盖超出山墙两端,悬挑出一小片,称为悬山顶(图三一)。这两类屋顶各有五条屋脊:一条正脊;从正脊两端、沿屋顶外边垂下四条垂脊。

有些古建筑使用四面坡的屋顶。在前后两坡屋顶的两山,再各加一坡,就形成了庑殿顶。庑殿顶也有五条屋脊:一条正脊和沿屋顶四边从上斜垂下来的四条垂脊(图三二)。如果把庑殿屋顶两山再改变一下,即将其上部改

图二七 ◆ 中和殿屋顶的曲面

图二八 ◆ 太和殿下层屋檐翘角瓦件

— 159

成硬山或者悬山，下半部还是四坡，就形成较复杂的歇山顶。歇山顶有九条屋脊：上部同硬山顶或悬山顶的五脊，但是垂脊到与檐柱对应的位置，安一个垂兽就终止了；最下面四坡边缘也有屋脊，叫作戗脊（岔脊）。歇山顶两山下边各有一条博脊，没有统计到九脊中来（图三三）。

四面坡屋顶中还有一种盝顶。《宫阙制度》解释说它的外形像一个小竹箱，我理解就是一个四边抹斜的平顶。这种样式故宫里只有钦安殿一座建筑，它的平顶部分实际上略带弧形，平顶中央放了一座宝瓶形的宝顶，四周做了一周围脊（图三四）。还有一种建筑，屋顶像一把撑开的伞，平面有正方形、正六边形、正八边形、圆形等。屋顶中央收束到一点，压上一个精工细作的

图二九 ◆ 建福宫花园建筑和游廊大多采用卷棚顶

图三〇 ◆ 内阁大堂硬山屋顶

图三一 ◆ 建福宫花园垂花门悬山屋顶

图三二　◆　英华殿的庑殿屋顶

图三三　◆　太和门的重檐歇山屋顶

图三四　◆　钦安殿的盝顶

图三五 ◆ 中和殿的四角攒尖顶和铜鎏金宝顶

宝顶，材质有铜鎏金，也有琉璃或灰砖砌成的。这种屋顶叫攒尖顶，几边形的图案，就做几条垂脊（图三五）。

一般来说，屋顶形制在一定程度上是表达建筑等级的手法。庑殿等级高于歇山，歇山又高于悬山和硬山。而庑殿、歇山和攒尖屋顶又有重檐的形制，重檐不是楼阁，只有一层室内空间。增加了一层屋檐，整座建筑马上高大、气派起来。所以乾隆皇帝为给崇庆皇太后祝寿，把慈宁宫大殿改成了重檐。重檐屋顶的下檐也有两种屋脊，上边是一周围脊，屋角各一条角脊。

四面坡和多面坡的屋顶，在坡面搭接的屋角，由于结构的需要，安装了一条角梁。角梁的厚度远远超过椽子，为了使屋檐不发生生硬的折线，所以屋角要进行艺术化的处理。通过调整檐椽和檐飞椽的位置和角度，屋檐形成一条圜和柔美的曲线，到屋角时既向上抬起，也向外凸出。这样，屋面的曲面，屋角的起翘和冲出，构成了古建筑屋顶外观的最突出特征（图三六）。

古建筑屋脊上神采飞扬的祥禽瑞兽非常引人注目，它们的大小和"瓦样"

第四章 故宫的建筑艺术

图三六 ◆ 神武门屋顶的檐口曲线

配套，种类与数量按照规定来安装。一般建筑正脊两端安装正吻，明清时代的正吻是一个龙头，张开大口吞着正脊，头上方有卷尾、剑把，后背突出一个背兽（图三七）。晋代建筑的正脊安装鸱尾，传说中是一种鱼，可以激浪成雨以厌火，所以放在屋顶上（图三八）。宋元以来演变成龙吻形状。北京的城楼、钟鼓楼和少量建筑正脊两端安装正脊兽，像一头异兽蹲踞，昂首瞠目，额生双角，头颈鬣毛飞扬。安装的时候头朝外望，所以也称望兽。

硬山、悬山、攒尖和庑殿屋顶的垂脊中间偏下的位置要装一个垂兽，模样很像正脊兽。垂脊在兽以上的部分叫兽后，以下叫兽前。兽前要安装成列的小兽，或叫走兽。建筑体量越大，屋脊越长，等级越高，小兽数越多。一般采用单数，仙人不算在数内。太和殿的垂脊，在"仙人骑凤"之后依次排列着龙、凤、狮子、海马、天马、押鱼、狻猊、獬豸、斗牛、行什，安装了十个，全国现存官式古建筑中唯此一例。

歇山屋顶垂脊没有兽前的段落，但是它的戗脊和重檐屋顶的角脊，做法

— 163

与上述硬山等建筑的垂脊相同，也要安装戗兽与仙人、小兽。重檐屋顶的围脊把角的部位要用合角吻，就是两个正吻肩靠肩成 90°安装。角梁伸出屋顶的部分，也要安装一个兽头，叫作套兽，以防角梁头腐朽（图三九）。

　　故宫角楼使用的是组合式屋顶。在构造上，角楼中间是一个正方形亭阁，四面又各加一个抱厦。亭阁屋顶用四面歇山组合成十字正脊，中央压一个鎏金铜宝顶，四个红漆贴金彩画的山花朝向四方，称为十字显山。抱厦都是重檐歇山屋顶，但是朝城墙外的两个抱厦进深短，山花朝外，形成角楼形体和屋顶四面对称中的变化。而且亭阁的下两层屋檐与抱厦勾连在一起，每层都有十二个起翘的翼角和八个窝角。构图极其复杂而华丽。三层屋檐下密布斗栱，柱间全部安装三交六椀菱花隔扇门与窗，玲珑剔透（图四〇）。

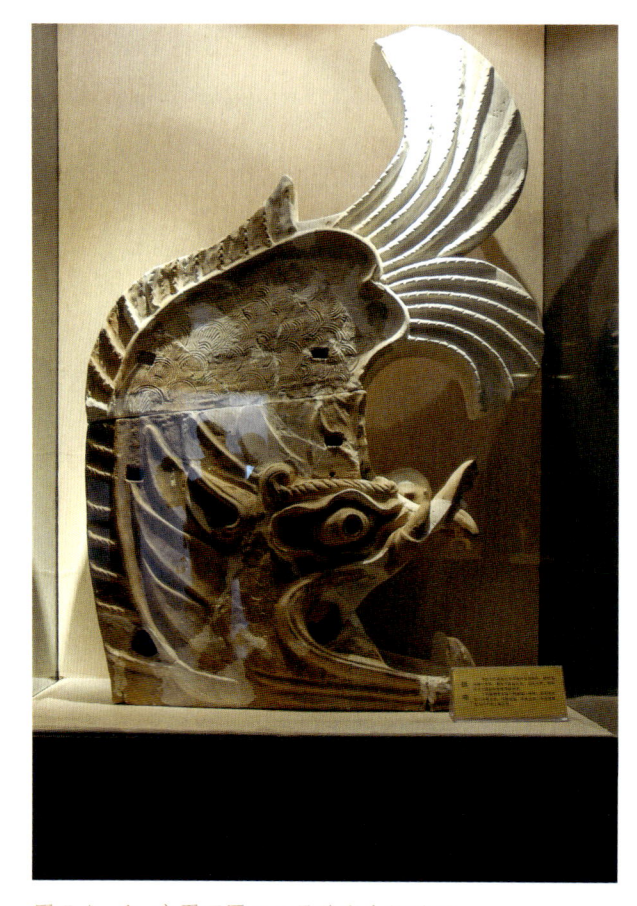

图三七 ◆ 太和殿的正吻

图三八 ◆ 宁夏西夏王 3 号陵出土的鸱尾

图三九 ◆ 太和殿的垂脊和角脊、合角吻、套兽、小兽

图四〇 ◆ 故宫东南角楼

故宫建筑的装饰艺术

故宫建筑群整体统一和谐，以灰、白为主调的砖石台基、红色为主的屋身和宫墙、黄琉璃瓦覆盖的大屋顶，以及屋檐阴影里的青绿彩画，构成了故宫建筑群的色彩基调。同时各个院落因为功能的区别和时代的演进表现出各自的特色，形成个体丰富多彩的艺术效果。这种和谐与特色并存，依赖于空间的精心安排和传统工艺技术的鬼斧神工。故宫建筑的装饰艺术，主要有石雕、琉璃和建筑彩画，它们在四季的天空和大面积稳重的灰色地面的衬托下，熠熠生辉。内檐装修是营造室内空间特色的最重要手段，本身也是一种装饰艺术作品。故宫里很多建筑室内面积很小，但是凭借内檐装修，营造了优雅的文化品位。

石雕

故宫的石雕一般只施加在建筑构件的重点部位，如须弥座的束腰、台阶的御路、栏杆的柱头、龙头，也有个别的踏跺、栏板等。另外还有一些石雕的建筑陈设，如日晷、嘉量、器物石座。

故宫的须弥座样式源于南京。凤阳中都午门遗址的须弥座台基高度，与城台相比，整体比例低矮。束腰部分加以雕刻，有方胜、椀花结带、龙、凤、云纹等，很多花纹生硬稚拙（图四一、图四二）。北京石雕的风格明显与之不同。而南京的明初午门、孝陵等处建筑台基所用须弥座，比例雄壮、匀称，大部分素面，只在束腰的两端和中部雕刻椀花结带，相应在圭角刻卷云（图四三）。北京故宫的须弥座雕刻，无论布局还是纹饰，均与南京极度相似（图四四）。

《明太祖实录》对中都皇城御道雕刻的记录是明代史料中关于石刻最早的记载，"御道踏级文用九龙四凤云朵，丹陛前御道文用龙凤海马海水云朵"。纹饰的题材与北京故宫是一致的，可惜实物还没有发现。故宫中无论朝、寝还是六宫，凡中心建筑皆有御路石雕。有的布置在大门外，有的在宫殿台基前后。御路石选料精良，石料巨大，花纹繁复，多用流云、海水江牙衬龙、凤等。故宫最负盛名的保和殿后三台下层御路，选用一块巨大的艾叶青石，长16.57米，宽3.07米，厚约1.7米，重约200余吨。周边雕刻香草金边，画幅中满布流云为衬，其上分三组阳雕九龙，下边海水江牙，气魄壮大（图四五）。还有一些用锦文做衬底的石雕，特别精美而有层次感。如钦安殿前的御路雕六龙六凤，用类似"簇六球纹"为衬，构图丰满，刻划精细，

图四一　◆　明中都午门须弥座石雕

图四二　◆　明中都午门须弥座石雕

图四三　◆　南京孝陵神功圣德碑亭须弥座石雕

图四四　◆　故宫太和殿三台须弥座石雕

— 167

图四五 ◆ 保和殿后三台下层御路石雕

图四六 ◆ 钦安殿御路石雕局部

生动感人（图四六）。

　　中轴线上的三台、各宫殿以及箭亭，御路两旁的踏跺每一级的踏面都加以雕刻。因为石料面积较小，画面内容简单，常用的主题是瑞兽。如太和门的狮子滚绣球，太和殿的狮子、海马相间（图四七、图四八）。清代乾隆时期，还喜欢在踏跺的"踢面"施加雕刻（图四九）。

　　故宫的石栏杆普遍比较朴素。望柱雕刻柱子顶（柱头），柱身只是起线。栏板通常模仿

图四七 ◆ 太和门踏跺石雕

图四八 ◆ 太和殿踏跺石雕

图四九 ◆ 建福宫花园敬胜斋踏跺的缠枝莲花纹

图五〇 ◆ 太和门的云龙云凤柱头，清式石栏杆的标准样式

图五一 ◆ 熙和门台基与西内金水河岸的二十四气柱头

图五二 ◆ 断虹桥一组望柱和栏板

木栏杆，上边是扶手，下边是花板，中间用"云子宝瓶"联系。所谓花板，一般也只是起几条框线而已。故宫的望柱头雕刻样式，量最大的是两种：云龙云凤柱头与二十四气柱头。在文献中并没有记载这两类柱头是否有等级差别，但是云龙云凤只用在中轴线各殿座和三台上，另外用在宁寿宫、慈宁宫等正门和大殿台基周围。而中轴线各院落的门庑，甚至皇帝便殿武英殿，都一律使用二十四气柱头。尤其有趣的是太和门前内金水河桥，当中一座桥栏杆用云龙云凤柱头，两旁其余四座，均使用二十四气柱头。这也形成了一种秩序（图五○、图五一）。

断虹桥是故宫著名的石桥，在武英殿外东部的要道上，它的北面在明代有一座思善门，外臣是决不可以进入的。有研究者认为这座桥是元代作品。在没有更多的证据之前，我不敢这么肯定，但我认为它的确是故宫最古老的石桥。它的构件组合形式与明清一样，在桥面上设"地栿"，在其上安装望柱和栏板（图五二）。望柱头的高度大约占柱高的35%，与明清规定也一样。柱头下部雕覆盆状的荷叶，一周连珠，上面雕仰莲花座，座上蹲踞生动的狮

— 171

图五三 ◆ 断虹桥望柱

图五四 ◆ 断虹桥栏板

图五五 ◆ 文渊阁水池栏杆

图五六 ◆ 千秋亭海石榴柱头　　　　　　　　图五七 ◆ 浮碧亭蕉叶柱头

子。桥两边20根望柱的狮子绝无雷同（图五三）。栏板还保留了一点"仿木"的影子，扶手直径较细，花板的上下两层枋子还比花板略宽。花板石雕极为精彩。中间两条龙在花丛中追逐，上边（盆唇）卷草丰满圆润，下边（地栿）在球纹衬底上雕夔龙（图五四）。

清乾隆三十九年（1774），为了庋藏编纂中的《四库全书》，预先在文华殿北建造了文渊阁。模仿宁波著名藏书楼天一阁制度，以厌火防灾。为此把内金水河道向北转了个弯，引进文渊阁前新开挖的水池。桥梁栏杆出于体制需要使用云龙柱头，池塘栏杆样式则表现防火的愿望，柱头刻仰俯莲花，栏板用"束莲栏板"的样式，刻翻花仰俯莲和海水江洋（图五五）。

此外，故宫还有其他的望柱柱头和栏板样式。如宫城四座城门与天安门、端门的门楼、御花园千秋亭水池栏杆等使用的海石榴柱头，御花园浮碧亭水池栏杆使用的蕉叶柱头，等等（图五六、图五七）。

石雕陈设中最重要的是日晷和陈列嘉量的石亭。观天授时是上古时代帝王的首要职能，也是治理国家的首要事务。统一全国度量衡是秦始皇的伟大成就。作为农业国家，观测天时和统一度量衡始终被认为是国家大事，日晷和嘉量就是这两件国家大事的象征。乾隆九年（1744），皇家新收藏一件东汉的圆形嘉量，又考证唐代的一个方形嘉量，仿制了一圆一方两件，铜铸涂金。器形是主体带两耳，上下两面使用，量度有斛、斗、升、合、龠五级。乾隆皇帝亲为作铭，"协时月正日，同律度量衡，制兹法器，列于大廷"。（《乾隆朝大清会典则例》卷三八）

午门前、太和殿前、乾清宫前和皇极殿前的显要位置，都成对陈设了这两种物件，但是午门前嘉量亭在东，其余宫殿嘉量亭在西，为什么有差异？没有查到解释。太和门前也陈设两件石刻：东曰石亭，也叫石阙，有记载说也是嘉量亭。西曰石匮，正方形，是什么呢？嘉庆朝重臣英和在他的《恩福堂笔记》里说，嘉庆皇帝问南书房的翰林，没有人能够回答。纪昀曾经记载，主管三殿工程的人见过里面有朽粟，因此定为嘉量。但是石匮的盖用人力不可能打开，所以纪大学士的话也不一定可信（图五八、图五九、图六〇）。

琉璃

《魏书·西域传》里记了一个故事。距离首都代城（今山西大同）一万四千五百里有个大月氏国，世祖皇帝的时候，从那里来了个商人，自称会把石头铸造成五色琉璃。于是去山里开采矿石，在代城铸造，

图五八 ◆ 太和门前东侧石亭

174 —— 第四章 故宫的建筑艺术

图五九 ◆ 太和门前西侧石匮　　　　图六〇 ◆ 太和殿月台西侧嘉量亭

大获成功，光泽比从西方来的还美。世祖命人用来建一座行殿，能容百余人，"光色映彻，观者见之，莫不惊骇，以为神明所作"。据此，琉璃技术大约在5世纪前半叶传入中国，而且原料易得，造价并不昂贵，逐渐发展起来。到明清时代琉璃制造是早已纯熟的技术。用琉璃烧造砖瓦和建筑装饰构件，色彩丰富，色泽饱满，不易褪色。由于礼制等级制度的限制，民间建筑的琉璃构件只能用在寺观中。故宫建筑富有色彩，大面积的屋顶琉璃瓦厥功甚伟。其他琉璃装饰主要用在影壁和各类门的立面，增加建筑趣味和色彩。

影壁是特殊位置的墙。中国建筑，不希望外人从大门口就窥视庭院，如果是园林，也不希望游人对园内景致一览无余，所以正对门口设一堵墙，因其功能命名为影壁。影壁来源古老，考古工作者20世纪70年代在陕西岐山发现的西周时期四合院遗址，其门口之外竖立一夯土"屏"，即影壁。其作用也是防止从院落外看见门内情景。明清时期，影壁除设在门内、外，也有

— 175

设在大门两侧的，工匠根据影壁的平面形状和位置，加以命名。平面是一堵直墙的叫一字影壁。一字折向前，组成一个"八"字的，叫八字影壁。把"八"字的两斜墙放到大门两侧，叫撇山影壁。如果是在大门两侧先做一字，再接撇山的，叫一封书撇山影壁。位于门两侧的一字影壁也叫看面墙。

故宫影壁作品众多。最著名的当然是宁寿宫门前的九龙壁。它是一字影壁，通高约3.5米，长约29.4米，下边用汉白玉石做须弥座，座上全部用琉璃砖瓦砌就。作为琉璃雕塑，它的构图充满想象，九龙姿态各异，顾盼生情；色彩瑰丽丰富，用了黄、白、紫、绿、蓝、青等颜色。而作为琉璃砖的砌体，画面用270块琉璃砖拼成，仅为保持龙的形象完整，在工艺技术上就要克服众多的难题（图六一）。

明代嘉靖十四年（1535）在钦安殿前添加了一座天一之门，门左右各立

图六一　◆　宁寿宫皇极门前九龙壁

176　——　第四章 故宫的建筑艺术

一道看面墙，也采用了影壁的样式。下部用雕花琉璃砖砌须弥座，花纹丰满流畅。其上用琉璃砖砌出木结构的样子，立柱、额枋、斗拱、檩、椽，全都忠实地按模数加以制作。上边覆盖歇山黄琉璃瓦屋顶（图六二）。牌坊心装饰着中心花和四个岔角花，其余部位抹红灰，色彩效果强烈。中心和岔角的云鹤图案，显示了钦安殿的道教殿堂性质（图六三）。明代作品的类似构图还出现在英华殿殿门。

乾隆初期改建的重华宫门两侧的看面墙也很精彩，是清代中期琉璃装饰的典型作品（图六四、图六五、图六六）。

故宫里最高大的一封书撇山影壁是乾清门影壁。乾清门前广场进深较小而面阔很宽，整个广场北边主体是一座大门及高大的宫墙，景观贫乏而枯燥（图六七）。设置影壁使乾清门从红墙当中突出起来，也彻底改善了建筑环境。

图六二　◆　御花园天一之门影壁墙　　　　　图六三　◆　天一之门影壁中心花的云鹤图案

图六四 ◆ 重华宫门

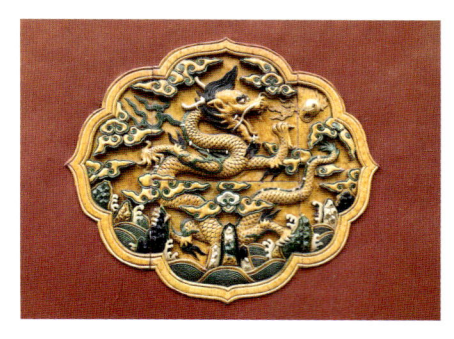

图六五 ◆ 中心花的坐龙雕塑

图六六 ◆ 琉璃砖砌须弥座

影壁的撇山部分高过宫墙，长约 9.6 米，超过大门明间面阔 2.8 米之多，形成先声夺人的气势（图六八）。须弥座也用琉璃砖砌就，由于高度大，立面的分层就比石质座要多，花纹也更细密。影壁最精彩的是中心的花盒子和四个岔角花。中心花构图丰满，缠枝宝相花铺满整幅画面。从花罐里伸出花枝主干，脉络清晰，花叶婉转。九朵盛开的花朵和众多含苞待放的骨朵，毫不紊乱，形态逼真（图六九）。

故宫里作为大门的建筑物，从结构形式和外观上分类，有城门、殿宇式门、宫门、牌楼门、花门、随墙门、垂花门等样式。如我们所熟悉的宫城的午门、

图六七 ◆ 乾清门广场

图六八 ◆ 乾清门撇山影壁　　图六九 ◆ 乾清门影壁缠枝宝相花琉璃雕塑

— 179

图七〇 ◆ 承光门小院

东华门、西华门、神武门等，都属城门。太和门、乾清门、文华门、武英门等，都属殿宇式门。大明门、东三座门、西三座门等，属宫门。

牌楼门是结构最简单的一类大门，只用一对木柱，加上屋顶。为了保持稳定坚固，木柱两边砌墙。故宫里年代最久远的牌楼门是御花园出口三门：承光门、集福门和延和门（图七〇）。它们位于宫城后门之内，正对高大森严的宫墙和顺贞门，背后同样是高大的钦安殿，还要采用一正两顺的三门形式，恐怕任何人对这样的建造条件都会为难。但是古人用高超的建筑手法解决了这个难题。牌楼门本身就具有轻灵的性格，每座门两侧的影壁墙营造了瑰丽的气氛，而影壁墙之间的卡墙只有一人高，丝毫也不影响园内假山古树、亭阁殿堂成为这个小小空间的借景。

花门是指用琉璃砖瓦砌的门楼。在东西六宫的区域里，每一座宫门，长街的各门，都采用了花门的建筑形式。东一长街的近光左门和长康左门，加

图七一 ◆ 东一长街花门

强了小街的纵深感。东西六宫南端的两条东西小巷，分别有四重花门，构成繁华的景象，成为这个区域独特的景观（图七一、图七二）。养心殿院门是典型的花门，左右两堵厚墙承重，下边是汉白玉的须弥座，黄琉璃瓦歇山屋顶，左右两个一字影壁。花门的正、背两个立面，全都用琉璃砖砌成木构的形式，额枋、斗栱也要预烧出琉璃彩画。两个墙腿（厚墙的前后面）和影壁墙，组成两组画面，每组都有中心花和岔角花。浮雕的

图七二 ◆ 从嘉祉门东望一片繁华

图七三 ◆ 养心殿琉璃花门

光影和红黄绿原色的搭配,使其装饰效果非常强烈(图七三)。

皇家建筑还有随墙门,就是在高大的墙下面开辟门洞,简单的随墙门可以没有任何装饰。但是故宫的牌楼门和花门,有很多建在高墙之下,就是在门的屋顶之上,还有一道墙顶,而且墙之内外两侧,门的立面是一样的,就仿佛是墙两面都建了一个门脸。如何命名,我们姑且称之"随墙牌楼门"和"随墙花门"吧。它们也需要琉璃进行装饰(图七四、图七五)。

图七四 ◆ 顺贞门随墙牌楼门

182 —— 第四章 故宫的建筑艺术

图七五 ◆ 东筒子启祥门，随墙花门

建筑彩画

  在建筑的木构件上涂刷油漆，绘制彩画，是出于对木构件的保护，使它免受风雨的直接侵蚀。这两种工艺都在古建筑木构件上增加了色彩，相互关联，却并不相同，起源也都非常之早。宋代《营造法式》明确彩画是一种艺术手段，对"彩画作制度"做了详细规定，并附有丰富的图案说明。但是它的颁布距今已经900余年，很多细节如今都不甚了了。明代建筑彩画虽有遗存，但是缺乏文献，很多研究只能以清代的情况推测。

  清代《工程做法》各色彩画名目约70种，但是由于技术只能由工匠传承，口传心授，所以280多年来难免产生歧异。中国营造学社创建之初，即邀请前清工部老吏、样式房、算房专家和北京大木厂著名匠师，讲习工程做法。梁思成先生以此为基础，整理出版了《清式营造则例》，其第六章归纳彩画规则，把清式彩画分为殿式和苏式两大类，而殿式有和玺彩画和旋子彩画两种格式，这是从画面的轮廓布局角度进行的分类。故宫专家采用的基本是这个分类法。

建筑彩画分为内檐和外檐，分施于室内和室外。建筑全部彩画的设色敷彩以外檐为准则。外檐彩画保存条件要比内檐差得多，风吹雨淋和强烈的紫外线照射，使得外檐彩画的更新周期远短于内檐。因此我们在介绍实例时用内檐彩画会多些。

彩画的构图表现在梁、枋、檩等长构件上最为完整，其他椽子、斗栱和杂项都要与梁枋彩画配合。梁枋彩画的布局方法，是将构件通长分成三等份，中间一份为枋心。两端再分，最外端一小段为箍头，用梁高的尺寸折算长度。剩下的大块为藻头，俗称找头。这三大段的分界线统称锦枋线，不同的彩画类别，分界线的画法完全不同（图七六）。

和玺彩画是高等级的彩画样式。枋心和藻头的边界线都是立起来的 W 形。枋心、藻头和箍头的盒子里，全都画龙、画凤，或画龙与凤，还有一种在龙凤之间画宝珠吉祥草。前三殿全部采用龙和玺（图七七）。坤宁宫、慈宁宫、寿康宫等采用龙凤和玺（图七八）。坤宁宫东西暖殿采用凤和玺。体仁、弘义二阁和太和殿院落的四座崇楼采用龙草和玺（图七九）。所以说，绘画的主题反映了建筑的功能和等级。

旋子彩画的锦枋线是简单的宝剑头形，画面最明显的特点是藻头画称为"旋子"的团花图案。一朵团花，中间有一个旋花心，周围都是花瓣，可画一圈至三圈，最外围画旋花。为了铺满藻头面积，要调整旋花的朵数，旋花安排格式也各有专业术语。枋心里通常画龙，还有"宋锦"，是模仿纺织品的图案。最简单的枋心是空着的，只有大面积的青或绿颜色（图八〇）。旋子彩画根据使用金箔的位置和多少命名，也表现了等级的差别（图八一、图八二）。旋子彩画用在宫城东、西、北三座城楼，朝、寝建筑

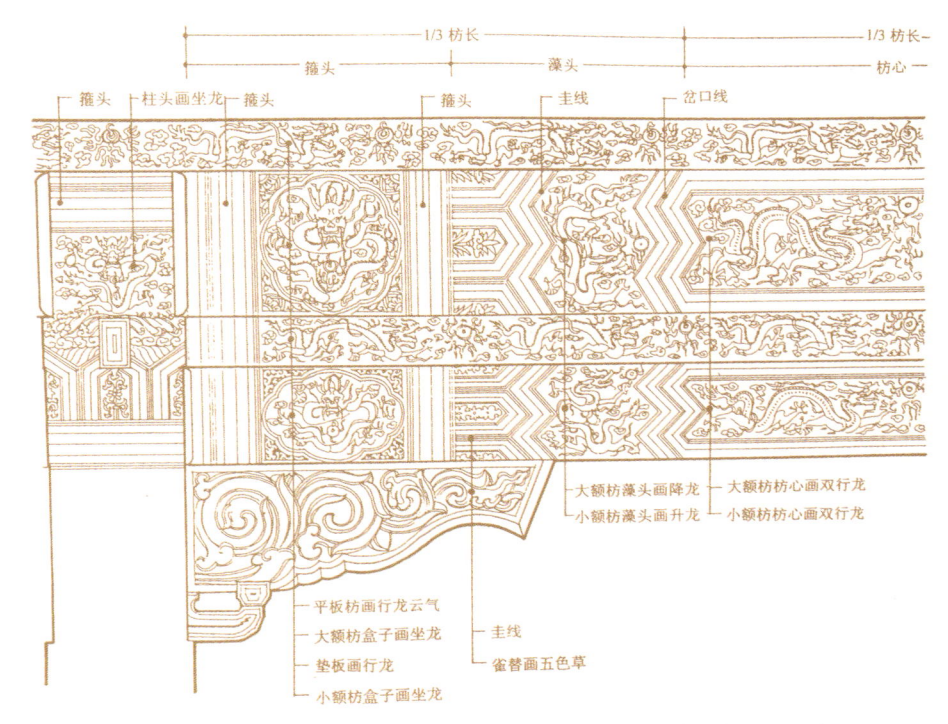

图七六 ◆ 清代和玺彩画构图（引自孙大章《中国古代建筑彩画》，中国建筑工业出版社 2006 年版）

图七七 ◆ 太和殿金龙和玺内檐彩画

图七八 ◆ 东六宫承乾宫龙凤和玺内檐彩画

185

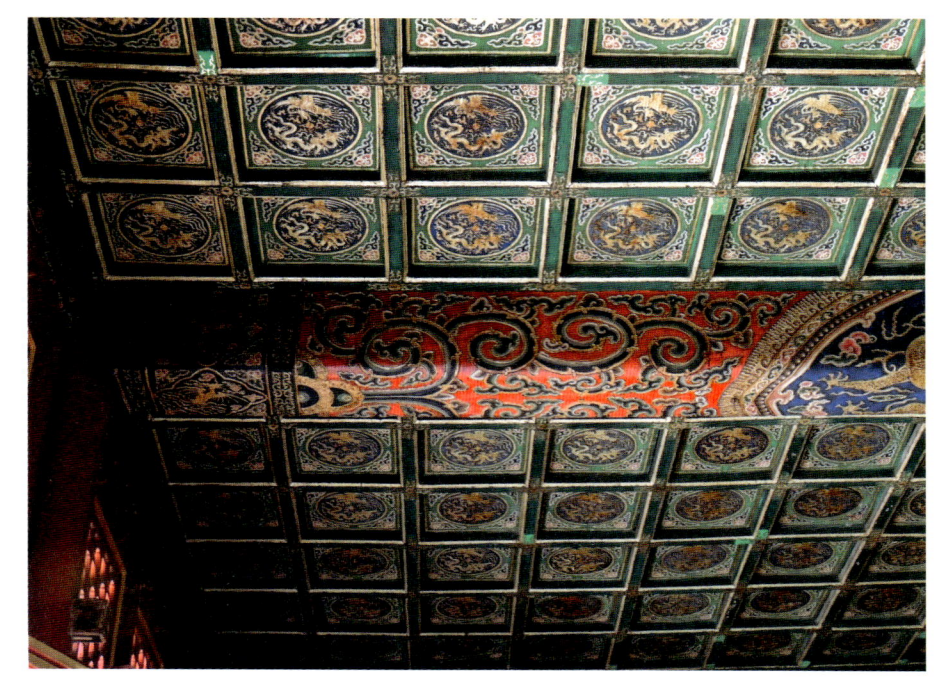

图七九 ◆ 寿康宫和玺彩画的吉祥草藻头

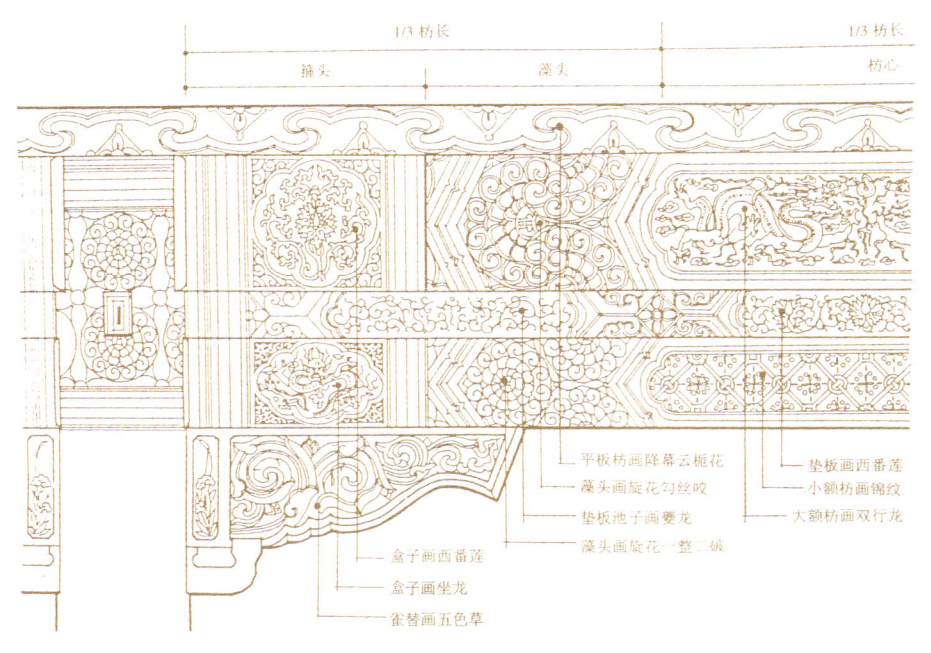

图八〇 ◆ 清代旋子彩画构图（引自《中国古代建筑彩画》）

第四章 故宫的建筑艺术

图八一 ◆ 毓庆宫惇本殿烟琢墨石碾玉彩画的箍头和藻头

图八二 ◆ 景运门墨线大点金一字枋心旋子彩画

周围的门庑、配殿等建筑，还有奉先殿。奉先殿内檐用沥粉的方法，画出凸线花纹，然后在全部画面上贴金，是最高等级的旋子彩画（图八三）。东华门城楼内檐雅伍墨一字枋心旋子彩画完全不贴金，是最低等级旋子的彩画（图八四）。

苏式彩画有两种构图方式，一种类似上述两种构图，称为枋心苏画。清晚期更流行将外檐的檩、垫板和枋子三个构件连在一起，画一个共同的包袱，如颐和园长廊的众多实例。苏式彩画的特点是题材贴近自然和生活，举凡历史故事、人物、仙人、花卉、动物、禽鸟、游鱼、博古，即文玩古籍，都可以进入画面。苏画使用写实的笔法，画面生动，具有生活气息，多使用在几座花园和六宫（图八五、图八六、图八七）。

按照故宫博物院的彩画分类法，午门内檐的宝珠吉祥草彩画也自成一品。它来自关外，推测是清顺治初重建午门城楼时绘制的。它的构图原则与上述三类彩画毫无共同之处，尤其大面积使用红色，更是明清官式建筑彩画中唯一的做法（图八八）。

图八三 ◆ 奉先殿浑金旋子彩画

图八四 ◆ 东华门城楼内檐雅伍墨旋子彩画

图八五 ◆ 清代苏画构图（引自《中国古代建筑彩画》）

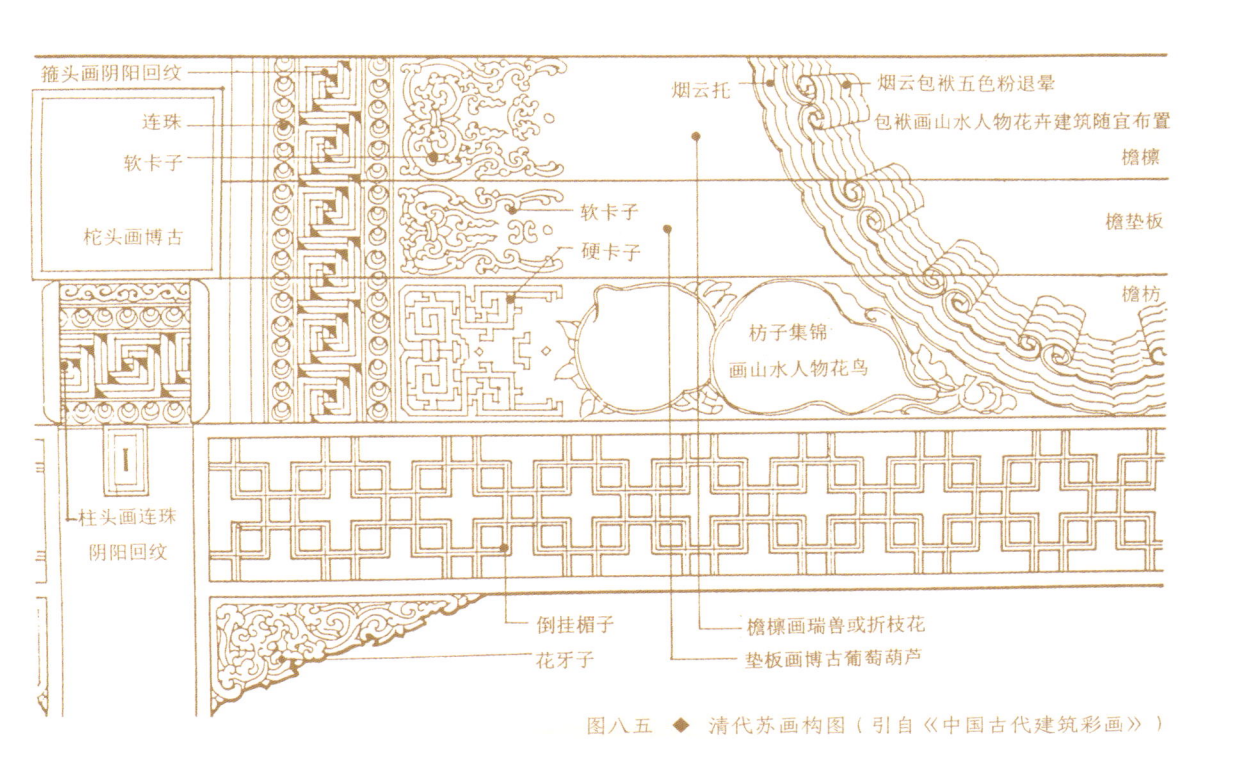

图八六 ◆ 长春宫游廊枋心苏画

图八七 ◆ 内廷静憩斋前檐枋心苏画的箍头和藻头

图八八 ◆ 午门正楼内檐宝珠吉祥草彩画

图八九 ◆ 崇敬殿内檐彩画枋心

图九〇 ◆ 重华宫崇敬殿内檐彩画藻头

图九一 ◆ 崇敬殿内檐彩画的描金画法

乾隆初期改建的重华宫崇敬殿的内檐彩画非常独特。它也采用三段式构图，枋心线轮廓像宝剑头，内画龙和凤。但是藻头不画旋花，而是画缠枝宝相花，花和叶都用平金画法，是描金而不是贴金。大色也不使用青、绿两色，而是极其罕见的香色、铁灰色等中间色调。花瓣、卷云、花叶，全部使用鲜艳写实的颜色。枋心大线以外，还用沥小粉的方式，增加了云纹、汉纹等贴金边框。整个画面的风格，像极了珐琅彩的效果（图八九、图九〇、图九一）。

故宫建筑外檐彩画，都使用在屋檐之下，如椽、桁、斗栱、额枋和柱头上，平时处于阴影之中，其他部位都保持着素面。梁思成先生盛赞明清建筑彩画得法："其装饰之原则有严格之规定，分划结构，保留素面,以冷色青绿与纯丹作反衬之用,其结果为异常成功之艺术,非滥用彩色,徒作无度之涂饰者可比也。""故中国建筑物虽名为多色,其大体重在有节制之点缀,气象庄严,雍容华贵,故虽有较繁缛者,亦可免淆杂俚俗之弊焉。"(梁思成《中国建筑史·绪论》)准确地概括了故宫彩画艺术的特征。

内檐装修

故宫内檐装修有三大类:第一类用在梁枋之间,即建筑物的顶棚;第二类用在立柱之间,用来划分室内空间,统称为隔断;第三类是仙楼(阁楼)。

顶棚类的装修有天花和藻井两种。天花的作用是防止落尘和保持室内恒温。内廷、后宫一些居住建筑和等级不高的房屋采用软天花的形式,即在梁、枋或者檩下做木顶隔,称为篦子,然后在篦子下面进行裱糊。用于裱糊的材料有锦缎、绫纱、苎布、素纸等,最后裱糊花纸或素纸做面层。裱糊完成后的天花成一个平面,可以贴"镞花",也可以在上面画彩画,称为海墁天花。另一种做法是井口天花。先用木枋做成大方格网,固定在顶棚的位置上,称为支条,然后在支条的每一个井口内,配做方形的天花板,逐块搁置在支条上方。井口天花都要做彩画,一般格式是在支条的十字部位画轱辘燕尾,在天花板中间圈出方光和圆光,里面画龙、凤、仙鹤、花卉等(图九二)。

藻井用在殿堂亭阁的明间中央,从顶棚向上层层深入,状若穹窿。东汉的时候已经有了藻井的记载,这是来源非常古老的装饰。藻井结构复杂,比如故宫南薰殿的明代藻井。最外层是方井,其内向上,用斗栱托着八角井。八角井里彩雕卷云,井外的四个三角形称为角蝉,里面也雕刻了龙纹。八角井上再用斗栱托起圆井,顶心雕刻向下伸头的蟠龙(图九三)。御花园万春亭是一座重檐建筑,下方上圆。室内圆形的顶棚上,一周扇形的井口天花中间做一个圆形藻井,与天花板浑然一体,构图饱满,设色鲜艳(图九四)。

图九二 ◆ 清代井口天花彩画构图（引自《中国古代建筑彩画》）

图九三 ◆ 南薰殿明代藻井

193

图九四 ◆ 御花园万春亭藻井

乾隆中期建成的符望阁是一座楼阁,它的藻井在上层建筑井口天花的中央,也是深三层,第二层在"斗八"的边框里,又拼成一个八角星形,构成了八个菱形和十二个三角形,每个小图形里都用斗栱托起一个龙凤木雕。中间圆井更是做出层层高起的效果,极尽华丽之能事(图九五)。

隔断类别很多,从它们对空间分隔所起作用的角度,可以分为板壁、屏门、窗门隔断、隔扇、罩、博古架等六种。隔断在安装的时候,也都需要先在柱梁之间做槛框,结构原则与外檐是一致的。

板壁,即木板的隔断墙,彻底切断两个房间之间的联系。屏门,经常用在宫或殿明间的后金柱之间,四扇或六扇。如寿康宫明间的屏门,屏门之前安设崇庆皇太后的屏风和主座陈设,这是主殿常用的格式(图九六)。窗门隔断,也是不能走人的隔断,但是视线可以穿透,实现空间的交流。如宁寿宫颐和轩明间后金柱,下部做木板槛墙,上部安夹纱隔扇窗,它的作用也相当于后檐出入口的屏风(图九七)。

图九五 ◆ 符望阁藻井

图九六 ◆ 寿康宫屏门

图九七 ◆ 颐和轩窗门隔断

  内檐隔扇与外檐装修的隔扇构造相同，隔心的棂条花式以及裙板、绦环板雕刻更加灵活。而且花格子都是内外双层，中间夹刺绣或书画。清代末期，大块玻璃普及以后，花格子心就简化成花牙子或者花边了。内檐隔扇的布局也很灵活，两柱间的距离决定隔扇数目，一般是双数。这种装修方式也被称为碧纱橱，应用非常广泛。养心殿后耳殿体顺堂的碧纱橱用八扇，中间开启，另安装帘架，方便挂门帘，也是门口的标志。隔心的花式叫灯笼框，卡子花、绦环板和裙板都雕刻梅花蝴蝶（图九八）。

  罩是更为灵活的内檐装修，它只起标示室内空间界限的作用，而并不限制人的通行，视觉更为通透。几腿罩构造最简单，只需要在横披与抱框的夹角部分加一个三角形的花牙子。复杂的罩,可以把花牙子做成通长的雕花板(图九九)。如果横披窗之下,又在两侧抱框上安装一对隔扇,隔扇下边坐在一个木制须弥墩上,就是落地罩了。落地罩在清宫中应用也非常普遍,其风格简朴抑或奢华,全由隔扇的工艺决定(图一〇〇)。

在横披和抱框上安装雕花板,而且两侧落地,叫作落地花罩。有些落地花罩的花板很大,几乎成了花墙,只留下门口,于是就按照门口的形状,命名为圆光罩、八方罩、花瓶式罩等。清代晚期的档案中,还称一些落地花罩为天然罩(图一〇一、图一〇二)。

如果落地罩或者落地花罩是用在炕或坐榻之前,就称炕罩(图一〇三)。有些花罩在横披下立柱,把隔断的面积分成中间宽、两侧窄的三部分,上边都安花板,如同几腿罩样式,两侧的下部则做成栏杆。这种样式称为栏杆罩(图一〇四)。

博古架本是家具,但是如果用来做隔断,也就成了内檐装修的一种了。清宫里用书架充当隔断也比较常见。养心殿明间宝座屏风背后,排满了书架。宁寿宫的养性殿本是模仿养心殿,但宝座之后用了博古架,可见两者性质是

图九八 ◆ 体顺堂碧纱橱

图九九 ◆ 养心殿东暖阁里间后金柱的几腿罩

图一〇〇 ◆ 符望阁落地罩

图一〇一 ◆ 西六宫体和殿雕刻玉兰花的落地花罩

图一〇二 ◆ 宁寿宫乐寿堂的落地花罩

图一〇三 ◆ 养心殿体顺堂炕罩

图一〇四 ◆ 养心殿体顺堂栏杆罩

相同的（图一〇五）。

仙楼，或称阁楼，就是用木装修的方法，在一层建筑的室内，搭造二层阁楼。有的可以上人，有的高度不足，只徒具阁楼的样子。乾清宫、坤宁宫、宁寿宫都有实例（图一〇六）。

中国古建筑原有的内檐装修保存下来的比较稀少，如果说古建筑作为一种物质文化遗产具有珍稀性，那么内檐装修实物就更为珍贵。在故宫中，明代的内檐装修已经难于认定，清代工部《工程做法》中对装修的记载也很不完备。所幸从清中期开始，故宫档案中记载了不少添加和修理内檐装修的内容，可以与殿堂中的实例相对照，让我们加深对它们的认识。

清代内檐装修使用的木材主要是楠木和柏木，后来更多使用珍贵的紫檀木、花梨木、鸡翅木、乌木等。装修所涉及的工艺技术，首先是小木作木工，其中做菱花的还专有菱花匠，估计拼斗和雕刻各种花饰都应该有专门人才。乾隆中期建造宁寿宫的时候，将装修委托给主持两淮盐政的官员，使用了南方的竹、瓷、刺绣、漆器等技术，还有用奇珍异宝镶嵌的技术，称为周制，实现了民间与皇家的交流。当时还引进了西方的通景画技法，用在圆明园和宫中，现在只有倦勤斋的通景画保存了下来。内檐装修中使用的纹饰极其丰富，而且从清代较早时期到清晚期，表现出明显的演变过程。所以对故宫内檐装修进行研究，不仅具有艺术学的意义，也具有宫廷历史的意义。

内檐装修实现了殿堂的多功能化，也是塑造室内空间形象的决定性手段。如养心殿，建造于明嘉靖时代，空间宽大，分为明间和东、西暖阁。自雍正时开始成为皇帝处理庶务的殿堂，是实际的寝宫。养心殿明间用宝座屏风，布置成皇帝听政之所。东暖阁用碧纱橱、几腿罩等分隔成前檐明窗和后檐后室。明窗朝西设宝座，清晚期两次垂帘听政就发生于此。后室又分三小间，最东小室即寝宫。西暖阁明窗中间为勤政亲贤殿，皇帝在这里召对群臣。最西的小室在乾隆时收藏了中国最古老的三幅法帖，故题名为"三希堂"。它的面积不足十平方米，但其中的收藏和匾联却形成高不可攀的文化品位。西暖阁后室还布置了仙楼，安排书屋和个人修行的佛堂。

图一〇五 ◆ 养性殿博古架

图一〇六 ◆ 宁寿宫花园倦勤斋仙楼

故宫建筑的空间艺术

建筑空间存在于建筑物之中和建筑群构成的环境之中。世界上最古老的空间理论出自老子的《道德经》："三十辐共一毂，当其无，有车之用。埏埴以为器，当其无，有器之用。凿户牖以为室，当其无，有室之用。故有之以为利，无之以为用。"车轮的轮辐，看起来虚空的地方，却可以转动；和泥造一个陶器，它的虚空部分，可以用来盛物；筑墙开门窗来造宫室，它的虚空部分，才可以用作房间。我们制造了"有"，而为我所用的却是"无"。这里"有"与"无"精确地表达了建筑物与建筑空间的关系，"有无相生"。建筑艺术与其他造型艺术品的最大区别，就是我们可以身处建筑环境之中来感受和欣赏创作者的意匠。中外建筑学家一致认为，中国古代建筑在外部空间的创造上，占据了世界高峰。故宫是古代宫殿建筑群空间艺术的典范。

第三章介绍了故宫的格局，我们对于故宫的五门三朝、前朝后寝、中轴对称等已经不陌生，现在从一个参观者的角度，从大清门开始，动态地参观和回味故宫的空间序列，体会气势磅礴中设计者的精微安排。为了叙述便利，本节使用清代后期的建筑名称。

故宫中轴线是宫城建筑的骨干，也是故宫空间序列的集中表现。完整的序列从大清门开始，到景山中峰结束，总长约 2.6 千米。这个序列的核心建筑是太和殿，所有设计都是为了营造太和殿至高无上的地位。这个序列设置了三个段落，第一段是前导，约占全长的 1/2；第二段是中心部分，即宫城，约 960 米；第三段是收尾，约 400 米。每个段落又有各自的节奏（图一〇七）。

前导以"两庑夹一路"为主要空间形式，建造了四座城门，突出两个广场。大清门，砖石结构，"宫门"式建筑，单檐庑殿黄琉璃瓦屋顶，开三个门洞，是一座中型建筑，唯有色彩标识了皇城正门的性质。门内两侧建庑房，

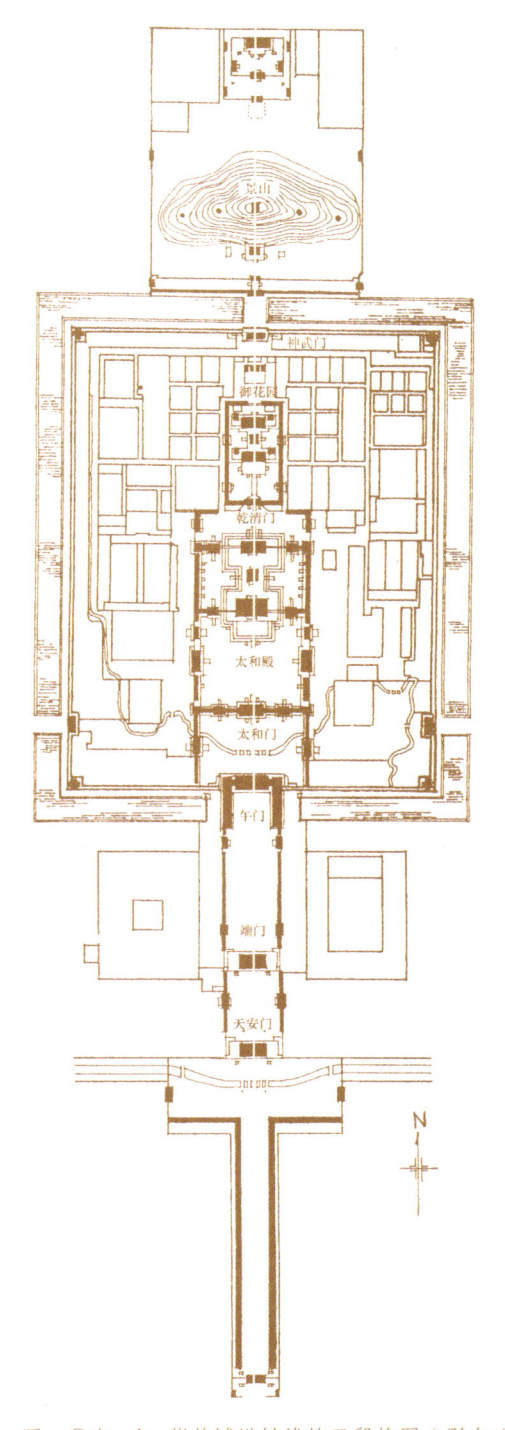

长达一百一十间，折向东西又各三十四间，名千步廊。连檐通脊、低矮平实的两廊之中，笔直的御街引导人走向天安门。随着千步廊向两旁折开去，形成横长的广场，给天安门城楼留下恰到好处的视觉距离。庄重的城台，下开五个拱形门洞，上建有面阔九间的城楼，重檐歇山黄琉璃瓦屋顶，前、后廊开敞，金柱里安装隔扇，从城下仰望，只能看到"彤扉三十六"，是门还是窗，在视觉上无关紧要。城楼前的御河上架七道石桥，中第二、第三桥的南北各立一对石雕蹲狮。石桥之南和城楼之北的两侧各竖立一对汉白玉石华表，高大华丽，遍体雕龙，标示着外朝的功能。

进入天安门有一段短暂的宁静，两庑正中的太庙街门和社稷坛门均是黄琉璃瓦单檐歇山屋顶的五间殿宇的样式，改善了二十六间灰瓦朝房的单调景观。端门被夹在颇显狭小的空间里，虽然它的形制和尺度等同于天安门，但远不及天安门的光彩（图一〇八）。

图一〇七 ◆ 紫禁城纵轴线的三段构图（引自《建筑的意境》）

进入端门，再次重复"朝房"的空间元素，直到北端的午门，掀起一个高潮。午门城台左右两翼向南方伸出去，形成凹字形，围成一个大致正方的广场。城台下，正面开三个长方形门洞，文武百官由东门出入，王公贵族由西门出入。城台左右翼的北端也各辟有一座门，很形象地命名为左右掖门，只有大朝时才开启。城台上是九座建筑的组合。正楼形制相当于天安门城楼的再次重复，但是通面阔要超过天安门一丈左右。两翼的两端各建一座楼阁，正方形，重檐攒尖屋顶。正楼东有三间鼓亭，西有三间钟亭。两翼的楼阁中仍旧是长连房样式的建筑物，称为阁道。从唐代开始将带有两阙的宫城正门称为五凤楼，应该是因为城台上高耸着五座楼阁（图一〇九）。

午门给人的感受，不仅仅是雄伟与壮观，而且透露着威严和压迫。走得越近，特别是进入三面高台的方形院落中，环境压迫感越强烈。古装戏里常有"推出午门斩首"的台词，是无稽之谈，但是午门外的确是明代对大臣实施廷杖的刑场。午门也是战争凯旋之后，皇帝举行受俘典礼的地方。据说，明代皇帝坐在城楼上，下令将俘虏"拿去"。左右的勋臣二人立刻重复，马上就有四人复述，跟着是八人复述。传到城楼下便是大汉将军三百六十人

图一〇八 ◆ 端门南立面

204 —— 第四章 故宫的建筑艺术

图一〇九 ◆ 午门全景

"齐声如轰雷"。这种震慑效果,也与凹字形的环境有关。午门给前导段落做了收尾(图一一〇)。

一进午门,豁然开朗。这是进入宫城空间的第一印象。宫城空间的中轴线部分,可以划分为外朝、内廷、后苑三个段落。外朝段落也分两大部分,即太和门广场和太和殿院落。而太和殿院落被隔墙分为太和殿前后两半。前半可称为太和殿广场,后半可称内院。

太和门广场的宽度超过200米,较前导段落宽出一倍以上。进深约155米,横宽大于进深。构成广场的主体建筑都是门:北面三座,中间太和门、北东昭德门、北西贞度门;东面协和门;西面熙和门。这五座大门及其庑房全部建在高台之上,太和门台基高3.44米,另外四门低下去约30厘米,普通庑房台基也高达2.62米。高台基加强了建筑物的"空间界面"意义,使得宽阔的广场看起来并不空旷(图一一一)。

内金水河从熙和门之北流到广场,弯曲向南再向东,最后从协和门北流出。

— 205

河流把广场分为南北两部分，也就划了一条重要的界线，桥南是通往文华殿、武英殿的交通枢纽，桥北是御门听政的朝廷所在。内金水河中间架五座单拱石桥，河岸与石桥的石栏杆把广场装点得十分优美华丽（图一一二）。

五座门都使用歇山黄琉璃瓦屋顶，但只有太和门是重檐，而且面阔九间，突出了它的重要性。但是它的通面阔丈尺，比同是九间的午门正楼小三丈七尺，明显是有意安排。目的是在体量上给予压缩，与广场的尺度相适应，也为开启下一个视觉高潮做好铺垫。站在太和门回望午门，发现它已经把前导空间彻底隔断，而作为太和门广场的南界面，它丰富的形象为举办常朝的场所竖立了一座绝美的天幕（图一一三）。

太和殿院落是故宫里最大的院落，当然也是北京老城最大的院落。院落的核心建筑是三大殿，坐落在共同的"三台"上。院落四周仍旧是用门庑围绕，四角各有一座崇楼。太和殿坐落在院落偏北的位置，它的两旁用中左门、中右门和"掐墙"隔出一个内院，前方形成一个正方形的广场（图一一四）。

图一一〇 ◆ 午门脚下

图一一一 ◆ 太和门广场全景

图一一二 ◆ 太和门广场与内金水河

图一一三 ◆ 回望午门

太和殿广场是故宫最大的广场。广场四周都用建筑物的前檐构成空间界面，太和殿也不例外，殿身退在广场之外，这样来保持广场形状的端方整齐。只有三台的前部和宽阔的月台深入广场之中，自然成为视觉的焦点（图一一五）。

三台体量超大，下层须弥座的宽度约127.7米，占据广场宽度的2/3。月台下层宽86.5米，凸出于广场北界60余米。从广场地面到三台顶，高8.13米，而广场周围庑房连台基在内，高也只有10.8米。台基规模如此可观，目的是烘托其上所建大殿。有研究者认为太和殿比明初奉天殿的体量小了很

— 207

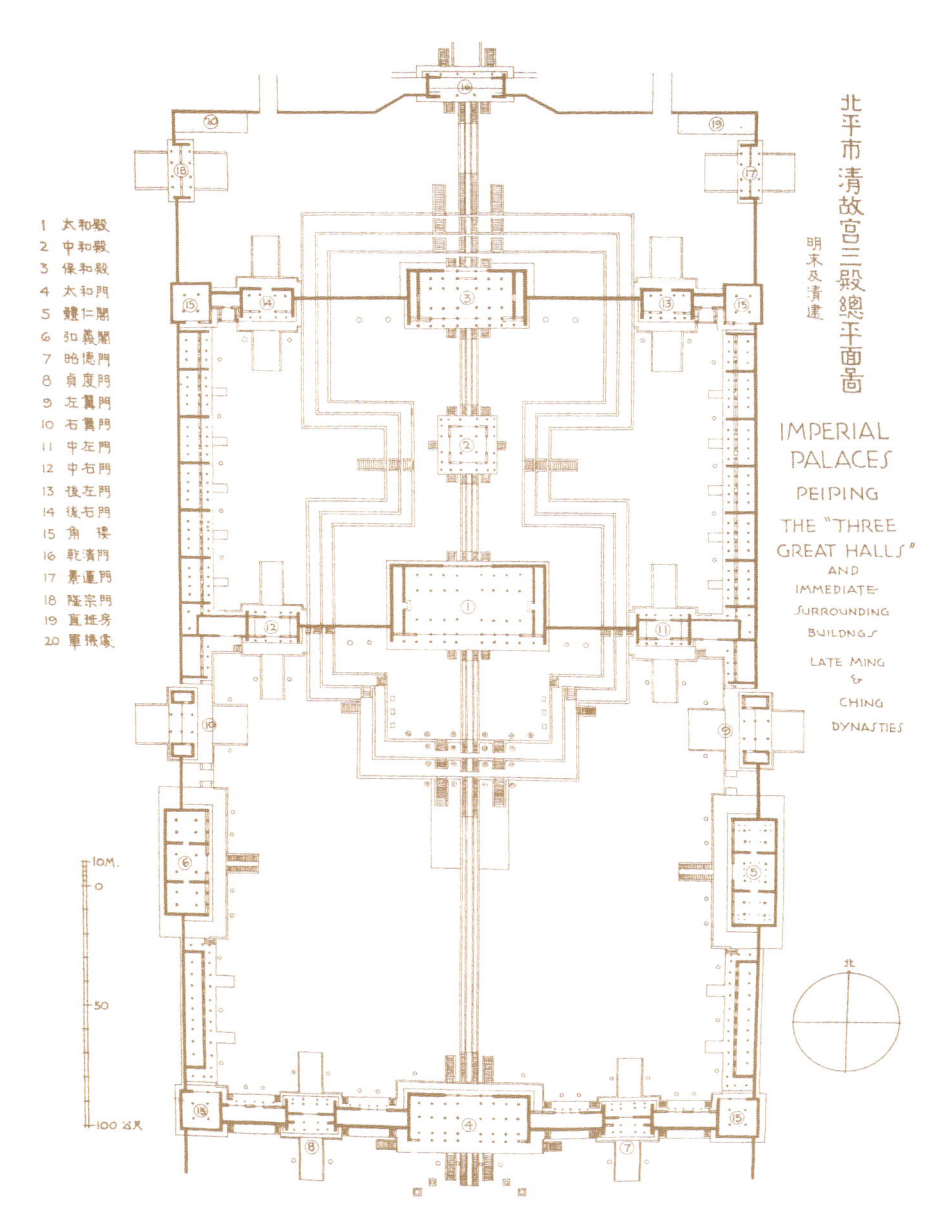

图一一四 ◆ 故宫三殿总平面图（引自梁思成《图像中国建筑史》）

208 —— 第四章 故宫的建筑艺术

图一一五 ◆ 从太和门看太和殿广场

多，其实即便如此，太和殿仍旧是中国古建筑中面积最大的，与它规模相近的只有太庙前殿和长陵祾恩殿。而且它的高度只逊于午门正楼，在整座宫城内部是最高的。工匠们还使用很多手法表达太和殿的崇高地位：重檐庑殿黄琉璃瓦屋顶，垂脊兽前蹲十个小兽，上檐单翘三昂斗栱，下檐单翘重昂溜金斗栱，面阔十一间，金龙和玺彩画，三交六椀菱花隔扇，黄绿琉璃圭文砖槛墙。再加以御路与踏跺华丽的石雕，三层台基每一层的周围都围护着石栏杆，一千一百余根云龙望柱、伸出的龙头和栏板，以及它们形成的瑰丽的光影效果，其激发的感观震撼，非用"壮丽"无可形容，充分显示了大朝之所的气度（图一一六）。

广场东西两侧庑房的正中位置各建一座二层楼阁，东体仁阁、西弘义阁（图一一七）。这种建筑布局明显学习自元大内，经凤阳、南京延续下来。

— 209

二阁采用了九间面阔和庑殿屋顶，在东西两面与太和殿取得呼应，形成布局的均衡。广场四面，还有七座门，以及庑房和崇楼，面阔、体量、高度与屋顶样式变化跳跃，在庄严之中展现和谐（图一一八）。

在大朝会的时候，要陈设"大驾卤簿"，即天子的仪仗队和乐队。从清早就要准备妥，从太和殿一直排布到天安门外。太和殿前廊的东西两侧，安放皇帝的"金八件"（实际是八种）：金提炉一对、金瓶一对、金香盒一对、金唾壶、金盆、金杌、金交椅、金脚踏。亲军、护军佩带着仪刀、弓矢、豹尾枪、方天戟等仪仗兵器，分十班，相间站立在丹陛东西。仪仗数量最多的是各类伞盖旌旗幡幢，织绣着龙凤、天文、飞禽、走兽、植物、山川等形象。太和殿明间檐下中间，立九龙曲柄黄伞盖九柄，曲柄龙伞四柄，直柄九龙伞十六柄，等等。使用黄、白、黑、青、红五种颜色，逐次从三台向两阶相间排布。广场上，至今可见在灰色的地面上，镶嵌着一尺余见方的白石，称为仪仗墩，从月台前呈八字形一直排到太和门丹陛之下。

大朝会要布置三个乐队，太和殿

图一一六 ◆ 太和殿

图一一七 ◆ 太和殿与弘义阁

图一一八 ◆ 从左翼门回望

东西屋檐下设中和韶乐，面朝北演奏。太和门左右设丹陛大乐，午门外设铙歌大乐。銮仪卫还要在三台之下的甬道两侧，摆放七十二座青铜铸造的"品级山"，从离三台最近开始，为正一品，次从一品，再次正二品、从二品，最后到从九品为止，共十八阶。用来确定三台下品官们的行礼位置。丹陛之上的满族王公贵族们也分左右班，按礼部官员的指挥行礼。

仪仗还包括在太和门外陈设皇帝的步辇。午门外，陈设皇帝的"五辂"，即皇帝出行时的五种专车。五辂之前，有两头驾辇象，还有五头驮宝象。最后，在天安门前还有四头仪象，头朝东西，相向而立。清代皇帝的卤簿仪仗制度基本移植自明代，所以没有必要再介绍明代的朝仪了。从大朝会仪仗的部署，我们更加清楚，故宫建筑空间的安排实在是功能的需要。它的审美价值之高，在于"把人们的审美趣味和情感，通过高超的艺术手法融化到维系社会的政治伦理的纽带中去了"。（王世仁《中国建筑的审美价值与功能要素》，《王世仁建筑历史理论文集》，第340页）

从中左门、中右门可以进入太和殿内院。由于三台的限隔，内院东西两块是完全独立的。历史上太和殿和保和殿两侧的挡墙并没有通道，真正的通道只能从中左门到后左门、从中右门到后右门，因此内院是两个过渡型空间，建筑的高潮迅速退却。不过从这里观赏三台，虽显逼仄，却也便于观察三大殿的关系（图一一九、图一二〇）。

图一一九 ◆ 三台中部

内廷面积只相当于外朝的四分之一，它的建筑布局虽然好像是对外朝的重复，但是通过建筑体量的巨大落差，还有建筑布局与陈设的精心塑造，内廷空间严谨而收敛的性格表现得十分充分。首先，内廷主要建筑乾清宫、坤宁宫和交泰殿（明中期添建）也坐落在一座共同的台基上，但它是一层须弥座，高度只有2.86米，约当三台的1/3。而且从乾清门到乾清宫，两座台基之间连接着一条高台甬路，有意避免了台基高耸的景象。如果说太和殿营造了天上宫阙的意象，那么乾清宫则回到了人间（图一二一）。

　　第二，前三殿都是一座建筑独自占据一个中心位置，而乾清宫两侧建有昭仁殿和弘德殿，坤宁宫两侧建东、西暖殿，还围成小院，安排起居、休憩、藏书，这四座宫殿密切了两宫与周围建筑的关系。乾清宫月台上下，陈设日晷、嘉量、鎏金鼎炉、鎏金铜缸，特别是月台下偏北，设文石台，安置一对鎏金铜殿，称为"江山社稷金殿"，用这些独特的陈设表明乾清宫的地位（图一二二）。

　　第三，后二宫周围庑房规制整齐划一，除了日精、月华、景和、隆福四座大门以外，连檐通脊，围合严密，也与外朝建筑形成鲜明对照。御花园是内廷的收尾，园内建筑体量普遍很小，而且尽力追求平面的变化。虽然受到中轴线的制约，但仍旧用密集的山、池、亭、台、楼阁与古树名花，创造了静谧松弛的园林气氛。

　　最后是空间系列的收束。经过顺贞门、神武门、北上门的通道，景山成为宫城后的一座翠绿屏风（图一二三、图一二四）。值得称道的是景山高度与神武门之间距离的把握。一方面，我们在宫城里除了午门之上，三台后边，很少能看到它的存在，绝不会感到压迫。另一方面，北上门外，它却可以占满整个视野。乾隆十五年（1750）在景山五峰上各建一亭，极大地丰富了景观，也与御花园呼应起来。

　　故宫的建筑艺术是综合的艺术。每一座建筑个体，它的台基、屋身和屋顶所展示的美，都是由结构的需要而产生和发展的，体现了真善美的本质。而由屋顶形态、琉璃、彩画等艺术手段所构成的建筑个体美，也并非张扬地

展示自己，而是服从建筑群体意境的需要，表现出含蓄的性格。太和殿作为整座建筑群的核心，也只以前立面示人。像宫城角楼那样可以从四面欣赏的建筑在故宫里只是少数。

在用建筑空间塑造建筑性格的时候，门起到非常重要的作用。有建筑学家认为，"'门'和'堂'的分立是中国建筑很重要的特色，历来所有的平面布局方式都是随着这个原则而展开"。（李允鉌《华夏意匠——中国古典建筑设计原理分析》，香港广角镜出版社1984年版，第二章）当门作为一个空间阶段的结束和后一个阶段开始的时候，前后两个立面对两个空间的塑造都至关重要。而每个"廷"的边界，基本都有"廊"为界面，廊是有屋顶的廷，是廷与建筑物之间的最佳过渡。

《史记》里讲了一个汉高祖的故事。西汉高祖八年（前199），丞相萧何在长安营建未央宫，刘邦从战场归来，见"宫阙壮甚"，发起怒来，责怪萧何：天下未定，苦战数载，成败还没有定算，你有什么理由如此过度营造？

图一二〇 ◆ 三大殿

图一二一 ◆ 乾清宫

图一二二 ◆ 乾清宫与昭仁殿

图一二三 ◆ 经顺贞门到神武门

萧何从容回答说：正因为天下待定，才可借机成就宫室。而且我认为天子以四海为家，"非壮丽无以重威，且无令后世有以加也"。从此，对"壮丽"的追求为2000多年宫殿建筑一脉相承。考古证实，未央宫平面矩形，东西约2250米，南北约2150米，占地面积相当于明清故宫的五倍。

　　元末，朱元璋占领集庆，以元御史台为公府。以后改建吴王府时，要求典营缮者，凡有"雕琢奇丽者即去之"，主张"宫室但取其完固而已，何必过为雕斫"。洪武十年南京新宫建成后,他见到"制度不侈甚喜",再次发表意见,说自己的营建非常慎重,而且"未尝过度"。他提出了一个非常重要的概念——度,即对壮丽的追求需要适度。

凤阳中都午门是明代建设的第一座午门。城台面阔 132 米,两翼前伸长 89.45 米。中都大殿的柱础石边长 2.7 米,围绕柱子雕一周凸起的云龙纹,柱径达 1.25 米。而两年后所建南京明故宫午朝门,遗址面阔只有 87.29 米,两翼被拆除无从比较。城台上的柱础石都是古镜式,非常简朴。很明显洪武皇帝认定南京才适度。

永乐营建北京,"规制悉如南京而高敞壮丽过之"。北京午门城台面阔 127.13 米,两翼长度达 115.43 米,不仅超过南京,也略超过凤阳。但是大殿的柱础,基本采用朴素的古镜式,说明风格还是追随了南京。与汉、唐相比,明清宫殿建筑的规模缩小了很多,对于"壮丽"品格的追求,不是一味地从体量着眼,而是通过建筑空间的塑造,利用建筑物的布局、组合、样式、色彩、陈设等元素,和虚与实、封闭与连通、体量与形状的对比等手法来实现。这是一种时代的进步。

图一二四 ◆ 宫城的屏风景山

第五章

故宫建筑的保护和延续

以木结构为骨架是中国古建筑的特点，同时也是它的弱点，因为木材是有机物，容易遭受水、火、病虫害等不良因素伤害。中国木结构古建筑虽然拥有悠久的历史，但是实物例证并不丰富。今天还存在的最古老建筑是山西五台山南禅寺大殿，始建年代不详，重建于唐代建中三年（782），距今不过1200多年，远比中国木构建筑成熟的年代晚得多，千年以上的木结构建筑全国也只有13座，木结构建筑的保存实属不易。

北京故宫的营建历尽千辛万苦，遗留到今天的还有将近17万平方米木结构建筑，如何让我们的子孙后代继续享有，是我们的历史责任。现代文化遗产保护事业要求我们的，并不仅仅是让建筑物存在，而且要把它作为一个历史文化和传统工艺技术的载体，对于它的价值要给予全面的延续。这是一个需要不断研究推进的重大课题，也需要重大实践来验证。

紫禁城建筑维修的回顾

维修是对古建筑进行维护、保养和修缮、修理的工程措施，历史上紫禁城里的维修工程大致有三大类别：突发灾害造成建筑物损失后进行的重建工程、岁修保养工程和阶段性的修缮工程。

重建、岁修保养与阶段性修缮

对紫禁城伤害最大的是火灾。前面讲过，如今的太和殿已经是第四次灾后重建，不过它最后一次重建完成距今也已经300多年。外朝火灾最严重的，发生在明嘉靖三十六年（1557）四月十三日，那天下午申刻雷雨大作，晚间戌刻火光骤起，从奉天殿开始，延烧华盖、谨身二殿，文武二楼，奉天三门，左顺、右顺二门，午门，直至午门外左右廊"尽毁"，第二天清晨辰刻火始熄灭。这场火灾把整个外朝烧光，嘉靖皇帝只好在端门设了朝仪。明清两朝遭遇火灾后都按照原有格局进行了重建。

岁修是一种管理制度，保养是对古建筑最轻微的修缮。建筑物自建成以后，无时无刻不受到自然环境的影响，难以察觉，我们发现的时候往往已经积累到一定程度。比如台基，用砖石材料砌成，是建筑中最坚固的部位。但是砖石砌体的内部还是饱含着相当的水汽。每到冬季，北京的严寒使砖石缝隙凝结冰霜，春暖花开以后，砖缝会松动，会有更多的水分渗透到台基外层的缝隙中，年复一年，循环往复，足以使沉重的阶条石发生位移，最严重的可以导致局部的坍塌。屋顶的情况也很类似，如果瓦片松动甚至开裂，碰巧下面的苫背质量不高，雨水就可能一直渗透到望板以下，导致檩甚至梁的糟朽，直接危及建筑安全。所以防微杜渐，及时修复建筑上微小的变化，也是重要的修缮。

《大清会典》记载了大内岁修的主要项目。第一项，紫禁城城墙除草，每年夏季三伏之内，由钦天监择日，芟除草棘；十月内再芟一次。由工部和内务府营造司的搭材匠与銮仪卫校尉共同进行。除草几乎没有技术难度，但是对于城墙的保护作用非常明显，它阻止杂草荆棘在墙身各部扎根，避免了面层松动，墙顶渗漏，从而保护了城墙的安全。

第二项，紫禁城内淘沟。每年二月进行，由内务府值年大臣主管，各宫殿都要安排，可见也是重要工程。近年网络上不断有赞扬紫禁城地下排水工程的声音，无论多大的雨，紫禁城从不积水。其实创建时工程设计完善、施工质量精良固然非常重要，而长年累月的维护，也是保持排水效果的推动力。通畅的排水保证了紫禁城地基基础的牢固与安全，从根本上保护了紫禁城。

第三项，"粘补活计"。就是每年要安排对紫禁城和各地行宫建筑的屋顶、彩画、外檐装修、台基等进行踏勘，发现问题及时"对症"处理。问题较大，如"地脚沉下，墙垣闪裂"则需要拆盖，"大木歪闪"则允许拨正。问题较小，如屋顶"渗漏，椽望糟朽"，需要揭瓦挑换。问题轻微，如椽望、屋顶稍有渗漏，只允许"捉节夹垄"。这些琐碎的工作是紫禁城建筑得以长期保存的原因之一。

第四项，扫雪，凡冬天三殿前有积雪，由内务府营造司召集三旗人员扫除。类似的保持紫禁城整洁的工作还有很多，乾隆皇帝不止一次下达过整理要求。这类工作维持了皇家宫殿应有的庄严肃穆面貌。还有一些属于时令性的工作，比如每年三月开始在内左门、内右门等处搭盖凉棚，立夏以后把支摘窗内屉换成纱窗，冬季十一月初一开始烧暖炕，等等。这些简单的设施使得紫禁城的生活更为舒适。

岁修不可能发现和解决所有问题，古建筑很多部位是隐蔽的，有些毛病不能及时发现就会积累下来，一旦发现，只能进行较彻底的修缮。这些工程表现出一定的阶段性。

比如排水沟。内金水河从紫禁城西部入城南流，经武英殿前，东折经太和门，再经文渊阁前至三座门，从銮驾库南出城，全长六百五十丈五尺。它不仅是紫禁城的输水主渠，也是城内雨水的集水渠道。各宫殿都在所在院落设置了排水暗沟，先集中到几条干沟中，最后都流入内金水河。在光绪十一年（1885）时，暗沟的主、支各线和金水河，发生河道节节淤塞、沟水不通的问题，于是进行逐段踏勘，反复核查，用了一年多的时间，对河墙、沟帮做了全面的检修，工料费高达七万多两白银。

再如建筑的外檐彩画，新完成时光鲜亮丽，不过在强烈的紫外线照射下褪色比较快。而且一年四季、每天早晚，气温、湿度都在变化中，导致彩画"地仗"层逐渐老化，甚至与木构件脱离。清雍正八年（1730）紫禁城做了一次系统的彩画工程，到乾隆三十二年（1767），仅从外观上已经是"宫殿丹雘以岁久色旧"，不足以表现皇家威仪，于是乾隆决定"发内帑饬新之"。从外朝到内廷，用了三年时间才完成，这两次彩画工程之间的周期是四十年。

在大家心目中，琉璃瓦是很结实的。其实故宫所用的琉璃瓦是两次烧成的。简单地说，第一次烧造瓦坯，炉火需要较高温度；之后上釉料再烧，把琉璃釉挂在瓦坯上。琉璃釉像瓷器一样，也会产生开片现象，即釉面开裂，尤其在夏日高温下，突遇暴雨，温度骤降，开裂就不可避免，再进一步，就是釉面脱落。于是发生污染，色泽改变。更严重的是，如果坯料不够结实，瓦也会开裂破碎。

乾隆初期建造的建福宫及花园，乾隆时使用率很高，是他喜爱和看重的地方。他留下谕旨："重华宫等处实为兴祥之所……世世子孙，惟当永远奉守。所有宫内陈设规制，亦应仍循其旧，勿事更张。"（《国朝宫史续编》卷四）所以建福宫花园只能维修，不能拆改。嘉庆七年（1802）春天，皇帝要求内务府修理屋顶，见新油饰彩画，务必在雨季之前完成。原计划要保留一部分屋顶只捉节夹垄，即只用灰浆加固。不料进一步勘查发现瓦片破碎过多，靠近大墙、天沟等部位也酥散裂缝，只好增加了换新琉璃瓦和脊料的数量。结果这次一共修理了一百七十九间殿堂廊庑，全换新瓦的一百二十七间；前坡换新瓦、后坡选用旧瓦的四十九间，捉节夹垄的只有三间。这一次修理距离创建不过60年。当然这并非普遍规律，但也是屋顶琉璃瓦生命周期的实例。（清内务府档案·全宗5·499卷2号，中国第一历史

档案馆收藏）

由于清代档案对于宫廷建筑的维修有比较丰富的记载，我们对清代维修工程的了解远远超过明代。研究清宫建筑维修的历史，发现古建筑演变的客观规律和维修工作经验，可以为当代的保护工作提供借鉴。

从故宫到故宫博物院

1911年10月10日，武昌起义爆发；1912年2月12日，隆裕皇太后颁发懿旨，宣布清代末帝溥仪退位。根据南京临时政府与逊清皇室达成的"清室优待条件"，临时政府每年提供400万两白银维持溥仪生计，而溥仪应搬至颐和园居住。但溥仪却"暂居宫禁"，并没有搬迁。这座昔日皇宫，今日故宫，对它的未来，民国政要们还没有做出设计。

1913年2月22日，隆裕皇太后逝世，由于她有"让国之德"，国民政府为她举办了国葬，在太和殿公祭三天。1913年10月10日，袁世凯在太和殿举行了就职大总统的仪式，故宫的外朝三大殿等实际已经由国民政府管辖。而乾清门以内，还恍若一个小朝廷。

1914年2月4日，在内务总长朱启钤主导下，由国民政府内务部主管的古物陈列所成立，用武英殿西配殿做办公地点。古物陈列所首批收藏的文物来自热河行宫和沈阳故宫，两地文物20余万件"暂作皇室出借民国之用"。古物陈列所委托德国罗克格公司把武英殿改造为文物陈列室，当年10月，正式对社会开放，成为我国最早开放的国立博物馆。古物陈列所委托国内大木厂，在武英殿西的咸安宫旧址，建造西洋式建筑宝蕴楼，来做文物库房。又继续改建文华殿为文物陈列室。1925年8月，三大殿也在古物陈列所领导下开放。（参阅段勇《古物陈列所的兴衰及其历史地位述评》，《故宫博物院院刊》2004年第5期）

1912年7月，在教育总长蔡元培倡导下，成立了国立历史博物馆筹备处，在北京国子监办公，收藏的文物，主要有石鼓、书版和孔庙礼器。1918年7月迁到午门、端门以及朝房，1920年国立历史博物馆成立，1926年10月10日正式开放陈列室。这是在故宫外朝范围内开放的第二座国立博物馆。

民国初年北京在北洋政府统治下，政局动荡。"溥仪久居宫禁，颇不安分，与张勋、康有为等清室旧臣阴谋串联，常思复辟，造出很多事端，且将宫内宝物不断移出宫外。"（吴瀛《故宫尘梦录》一，紫禁城出版社2005年版）1924年10月，冯玉祥发动北京政变，临时执政府摄政内阁决定请溥仪出宫，组建"办理清室善后委员会"。11月5日，溥仪一家出宫，搬迁至后海醇亲王府。11月7日午夜，摄政内阁发布命令："修正清室优待条件，业经公布施行，着国务院组织善后委员会，会同清室近支人员，协同清理公产、私产，昭示大众。所有接收各公产，暂责成该委员会妥善保管，俟全部结束，即将宫禁一律开放，备充国立图书、博物馆等项之用，藉彰文化而垂久远。"（故宫博物院官网院史编年）

1924年11月20日，清室善后委员会成立，国民党元老、北京大学教授李煜瀛任委员长。委员中有警卫总司令、警察总监，也有逊清皇室代表，委员蒋梦麟、陈垣、沈兼士、俞同奎都是北大教授。据摄政内阁公布的组织条例，清室所管财产先由委员会接收；由委员会审查其属于公私之性质，以定收回国有或交还清室；委员会办理事项及清理表册清单，随时报告政府公布之。清室善后委员会成立，标志着清室永远丧失了对故宫的所有权与支配权，故宫的未来将是国立的图书馆、博物馆，一律开放。

清室善后委员会的第一次会议通过了一个《点查清宫物件规则》，在工作程序上相当严密，来保证点查工作顺利和物件真实。其中有两个条款值得注意："第八条 点查物品时，以不离物品原摆设之地位为原则；如必不得已须移动地位者，点查毕后，即须归还原处，无论如何，不得移至所在室之门外。""第十七条本会应将点查情形，编出报告公布之。"（吴瀛《故宫尘梦录》一三）它们已经具有对皇家遗址类博物馆进行藏品管理的性质。故宫博物院元老庄严先生也回忆说，"开始点查之际，会中即抱二大目的,一是要知道宫中收藏到底有一些什么;二是点查清楚以后,就可以将物品集中分类,布置陈列,然后公开展览"。所以在点查进行了将近一年的时候,善后委员会自然而然地开始了博物馆的筹备工作。(庄严《前生造定故宫缘》,紫禁城出版社 2006 年版,第 86 页)

1925 年 7 月 31 日,在点查养心殿物品的时候,发现上年春夏间清朝遗老与溥仪密谋复辟的文件,他们妄图以文化、古物、慈善、教育四事网罗人才,清室自设博物馆,联系西方争取退还的庚子赔款,既保文物古迹,且用于清室自养。清室善后委员会觉得事情紧急,必须尽快制止清室对国家文物的觊觎,于是一方面把情况报告京师高等检察厅,一方面加紧了博物馆的筹备。9 月 29 日,清室善后委员会主持通过了《故宫博物院临时组织大纲》《故宫博物院临时董事会章程》《故宫博物院临时理事会章程》三个文件,明确了故宫博物院的"公立"性质,来避免北洋政府的干扰;确定故宫博物院下设古物、图书二专馆处理馆务,设总务处管理庶务。

1925 年 10 月 10 日下午两点,故宫博物院在乾清门举行了开幕典礼,万人空巷,盛况空前。故宫博物院成立,不仅是我国文化史上的重大历史事件,也是中国人民民主革命的一个伟大成果。但是北京政局在北洋军阀的控制下,不时上演"城头变幻大王旗"的戏码,故宫博物院经常处于危殆之中。

1928 年 6 月,国民政府"二次北伐"成功,奉系军阀退出北京。国民党中央政治会议决定,改原直隶省为河北省,北京改名北平,为河北省特别市。10 月 5 日,国民政府公布新的《故宫博物院组织法》,规定中华民国故宫博物院直隶于国民政府,掌理故宫及所属各处建筑物、古物、图书、档案之保管开放及传布事宜。但是,当时的故宫博物院实际只管理故宫的内廷部分。于是,1930 年,国立北平故宫博物院理事会向行政院呈报了一份《完整故宫保管计划》提案,希望"将故宫外廷保管之权转移故宫博物院,使故宫博物院之牌额得悬张于中华门外,则观听正。而处置为博物院之形式,亦可整个计划完全实现"。10 月 25 日,行政院指令,批准《完整故宫保管计划》提案,同意将设在乾清门以外的古物陈列所与乾清门以内的故宫博物院合并，将中华门以至保和殿直至景山，以及大高玄殿、太庙、皇史宬、堂子等处一并归入故宫博物院，一同保管。

由于抗日战争等原因，直到1948年11月，才最终完成了古物陈列所归并故宫博物院的目标，实现了故宫院区的完整。"故宫的空间是完整的，它不能只有后廷而没有前朝，也不能只有孤立的一个故宫而没有与其关系极为重要的其他一些皇家建筑物；故宫的文物也是一体的，需要完整地保护。这种完整性是其价值的整体性所决定的。因此，争取故宫的完整并不是出于扩大自身地盘的狭隘意识，而是故宫价值自身的要求。'完整故宫'体现了故宫人守护民族文化遗产的责任感，也成了故宫保护工作的一个理念。"（郑欣淼《"完整故宫"保护的理念与实践》，《故宫博物院院刊》2012年第5期）

从故宫到故宫博物院，这是新的社会赋予故宫的新功能，故宫的历史翻开了崭新的一页，给故宫带来了深刻的变化，故宫博物院的管理者面对这座昔日皇宫，今日国立的博物院，需要树立一系列新认识、新理念。"完整保护"是一个，"古建筑保护"也是一个。

中国古建筑保护的探索

19世纪后半叶，洋务运动开启了中国近代教育的开端，开办新式学堂，官费派遣留学生，为中国现代科学的勃兴准备了人才。到20世纪初期，一批学习建筑学的留学生学成归国，成为后来构建中国建筑学和文物建筑保护学科的主要力量。

在中国传统文化里，建筑并不成为一门学术。但是曾在晚清任北京警察总监的朱启钤先生热爱并熟悉京城的宫殿苑囿城阙衙署，注意搜集古建筑文献，记录原由老工匠们口传心授的营造方法，有所得即"宝若拱璧"。民国初年朱先生任北洋政府内务总长兼京都市政督办，主持了对北京城池的部分改造。他非常深刻地认识到中国建筑是中国文化和艺术的结晶,认为"研求营造学,非通全部文化史不可,而欲通文化史,非研求实质之营造不可"。1919年,朱先生在南京江南图书馆发现《营造法式》的清晚期丁氏抄本,马上委托商务印书馆影印出版。不久,在清内阁大库的流散书页中又发现了宋本残页,朱先生遂委托著名藏书家陶湘将丁氏抄本进行校勘,按照宋代版式进行刻印,称为陶本《营造法式》。朱先生曾经把一套书赠给梁启超先生,而梁先生把它转赠给了正在美国学习建筑学的儿子梁思成。

1930年2月,朱先生在北平创办研究机构中国营造学社,研究经费由中华教育文化基金会提供。学社最初的五年计划,是"沟通儒匠",认识中国古建筑,搜集营造文献,最后完成有系统的学说。不久朱先生聘请东北大学建筑系教授梁思成、国立中央大学建筑系教授刘敦桢加入营造学社,分别担任法式部主任和文献部主任。梁、刘二位先生都是"海归"的建筑学人才,他们的加入,使得学社的研究工作重点转向古建筑实物的调查。从1932年起,学社每年春秋两季外出考察,摄影测绘,冬季查阅文献,整理写作调查报告,在《中国营造学社汇刊》发表。学社的效率惊人。到1945年学社结束为止,15年间,研究者的足迹到达了河北、河南、山西、山东、陕西、浙江、江苏、辽宁、云南和四川等省的190个县市。到抗日战争全面爆发以前,共调查206组建筑群,建筑物2738处,完成测绘图稿1898张。(林洙《中国营造学社史略》第五辑,百花文艺出版社2008年版)他们的测绘和调查报告构建了中国建筑学和中国古代建筑史的基本框架,积累了大量翔实的资料,结束了很长一个时期只有外国人研究中国建筑的局面。

与调查研究工作同时,营造学社也开始了古建筑保护工作的探索。当时,"古迹文物保护"的新概念逐渐形成,1928年3月成立了中央古物保管委员会,为国家的文物保护机构,1930年颁布了《古物保存法》。1931年,故宫博物院、历史博物馆和古物陈列所协商,由古物陈列所委托厂商,维修了紫禁城南面的两座角楼,完工后,委托营造学社进行评估勘验。1932年到1934年,故宫博物院、古物陈列所和北平市委托营造学社拟订文渊阁修理计划、南薰殿修复工程计划、北平内城东南角楼的恢复原状工程计划、查勘并修理鼓楼设计。浙江省建设厅邀请林徽因、梁思成为杭州六和塔制订重修计划。

  1935年1月，经国民政府行政院批准，组建了旧都文物整理委员会，隶属于行政院驻北平机构，领导系统维护修缮北平文物古迹的工作。其下设北平市文物整理实施事务处，聘请营造学社为技术顾问。从1935年到1937年，共修缮天坛祈年殿、圜丘、皇穹宇、北京内城东南角楼、西直门箭楼、国子监、中南海紫光阁等重要古建筑20余处。同期，梁思成应内政、教育两部之聘，拟订曲阜孔庙的修葺计划。营造学社还为故宫博物院修葺景山五亭进行了设计。

  梁思成先生等及时地总结这些维修工程，指出它们已经与旧时代的维修完全不同。首先，文物古迹具有不可替代的历史价值和艺术价值。梁思成先生评价山东曲阜孔庙说："我觉得这一处伟大的庙庭，除去其为伟大的人格的圣地，值得我们景仰纪念外，单由历史演变的立场上看，以一座私人的住宅，二千余年间，从未间断的在政府的崇拜和保护之下；无论朝代如何替易，这庙庭的尊严神圣却永远未受过损害；即使偶有破坏，不久亦即修复。在建筑的方面看，由三间的居堂，至宋代已长到三百余间，世代修葺，从未懈弛；其规模制度，与帝王相埒。在这两点上，这曲阜孔庙恐怕是人类文化史中唯一的一处建筑物，所以我认为它有特别值得我们研究的价值。"（梁思成《曲阜孔庙之建筑及其修葺计划》，《中国营造学社汇刊》第六卷第一期，第3页）

  而且古建筑的艺术价值可以激发人们的审美感受，形成超越物质的存在："北平四郊近二三百年间建筑遗物极多，偶尔郊游，触目都是饶有趣味的古建。……这些美的所在，在建筑审美者的眼里，都能引起特异的感觉，在'诗情'和'画意'之外，还使他感觉到一种'建筑意'的愉快。……经过大匠之手泽，年代之磋磨，有一些石头的确会蕴含生气的。天然的材料经人的聪明建造，再受时间洗礼，成美术与历史地理之和，使他不能不引起赏鉴者一种特殊的性灵的融会，神志的感触，这话或者可以算

是说得通。"（梁思成、林徽音《平郊建筑杂录》，《中国营造学社汇刊》第三卷第四期，第98页）

古建筑的保护修缮工程与传统的修缮工程已经产生了本质上的区别。"在设计人的立脚点上看，我们今日所处的地位，与二千年以来每次重修时匠师所处地位，有一个根本不同之点。以往的重修，其唯一的目标，在将已破敝的庙庭，恢复为富丽堂皇，工坚料实的殿宇，若能拆去旧屋，另建新殿，在当时更是颂为无上的功业或美德。但是今天我们的工作却不同了，我们须对于各个时代之古建筑，负保存或恢复原状的责任。"（梁思成《曲阜孔庙之建筑及其修葺计划》，《中国营造学社汇刊》第六卷第一期，第2页）

因此古建筑的保护修缮，应该遵循特殊的原则。1929年日本关野贞博士在万国工业会议上发表了题为《日本古代建筑之保存》的论文，简述了日本修葺古建筑时的五个做法。中国营造学社认为论文内容与中国需要非常吻合，遂请人翻译刊载在《中国营造学社汇刊》上。刘敦桢先生为这篇论文加了跋语，其中说"延聘专家，详定修理方针，以不失原状为第一要义"。（《中国营造学社汇刊》第三卷第二期，第119页）"不失原状"后来发展成中国"不可移动文物"保护的一条根本原则，这里，1932年，是它第一次出现。它既是对日本专家实践的归纳，也是对营造学社早期探索的思考与感悟。

当时由营造学社设计的古建筑修缮工程，都贯彻了这个原则。"惟按修理旧建筑物之原则，在美术方面，应以保存原有外观为第一要义。在结构方面，当求不损伤修理范围外之部分，以免引起意外危险，尤以木造建筑物最须注意此点。"（梁思成《故宫文渊阁楼面修理计划》，《中国营造学社汇刊》第三卷第四期，第84页）"修理古物之原则，在美术上，以保存原有外观为第一要义。"（梁思成、刘敦桢《修理故宫景山万春亭计划》，《中国营造学社汇刊》第五卷第一期，第88页）

营造学社的实践，还形成了中国古建筑保护修缮的工作程序，即首先要进行调查和研究，包括对建筑历史、建筑结构特征、适用的工程技术的研究，之后才可以进行以延长古建筑寿命为目标的设计。梁思成先生在调查蓟县独乐寺之后，就是先做它的历史研究，然后通过绘制建筑的原状图，把它与唐、宋、明、清建筑的构造进行对比分析，来研究它的时代特征。梁先生体会："在设计以前须知道这座建筑物的年代，须知道这年代间建筑物的特征；对于这建筑物，如见其有损毁处，须知其原因及其补救方法；须尽我们的理智，应用到这座建筑物本身上去，以求构物寿命最大限度的延长。"（梁思成《曲阜孔庙之建筑及其修葺计划》，《中国营造学社汇刊》第三卷第一期，第2页）

当时欧洲在文物古迹保护方面远远地走在世界前列，梁思成先生关注他们的经验。当古建筑损坏时，有修理和复原两种方案可供选择。修理，即修补那些坏掉的部分。复原，则是推测建筑曾经有过的样子，把现存建筑恢复到原来的样子。在欧洲，复原是否合法，是长期争论而未做结论的问题。对此，梁先生主张，"以保存现状为保存古建筑之最良方法，复原部分，非有绝对把握，不宜轻易施行"。（梁思成《蓟县独乐寺观音阁山门考》，《中国营造学社汇刊》第三卷第二期，第89页）

营造学社的成果，后来得到全面的继承。文物保护事业，发展成国家主导的宏大事业。1961年3月，中华人民共和国国务院颁发《文物保护管理暂行条例》，规定了文物具有历史、艺术、科学价值；确立了国家分级公布文物保护单位的制度，规定纪念建筑、古建筑、石窟寺等在进行修缮、保养的时候，必须严格遵守恢复原状或保存现状的原则；文物保护单位的使用单位要遵守不改变文物原状的原则。1982年11月，全国人民代表大会常务委员会通过了《中华人民共和国文物保护法》（以下简称《文物保护法》），其中规定"对不可移动文物进行修缮、保养、迁移，必须遵守不改变文物原状的原则"，时至今日，这仍旧是中国文物建筑保护维修工作遵循的第一原则。

故宫是营造学社研究古建筑的起点，故宫博物院也始终把古建筑维修工作作为重点工作，它的历程一直与我国对古建筑保护的探索同步。故宫博物院应该为我国古建筑保护，特别是明清官式建筑的保护，做出自己的贡献。

中国加入《保护世界文化和自然遗产公约》

《保护世界文化和自然遗产公约》（以下简称《世界遗产公约》）是1972年11月由联合国教科文组织大会通过的。发起公约的原因，是大家认识到分布在各个国家的文化和自然遗产，一旦遭受破坏甚至消失，都将造成全世界遗产枯竭的恶果。而这些遗产正在因为社会和经济条件的急剧改变，保存情况恶化，亟须加以特殊的保护。公约的理论和政治基础是基于保护人类文化的多样性，它是促进现代人类社会和平相处的基石。保护世界遗产是联合国教科文组织最成功的政策，《世界遗产公约》的缔约国家和地区2019年已经达到193个。1985年11月，全国人民代表大会常务委员会批准了这一公约，我国成为缔约成员。

为了落实《世界遗产公约》，联合国教科文组织组建了世界遗产中心，并规定国际古迹遗址理事会（ICOMOS）、国际文物保护与修复研究中心（ICCROM）和世界自然保护联盟（IUCN）三个国际专业组织为它的专家咨询机构。这三个咨询机构都有定期召开国际科学研讨会的制度，不断就文物古迹保护从理论和技术标准方面推出新的成果。世界遗产中心通过及时调整《实施世界遗产公约的操作指南》（以下简称《实施公约操作指南》）来反映和推广最新成果。这套制度使世界遗产事业保持了先进性、开放性和世界普适性。

《世界遗产公约》设立了"世界遗产名录"制度。缔约成员需要预先报告"预备名单"，对其中每一项遗产在世界范围内所具有的"突出的普遍价值"做出说明，并且要声明这些价值"具有真实性和完整性"。世界遗产中心每年要派遣咨询机构的专家评估申报的项目，最后在大会上表决。1987年，明清北京故宫、秦始皇陵、莫高窟等6个项目列入《世界遗产名录》。中国加入《世界遗产公约》以来，世界遗产中心和三个机构对"价值""真实性""完整性"的标准和内涵始终不断地进行研究、修订和完善，成为文物古迹保护的"核心价值观"，深刻地影响着中国的古建筑保护维修，故宫古建筑的保护维修也逐渐进入一个新的阶段。

中国作为缔约成员，要保护好自己境内的世界遗产，学习和把握联合国教科文组织世界遗产中心和它的咨询机构发布的专业文件，也要及时总结本国经验，作为文化遗产保护和多样文化保护的实例，发布到国际上，与国际社会共享。1993年，中国组建了中国古迹遗址保护协会（ICOMOS CHINA，以下简称"保护协会"）。它是一个全国性的社团组织，也具有国际古迹遗址理事会的国家委员会性质。2000年，"保护协会"发布了《中国文物古迹保护准则》（以下简称《保护准则》）。《保护准则》总结了中国近代以来保护文物古迹的经验，同时吸收了《关于古迹遗址保护与修复的国际宪章（威尼斯宪章）》等的成熟理念，对中国《文物保护法》中不可移动文物的价值观和保护原则做了具体的定义和阐释，成为指导中国文物建筑保护修缮的第一部"行规"。

故宫整体维修启动

从清代末期直到20世纪末，由于受到社会动荡的影响和经济条件的制约，紫禁城没有机会得到足够的维护，很多问题积累下来。开辟为博物馆以来，又产生了一些需要解决的新问题。故宫博物院认真归纳了这些问题，积极向上级领导机关反映。

2001年11月19日，时任中共中央政治局常委、国务院副总理李岚清同志视察故宫博物院，在故宫主持会议，做了长篇讲话，要求做好故宫古建筑维修保护、做好故宫古建筑和文物的合理利用、加强故宫古建筑和文物的科学管理、抓紧解决占用故宫场地等问题。他指出这次维修是一次"整体维修"，要讲保护为主，要讲不改变文物原状，要讲尽量按传统工艺的要求。把古建筑改头换面是不对的，弄得面目全非更是错误的，但是蓬头垢面也是不行的，要努力使维修后的故宫重现康乾盛世的风貌。会后国务院办公厅下发了《关于研究故宫古建筑维修和文物保护有关问题的会议纪要》，故宫维修工程就此确定下来。这次维修持续时间长，投资规模大，涉及范围广，消息公布，举世瞩目。当时有一个说法，说它是1911年以来最大的一次维修，所以有媒体称之为"百年大修"。

任务确定之后，文化部、财政部、国家发展和改革委员会、国家文物局做了大量协调工作，落实了工程必需的保障条件。文化部和故宫博物院成立了部、院两级领导小组，文化部由时任部长孙家正任组长，负责沟通协调、监督、检查；故宫博物院由时任院长郑欣淼任组长，负责全面实施。故宫博物院聘请文物、博物、考古、建筑、规划等专业36位德高望重的专家学者，组成修缮工程专家咨询委员会，对维修中重大问题的决策提供咨询。2002至2003年的两年时间是这次大修的筹备阶段，故宫博物院主要做了故宫现状调查研究、制订故宫保护总体规划和进行试点工程等三方面的事情。

对故宫建筑现状进行全面的调查研究

《保护准则》把"保护必须按程序进行"和"研究应当贯穿在保护工作全过程"作为现代保护工作的两个总则。《保护准则》认为，文物调查应是所有保护工作的第一步。"文物古迹的不可再生性，决定了对它干预的任何一个错误，都是不可挽回的。前一步工作失误，必然给后一步造成损害，直至危害全部工作，因此必须分步骤按程序进行工作，使前一步正确的工作结果成为后一步工作的基础。"（《关于〈中国文物古迹保护准则〉若干重要问题的阐述》）

故宫博物院为全面调查研究制订了计划，列出一个长长的清单。有些项目不仅为当时的维修提供了成果，也为后续的研究工作打下基础。

第一，对文献和档案进行整理汇集。1.故宫博物院与中国第一历史档案馆合作整理清代内务府的"奏案"和"奏销档",这两种档案总数约11.5万件,其中包含大量宫廷建筑修建沿革的第一手史料。汇集、初步整理和数字化工作于2004年6月完成。2. 由中国紫禁城学会主持查阅整理古代文献,即古代出版或传抄的官、私文书,如明清各朝《实录》、明清七种《会典》等,也包括明清档案,摘录、影印其中有关建筑的史料。史料浩如烟海,工作繁复,搜集工作持续了七年。从2013年开始,编辑为《明代宫廷建筑大事史料长编》《清代宫廷建筑大事史料长编》两部书,陆续出版。3. 故宫博物院自成立以来积累的建筑维修、保护档案、图纸的整理。这个工作成为故宫博物院古建筑数据库建立的开端。

第二,对建筑的现状进行勘查与测绘。1. 故宫总平面图的修测。故宫博物院以前测绘过千分之一和五百分之一两种总平面图,但是时间已经近30年,一些情况有变化,特别是地面标高必须核对准确。2. 对故宫各座建筑进行现状勘查和测绘,形成现状图。在开展古建筑保护工程之前进行现状图的测绘是中国几十年来形成的成熟做法,同时秉承"整体维修"的理念,这一次勘查与测绘特别注意了对遗产构成要素的全面勘查记录。故宫博物院委托了清华大学建筑学院、中国文物研究所(今中国文化遗产研究院)、北京市古代建筑研究所、北京中兴公司等机构,与故宫博物院古建部,分别进行了午门、三大殿院落周围门庑、后三宫院落周围门庑、钦安殿、慈宁宫、寿康宫、景仁宫、永和宫等建筑的勘查。故宫博物院古建部、信息资料中心和北京建工学院(今北京建筑大学)合作进行利用三维激光扫描技术测绘太和殿的研究。3. 与意大利文化遗产部合作,对太和殿三台、宝座、殿内墙壁进行勘查,研究实施现代科技保护。4. 委托中国林业科学院木材研究所对故宫建筑木构件的树种、物理力学性能和保存现状进行鉴定。现在已经建成了我国第一个专为古建筑群设立的数据库。5. 故宫博物院信息资料中心用现代摄影技术记录古建筑内、外檐彩画以及木柱、红墙涂料的色标。6. 对文物库房中收藏的古建筑内檐装修、匾联、"贴落"等进行调研。7. 对故宫四座花园和其他庭园的花木品种和意境设计进行调研。

第三，对故宫和故宫博物院的基础设施情况进行调研。1.故宫水系和排水系统的设置和现状勘查。2.故宫古代采暖、遮阳、消防等设施的位置、保存状况。3.故宫博物院历年添设的近代基础设施的配置状况。

第四，对故宫建筑的材料和工艺技术进行调研。专门成立了古建筑科技保护小组，由故宫博物院文保科技部、古建部专业人员组成，基本是以科研课题的形式，联合有关科研机构共同进行。1.琉璃瓦脱釉机理及重新挂釉工艺的研究。2.普查古建筑石质构件的物理化学性能及保存状况，对保护途径、材料、工艺进行研究，筛选国内外适用的保护材料。3.研究古建筑彩画老化和残损的机理，提出现代彩画保护的途径、材料和工艺。4.大气与故宫小环境下的文物保存条件监测与研究。5.组织游客调查，为合理安排容量和流向提供数据。

筹备阶段大规模的调研还有很多内容，今天看来有些内容只是"细节"，但是现代保护要求我们必须尽可能详尽地了解和记录所有的细节，它们是构成文物价值和真实性的重要因素。

制订《故宫保护总体规划大纲（2002—2020）》

当时，为全国重点文物保护单位制订保护规划还是新事物，为故宫这样的世界文化遗产制订保护规划更带有开创性。早在国务院现场办公会召开之前，故宫博物院就开展了一些调研工作，重点在于说明故宫维修工程的必要性。会议之后，又组织院内有关部门，按照展览展陈和古建筑保护维修两个重点，分为2005年、2008年、2020年三个时间段，制订规划。但是这些规划更接近传统的工作计划，不能满足故宫整体维修保护的需要。

2003年9月，故宫博物院决定邀请中国建筑设计研究院建筑历史研究所共同制订总体规划，他们已经完成了好几项中国大遗址保护规划，为制订文物保护单位的保护规划积累了经验。由于制订一部完整的规划需要较长的时间，而整体维修工程又需要尽早开始，所以决定暂时编制到大纲阶段，等上级领导部门批准以后再继续完成。规划的年限，确定为到2020年完成本轮规划规定的各项任务。

《故宫保护总体规划大纲（2002—2020）》贯彻了《保护准则》所倡导的，以调查研究为基础，以文物价值评估为导向，以真实、完整保护文物价值为目标的规划思想。2004年3月，文化部组织故宫修缮工程专家咨询委员会对大纲初稿进行了论证，修改后进一步征求国务院有关部委的意见，最后国务院办公厅要求由国家文物局履行审查批复程序。规划的篇幅较大，这里只能介绍它的逻辑和几个要点。

这一次故宫维修的特点是贯彻完整保护的思想，进行整体维修，是一个极其复杂、综合性非常强的任务，必须要有全局性的掌控，通盘考虑复杂事物中的因果。所以总体规划是纲领性文件，是制订工作计划、安排具体任务的依据。编制故宫保护总体规划的逻辑思路，第一步，尽可能全面地调查；第二步，对故宫的世界文化遗产价值、文物价值进行准确评估；第三步，对现状调查结果分类进行专业评估，做出评估结论；第四步，针对评估结论中归纳的问题，提出解决的基本对策；第五步，提出保护目标与方针，规划具体的保护措施。

要点之一，通过对故宫和故宫博物院的价值评估，为故宫与故宫博物院准确定位。

故宫是我国古代宫城发展史上现存的唯一实例和最高典范，也是世界上现存规模最大、保存最完整的古代宫殿建筑群。故宫是民族文化的重要载体和历史缩影，是中国封建社会后期明清两代的政治中心、封建权力的中枢所在地。

故宫是我国具有世界影响的、历史信息含量最丰富的重大文化遗产之一。遗存内容以建筑群为主，历史文化内涵涉及建筑、园林、历史、地理、文献、文物、考古、美学、宗教、民族、礼俗等诸多学科与门类。故宫收藏文物绝大多数是清宫旧藏，包括了古代艺术品的所有门类，具有级别、品类、数量的优势，是中国皇家收藏传统的延续和仅存硕果。不可移动文物和馆藏文物共同构成故宫突出的历史、艺术、科学与文献价值。今天的故宫是我国重要的爱国主义教育基地，是具有世界影响的中国历史文化的重要传播场所，也是历史文化名城北京的核心所在。

故宫博物院是我国最大的、就封建王朝的皇宫建立的博物院，是中国人民民主革命和新文化建设的重大成果，自身也具有近百年历史。故宫博物院是优质的国有资产。为保护展示故宫及其馆藏文物，几代人付出了不懈的努力和巨大的心血。

保护规划需要妥善解决的最根本问题，是如何在保护故宫的前提下，使故宫博物院事业在新的历史时期得到进一步发展。不能把保护故宫和故宫博物院事业发展对立起来，而是需要找到对文化遗产长久保存和科学展示的结合点。

要点之二，以"是否有利于遗产价值的真实、完整保存延续为标准"，对构成故宫现状的所有因素进行评估，做出结论。

对故宫的现状分了六个类别进行评估。一是总体现状，评估故宫历史格局和空间分区。二是不可移动文物现状，细分建造物、露天陈设、宫廷园林、古树名木四小类。三是环境现状，包括景观与大气环境。四是管理现状，包括现行保护区划、管理规章、安防、资料档案、科技保护、学术研究与宣传等五小类。五是利用现状，即故宫博物院的功能分区和开放状况。六是基础设施，包括安防、市政与交通等。

为了尽可能全面、完整地掌握这六大类现状，规划组采取了现场踏查、档案查询等方式收集信息，特别是多次召集故宫博物院的专家和老职工们座谈，他们的意见和建议，饱含了自己的长期经验和思考，对规划工作帮助很大。评估时首先对每一类的现状都做了描述，对占地空间、建筑物、露天陈设等进行了数量统计，然后分析它们的现状，做出评估结论，最后归纳成故宫现存的主要问题。

在遗产保护方面：1.文物建筑利用功能不当是遗产保护面临的最突出问

题。2. 现有保护区划过小，不符合遗产保护的完整性要求。3. 外单位在故宫内占用大量文物建筑并新建建筑，明显破坏了故宫整体布局。4. 部分展室改造工程"改变文物现状"的现象突出，不符合遗产保护真实性要求。5. 自然力造成的损伤普遍存在，不开放地段尤为严重。6. 中国传统的建造与修缮技术工艺及材料制作亟待抢救继承。7. 局部绿化景观存在明显现代城市园林倾向。8. 不可移动文化遗产的科技保护工作亟待加强。9. 安全防范与基础设施系统需更新、改造、完善。10. 遗产建档与实现资源全民共享工作尚需全面规范与完善。

遗产利用方面：1. 对文化遗产认识不足，对遗产管理机构定位不适当，导致了遗产利用功能不尽合理，对遗产保护和管理均造成明显问题。2. 遗产展示未能充分揭示故宫历史文化遗产的内涵与价值。包括文物建筑展陈规模不足，展陈题材有待扩展，展示手段亟需丰富，展示环境尚需提升至先进水平。

遗产管理方面：1. 管理机构尚需进一步突出和加强对文物建筑的管理职能和研究职能。2. 有关不可移动文化遗产科技保护、宫廷史研究、中国传统建造工艺等方面的人才紧缺，亟待培养、传承，需要制订课题计划或培养计划和实施保障。3. 游客容量缺乏控制与调整，游客量起伏波动过大，对遗产保护与展陈效果造成明显破坏。4. 有关遗产管理的各类规章制度尚需进一步修订、完善。5. 有关遗产的学术研究和宣传传播工作力度不足。

要点之三，根据真实、完整地保护和延续文化遗产价值的原则，统筹故宫博物院保护、开放与管理三大职能，提出9项对策，解决评估结论提出的17个问题。

1. 注重遗产历史格局的完整性，谋求遗产保护的总体策略和前瞻性、可操作性。2. 强调故宫的整体布局，迁出与故宫无关的机构、单位。3. 以相对集中、合理布局的对策，全面调整文物建筑的利用功能，形成新功能片区，实现合理利用、加强管理的工作目标。4. 限定故宫保护管理机构规模，清理、腾迁不合理使用的文物建筑，妥善安排腾迁部门。5. 以拓展开放、促进保护的对策，扩大开放总体规模、实施分片轮展等方式，促进文物建筑日常维护工作，有效改善文物建筑的延续性。6. 以展存结合的对策，强调采用原状陈列和原状式陈列方式，突出宫廷文化展示主题，寻求故宫不可移动与可移动文化遗产的有效保护与优质展示，全面扩大遗产的文化传播影响，提升社会效益。7. 以划定文物等级来规定文物建筑开放强度和利用功能，以细化工程类别来区分保护措施性质，强调保护工程"不改变文物原状"的原则，采取有利于保护和合理利用的技术措施，实现保存的真实性和保护的有效性。8. 加强安全防范、应急预警与监测管理措施，提升遗产安全保障能力。9. 加强遗产建档、学术研究和人才培养，全面发掘和保存遗产的历史信息资料与价值。

要点之四，把对策具体化为保护与管理措施，确定本轮规划的目标是"实现故宫完整保护，再现庄严、肃穆、辉煌的盛世风貌，充分展示历史文化价值与内涵"。

对于"盛世风貌"，社会上有些疑虑。其实我们是从保存和延续故宫价值出发提出目标的，有这样几层考虑。从历史真实性层面，故宫建成600年来，始终没有停止面貌的更动，一直在修复天灾人祸造成的大破坏和自然力造成的损伤。紫禁城最后基本定型是在乾隆改建宁寿宫以后，那时正值清代国力强盛时期，形成的紫禁城基本审美特征，是庄严、肃穆、辉煌。而清王朝末期及至被推翻以后，甚至溥仪被驱逐的时候，紫禁城是凄凉破败的。这两种状态都是曾经的历史真实。既然我们认为故宫是中华民族文化的载体和象征，那么经过我们维修后的故宫就应该反映那种盛世风貌，绝不能是陈旧凄凉的。从工程技术的层面，清代康雍乾时期中国官式建筑发展形成新的高潮，达到新的高度。我们维修所使用的建筑材料和工艺技术，也必须提出最高的要求，做到"工精料实"，绝不允许敷衍了事。从工程管理的层面，雍正末期颁布工部《工程做法》，强调标准化，工程质量和造价管理非常严格。档案记载，在工程中使用了多少金砖，皇帝都是亲自过数的。我们维修世界遗产，既是对中华民族文化遗产的保护，也是履行对国际社会的承诺，所以我们的管理也必须更为严密与科学。

那么"盛世风貌"是否意味着"金碧辉煌"呢？这是两种概念的混淆。

庄严、肃穆、辉煌是一种性格，金碧辉煌是一种观感，我们追求的是前者。维修后的建筑会不会太"新"，的确是比较普遍的疑问，在很多人的印象里，文物保护的原则是"整旧如旧"。我们在上节已经说明，"不改变文物原状"才是文物保护的原则，整旧如旧只是一种比较通俗的说法，而这里的"旧"并不等同于"陈旧"。文物保护界的元老罗哲文先生曾经用另一种通俗的语言解释"不改变原状"的原则，就是保存原来的建筑形制，保存原来的建筑结构，保存原来的建筑材料和保存原来的建筑技术。这"四原"就是"旧"的真实含义。但是即便做到了，建筑物还是会发生"外观变新"的可能。20世纪60至80年代，类似讨论也非常热烈，莫衷一是。《保护准则》认为，"<u>修缮不允许以追求新鲜华丽为目的，重作装饰彩绘；对于时代特征鲜明、式样珍稀的彩画，只能做防护处理</u>"，提出了从实践出发的方案。

其实我们已经知道，中国木结构建筑都是用砖、石、木、瓦、灰泥建造的，外表面还有油漆彩画和涂料。这些材料的耐久程度存在巨大差别，在自然条件下，从新到旧有着不同的周期。因此同一座建筑的外观也经常是有新有旧。即便同是周期很短的油漆与彩画，由于彩画处于屋檐下，受紫外线的影响要小于木柱，所以木柱油漆的更新比彩画更频繁，故宫人称为"新裤旧袄"的现象是经常发生的。因此建筑遗产价值是否得到真实的延续，与单纯观察外观的新旧并没有必然联系。

要点之五，本轮规划的"保护工程"，包括五大任务：

1. 保护故宫整体布局，彻底整治故宫内外环境。故宫的整体布局构成遗产价值的重要部分，但是有一些外单位占用着故宫古建筑。"文化大革命"后期在西华门南北两侧盖了五栋大楼，俗称屏风楼，严重破坏了故宫景观。规划要求占用单位腾退古建筑，大楼进行拆除整治（图一）。

2. 保护故宫的文物建筑。在20世纪的百年里，对故宫建筑的维护总体上财力投入不足，建筑受自然力影响老化日趋严重。琉璃瓦脱釉污染现象普遍，一些琉璃构件破碎。外檐彩画约55%在1924年以后重绘，现在普遍老化，有一些严重破损。一些大木结构存在隐患。石质构件数量巨大，仅石栏杆就

图一 ◆ 西华门"屏风楼"

图二 ◆ 年久失修的寿康宫

有 6000 米。它们普遍风化，个别非常严重。一些不开放区域建筑年久失修（图二）。故宫个别建筑遭到人为破坏，"文革"中故宫慈宁宫大佛堂文物被借给洛阳白马寺，不仅文物被运走，连建筑彩画都被破坏（图三）。利用奉先殿做《收租院》泥塑展厅，对建筑进行改造，具有唯一性的龛位被拆除。

故宫建筑的保护工程要做到"祛病延年",修复这些损伤和破坏,使建筑整体恢复健康状态,从此进入良性循环的轨道。

3. 系统改善和配置基础设施。故宫的给水、暖气、电力、消防、安防、通信等基础设施大部分是博物院成立以来陆续添加的,缺乏统一规划,一些设备落后,威胁建筑安全,一些露天管线影响历史环境(图四)。这次工程要做到合理规划,提升水平,管道入地,恢复古建筑景观。

4. 合理安排文物建筑利用功能。从皇宫改为博物院,原来建筑的功能必然有所改变。目前古建筑的功能安排不尽合理,展陈、库藏、服务、管理等各类功能的配置和规模需要科学调整,合理布局,形成相对集中的开放区和非开放区,扩大开放面积,用合理开放促进保护。

5. 提高展陈的艺术品位,改善文物展陈及保存环境。受到客观条件限制,故宫博物院的展室设备落后,手段陈旧。利用古建筑当作文物库房的,不符合保管珍贵文物的条件。这些问题也要统筹在工程项目中进行安排(图五)。

总体规划是一个长期规划,以2008年北京奥运会为一个时间节点,以前的维修任务规定较实,以后的有一定的调整空间,但是规划所遵循的文化遗产价值观的导向原则、归纳的问题、提出的对策和规划目标,则是本轮规划期内需要不懈追求的。

图三 ◆ 被拆掉佛台佛龛的慈宁宫大佛堂

图四 ◆ 露天的采暖管

图五 ◆ 体仁阁二层原文物库房

故宫整体维修工程实例

整体维修是如此复杂,协调好五大工程任务之间的关系十分要紧,而且国务院要求要边开放、边维修,要保证工地和观众的安全。所以规划制订的工程方针是:"兼顾维修与开放、保护与展示、地面建筑与基础设施,统筹安排,协调开展。"故宫博物院职工上下一心,认识到这次维修是国家大事、历史重托,怀着庄严的使命感,投身到大修工程中。

总体进展情况

试点工程武英殿于 2002 年 10 月 15 日举行了开工仪式。武英殿占地 1.2 万平方米,共有建筑六十余间,6575 平方米。其中浴德堂故事多,特别受到关注。清代同治、光绪朝两次失火修复,1914 年成为古物陈列所的展室,20 世纪 80 年代开始成为中国文物交流中心办公室。根据勘查,武英殿前殿木结构腐朽严重,需要重点修缮,其余殿堂是现状维修。这里远离开放区,施工不受开放影响。试点的意义,除了对工程目标、技术措施进行检验以外,也包括检验管理和监督机制是否顺畅有效的考虑。

试点工程还包括宁寿宫花园倦勤斋的内檐装修保护。2001 年 8 月开始,美国世界建筑文物保护基金会(WMF)决定与故宫博物院合作进行内檐装修保护。用一年多的时间进行了深入的研究工作,2003 年 3 月 20 日,双方正式签署合作协议。基金会不仅负责筹措资金,而且在世界范围广泛聘请科学家和修复技术专家,深度参与研究和修复工作。对内檐装修进行全面的研究和保护,在故宫博物院是第一次。

2004 年 6 月 4 日,故宫外朝与内廷中轴线西侧门庑举行维修工程开工仪

式,标志着"整体维修工程"开始实施。截至 2020 年,逐步完成了下列工作:

占用故宫场地的问题有很大突破:在国家文物局的协调支持下,原来占用武英殿、宝蕴楼、午门东雁翅楼的国家博物馆彻底腾迁,而且按照文化部要求,国家博物馆在新馆扩建完成之后,将端门移交故宫博物院管理开放。在国务院的协调下,解放军某部从占用了半个世纪的大高玄殿腾迁,交还故宫博物院维修后管理开放。在北京市和西城区政府的支持下,占用稽查内务府御史衙门的居民进行了搬迁。占用西华门北屏风楼的中国第一历史档案馆计划迁建,已经得到国家发展改革委批准立项,国家发展改革委要求,中国第一历史档案馆迁出后,旧馆应该拆除,尽快恢复明清故宫历史原貌。"完整故宫",任重道远。

已经完成了以下建筑的维修:

城池部分,午门、东华门、神武门、部分城墙。

外朝部分,除中和殿、保和殿、文渊阁、箭亭以外的全部建筑。

内廷中路,周庑与各侧门、钦安殿。

内廷东路,毓庆宫。

内廷西路,养心殿(正在进行中)、中正殿、长春宫、延庆殿、建福宫。

外东路,宁寿宫花园、景福宫(仍在进行中)。

外西路,慈宁宫、慈宁花园、寿康宫、英华殿。

内廷服务机构与衙署:宝蕴楼。内金水河西岸文物科技保护修复室与办公室建设。武英殿南大库维修与复建。

展陈条件得到根本改善,开放面积快速扩大。大修前,故宫博物院开放院落占故宫全部院落的 1/3,开放古建筑占全部建筑的 1/4。到 2015 年统计,开放区域占全院的 65%,以开放促进保护的对策十分成功。

基础设施的设置改造正在实施中。

午门正楼维修和展厅建设

  午门正楼是一座重檐庑殿屋顶的建筑，面阔九间，规模仅次于太和殿。文献记载，明代嘉靖三十七年（1558）火灾后重建，清代顺治四年（1647）重建。它的构造还较清楚地延续了宋代规定的"殿堂"式大木的格式，在金柱和中柱组合的柱网顶上，用一层斗栱层承重，屋顶的梁架都支在斗栱之上。特殊的是，屋顶上的五架梁与正楼金柱并不对位，这样屋顶就可以使用较短的檩。另外大木构件使用了很多拼接的旧料，说明清代重建时明代午门并未遭到毁灭性灾害。

  1962年故宫博物院对五架梁进行过加固，这次维修前勘查，发现午门大木结构牢固稳定，屋顶也没有漏雨迹象，所以工程性质定为保养性现状维修。具体项目包括屋顶的查补和捉节夹垄，外檐彩画按照清代中期的格式复原，内檐彩画进行清洗加固。制订维修计划的重点，是决定把午门作为展厅来布置开放。那么什么类型的展厅才合适呢？

  故宫博物院在皇家宫殿原址建立，展览内容包括古建筑、皇家收藏，也包括宫廷史迹。有一类宫廷史迹是古建筑群的某个局部，如御花园、慈宁宫花园等，再一类是由一座古建筑内部的内檐装修、家具、匾联、陈设、收藏构成，它是宫廷文化的活标本，称为"原状陈列"。它是故宫博物院独具特色的展览，在20世纪60年代已经形成了模式与理论。故宫博物院老专家朱家溍先生策展的坤宁宫原状陈列早已是范本，它生动地展示了清朝皇家"祭神"和"大婚"两种场景，场景中出现的每一件文物都是经过考证的，无论时间与空间，都有严格的依据（图六、图七）。

  显然，室内原状陈列的条件严苛，把故宫博物院的古建筑都做成原状陈列的愿望是不现实的，于是我们提出还可以进行"原状式陈列"。即在基本保持殿堂原状的基础上，增加一些文物的展出，如宁寿宫，就是作为珍宝馆布置的。它的内檐装修等都保持了原状，但是年代上，有些部分是乾

图六 ◆ 坤宁宫祭神原状陈列

图七 ◆ 坤宁宫东暖阁大婚原状陈列

图八 ◆ 宁寿宫乐寿堂，原状式陈列的珍宝馆

隆时期原状，有些是慈禧时期原状，而且陈列的文物并非都是宁寿宫的旧藏（图八）。

故宫博物院的第三类展览是利用古建筑做展室进行文物陈列，这些文物与所在古建筑原本没有关系。这就是一些专馆，如古书画馆、古陶瓷馆、青铜器馆、雕塑馆等。以前这类展馆大部分进行过改建，室内原状已经不存在了。

那么，故宫哪些建筑适合安排哪类功能，能否开放及如何确定开放强度，需要一个判断标准。总体规划评估了故宫每座建筑的文物价值、所处位置和历史功能，把它们分成四类：一类：与明清政治、历史事件、典章制度、历史人物、宫廷生活密切相关；建筑位置和级别重要、建筑形制和内外装修具有典型性和代表性；或建筑类型具有独特性。二类：与明清典章制度、宫廷生活有关；与一类建筑一起构成完整格局；或有一定典型性和代表性。三类：明清宫廷中不具备独特性的附属服务性用房，建筑级别低下，内部装修陈设无存。四类：1911年以后至故宫博物院初创时期添建和改建的近代建筑，与古建筑环境不抵牾或有一定纪念意义。依此标准，一类建筑尽可能安排原状陈列或原状式陈列，二类建筑可以用作文物展厅。

午门正楼虽然属于一类建筑，但是，1917年国立历史博物馆进驻，1918年决定把城楼和两翼亭楼辟为陈列室，1924年开放。所以午门城楼的宫廷史迹早已经消失，这次大修以后，继续它的展厅功能也是一种合理利用。午门正楼前后有廊，有利于观众流动。室内面积约1153平方米，在故宫博物院已经是不可多得的大面积。室内从地面到天花有13米多，空间高敞。这些条件让我们决定在正楼内部空间里建造一个现代化展厅。

清华大学建筑学院和其他院系、北京威斯顿建筑设计公司承担了展厅设计和城台长期监测的任务。展厅的设计制订了这样几条原则：1.可逆性，展厅与所有设备是一个独立体系，与古建筑之间进行"柔性"连接，必要时可拆除而不对古建筑有任何影响。2.不能对古建筑产生不良影响。它的重量控制在科学评估给出的范围内。展厅内的空气与古建筑不发生交流，不改变古建筑的大气环境。不遮挡古建筑，用透明玻璃做围护材料，观众在欣赏文物展品的同时可以感受到古建筑的环境。3.淡化展厅结构的存在感，采用简洁的风格。4.创造适宜温湿度环境，满足文物展品的安全需要，也给观众提供宜人的观展环境。展厅选用轻钢材料做框架，每根钢柱下设可调基座，既与金砖地面隔离，又可使展厅全部重量均匀地分布。展厅的空调设备都放在正楼的两个尽间，所有通风电器等管线，都隐藏在展厅地板与原来的室内地面形成的夹层中（图九、图一〇）。

2005年4月21日，中、法两国总理登临午门城楼，为"法国凡尔赛宫珍品特展"剪彩，午门展厅正式启用。展厅效果完全达到了设计预期。联合国教科文组织亚太文化遗产保护奖特设了"2005评审团创新奖"，颁发给午门展厅（图一一）。评审团评价说："在文物建筑故宫午门内建造现代展厅，使传统建筑空间满足现代国际展览标准，是技术和设计创新典范。""工程表明，通过创新可以把文物古建与作为展示珍品空间之间不易调和的状况，转变为互相映衬的双赢局面，可作为解决其他类似问题的典范。"

图九 ◆ 午门展厅　　　　　　　　图一〇 ◆ 从展厅内欣赏午门彩画

这次大修以来，凡是开辟为文物展厅的古建筑内部，都新增了附加地板，一来保护金砖或方砖地面，二来将电线等隐蔽在地板之下，避免了在古建筑的墙上安装现代设备，只是由于空间容量的限制，不可能都附加展厅。十几年来，这个展厅设置的方案对于保护古建筑，提升古建筑展示水平，都起到了重要的作用（图一二）。2015 年，午门雁翅楼整修之后辟为展厅，午门三大展厅总面积达到 2800 平方米，是故宫博物院最大、最现代的展厅。

钦安殿维修

钦安殿处于御花园中心位置，明清两代使用率都很高，室内还是宫廷史迹原状，摆满了神龛、神像和供案、供器。钦安殿的结构非常独特。第一，它的面阔，在檐柱是五间，在金柱位置变成了三间，连接金柱的大额枋长达 13 米，尺度超长，做法罕见。第二，它的重檐盝顶在故宫中是唯一的一例。

图一一 ◆ 颁奖典礼合影

图片说明：右一为清华大学原副校长王明旨，右二为国家文物局原副局长董保华，左四为联合国教科文组织亚太地区办事处文化专员恩格哈特，左三为展厅设计者建筑师郎红阳，左二为本书作者，左一为清华大学建筑学院原副院长吕舟

图一二 ◆ 武英殿展厅

——249

所谓盝顶，《宫阙制度》解释"三椽，其顶若筒之平"。钦安殿的平梁之上，两端各架一根承椽枋，承椽枋上直接铺排木，两侧到屋檐各铺木椽，形成一个八字，正是"三椽"之制。第三，主要结构材料全部使用楠木，两层梁之间全部使用驼峰承重，构件加工细腻。第四，苫背之上铺一层青铜板瓦。前后坡铜瓦呈八字形，从前檐经屋顶直达后檐，长度很长。第五，盝顶的屋脊是一周围脊，脊之下保留了筒瓦的流水当，称为过垄脊。脊的四角安装合角吻。盝顶正中，安放了一座铜鎏金宝顶，样子像一个花罐，也像一座覆钵式宝塔。钦安殿前檐原来设有披檐，面阔也是五间，进深达 6.62 米，占满了整个月台。但是 20 世纪 80 年代，披檐被拆除。这次维修原定计划是保养性检修，并复原披檐（图一三）。

实施前进一步勘查时，在屋顶排木的上方，故宫专家发现了宝顶内的雷公柱发生糟朽；排木下方，观察到有散落的木屑，引起警觉。于是用手摇木钻深入检查了两根排木，发现它们的内部都已经严重腐烂。继续钻探检查邻近的两根，仍旧如此。事情严重，但是影响到底有多大范围？经过研究，决定从屋面开始继续检查。工人们按照下面腐朽排木的相应位置，揭起来四垄筒瓦和青铜板瓦，这下发现这个部位的排木均已经失去承重能力。这样只能

图一三 ◆ 修缮后的钦安殿

进一步扩大挑顶的范围。最终发现，屋顶的大部分排木均已经不能继续使用了（图一四）。钦安殿也因此把方案修改为挑顶修缮，经文物局批准后实施。工人们选取老楠木对雷公柱实施了"墩接"。用干燥的松木，按照排木原来的尺寸（厚0.27米）替换腐朽排木，中间安装宝顶的部分加厚加宽，增大安全系数（图一五）。

由于要挑顶，屋顶当中的宝顶也必须拆卸下来。宝顶高3.74米，腹部直径1.64米，总重约1吨，是一个庞然大物，在故宫也是孤例。工人们用简单的器械，小心地逐层拆卸。在取下葫芦形的顶盖以后，发现宝顶腹中竟然装满了经卷，这是一个重大的文物发现（图一六、图一七）。现场停工，等到

图一四 ◆ 挑开屋顶局部发现排木已经腐朽，呈木屑状

图一五 ◆ 更换下来的排木

图一六 ◆ 在宝顶中发现经卷

图一七 ◆ 经卷一种

故宫博物院文物管理处派专家取出经卷之后，才继续进行拆卸工作。文物专家整理发现，经卷共 3039 卷，包括九种经，用藏文刻版印刷，年代以乾隆年为主。宝顶中也发现了紫檀、檀香、五谷等纸包，这些物品一般是宫殿正脊合龙时，放在宝匣中的。这些经卷经过整理、记录，留出 75 卷标本另外保管，其余在修缮工程完成后又装回宝顶中。至于当初经卷是什么时候、出于什么考虑放入宝顶，还需要继续研究。

宝顶本身，整体完整，但是局部有裂纹，外表面原有鎏金层已经严重脱落并污染，而内表面已经出现有害锈。所以决定清洗，消除病害，恢复保护层。宝顶原来采用的是鎏金工艺，但是传统的鎏金技术要用大量水银，造成严重污染，特别是会对工人造成不可恢复的永久性伤害，所以不能采用原工艺。古建筑科技保护小组采样分析了污染物，制订了药物清洗、委托专业厂家进行镀金和氟碳材料表面封护，这样三步走的保护方案，经过专家论证后实施。（李玥《钦安殿屋顶维修过程中的疑难问题及化解措施》，《古建园林技术》2014 年第 3 期）（图一八、图一九）

钦安殿得到维修是令人庆幸的，因为它使我们及时发现和处理了古建筑的严重隐患。这个隐患不排除，如果遇到特殊情况，一朝坍塌，那么室内那些珍贵宫廷文物将毁于一旦，永远无可挽回。这说明国务院决定对故宫进行整体维修的决策是正确的和及时的。类似隐蔽部位主要承重构

图一八 ◆ 拆卸下来的鎏金铜宝顶零件

图一九 ◆ 镀金宝顶的安装

件腐朽的情况，武英殿前殿、熙和门等都发生了，这类工程带有抢救的性质。钦安殿维修中，挑顶、木结构修理、重新苫背铺瓦，都使用了传统修缮技术手段。宝顶、琉璃瓦与琉璃构件的保护工作使用了现代科技。

太和殿维修

　　说太和殿维修工程是举世瞩目毫不为过。太和殿是外朝的中心，故宫的核心，中国面积最大的古建筑。它的维修引得亿万人民牵挂，也使得故宫人备感压力。现在回忆，当时很多景象仍历历在目。

　　太和殿维修工作程序的第一步，是采用多手段勘查和多学科合作，取得尽可能全面、翔实的资料。包括历史文献的搜集，传统的徒手测绘，三维激光精细测绘，对台基、宝座和墙壁抹灰层的专题调查，木材树种和保存状况调查。

　　文献搜集方面，《太和殿纪事》一书值得特别关注。现在的故宫太和殿重建于清康熙年间。清工部营缮司郎中江藻，原本只负责监督黑窑厂和琉璃厂，工部尚书要求他掌理司事，于是他得以亲至紫禁城中，"周旋于绳墨尺寸之间，躬逢盛事"，经历了重建工程的全程。他把工程中的有关公文摘录下来，按照工程顺序和工种编辑成九卷，成为这次工程的"实录"。这次重建"遵旨于康熙三十四年二月二十五日起工，三十六年七月十八日完工"。即1695年4月8日至1697年9月3日，工期两年半。重建工程从在三台上刨槽、建造台基开始，拦土墙的填厢不按常规使用夯土，而是用新样城砖满砌，磉墩用临清城砖砌。台基的石材新旧并用。太和殿的规制，属于面阔"九间，东西二边各一间"。书中记录的搭材、木作、陶作、石作和彩绘的名物制度补充了《工程做法》，而且使用的物料，一砖一瓦，都精确到个位数，这在古代历史文献中是非常罕见的，对了解太和殿自身的历史极其可贵。

　　文物建筑勘查与测绘的目的，一是研究和记录它的建筑材料、法式制度和技术手段；二是观察和监测它的保存状况，是否安全、稳定，材料和结构有没有发生改变。勘查测绘的结果是修缮设计的依据。这次有四个小组参加了勘查测绘工作。

第一组是故宫博物院的古建部，进行传统的徒手勘查测绘，所谓徒手，并非赤手空拳，只是说不需要特殊的设备，一般的定位、度量、摄影等手段都是要使用的（图二〇）。它对于观察建筑制度、节点状态和斗栱等细节有不可替代的优势，但是对于一些较大范围、较宏观的状况，比如梁、枋等长构件发生下垂、扭曲等变形的度量、建筑物整体是否歪闪及其程度判断、屋面的曲面形态等数据的取得就相当困难。

第二组是故宫博物院资料信息中心、古建部与北京建筑工程学院（今北京建筑大学）联合课题组，带着"三维激光扫描测量建模技术研究及在故宫古建筑测绘中的应用"的科研目标进行测绘（图二一）。作为当时还比较新的技术，它要攻克天花板以上的数据与地面测量数据的准确整合、测量取得的海量数据的解读、转换成工程图纸等一系列难题。它的优势恰恰可以与传统测绘互补。后来这个课题成果获得了中国测绘学会 2009 年科学技术一

图二〇 ◆ 故宫博物院古建部的专业人员在工作中

等奖。

第三组是中国林业科学院木材研究所对故宫大木构件的树种和保存状况进行勘查研究。

这三个组的勘查，最后形成了《故宫太和殿保护维修工程现状勘查报告》。

勘查报告说，太和殿的规制属于"殿身九间，周围廊，十三檩重檐庑殿"大木制度，比《工程做法》"九檩庑殿大木"高一个等第。有一些技术手法接近明代，如：明间面阔最大，八个次间基本相等，均窄于明间；各间斗栱攒档都大于十一

图二一 ◆ 在太和殿内进行三维激光扫描测绘

斗口等。所有72根木柱均用硬木松，外面分瓣拼攒、包镶杉木。上架大木也只有少量楠木，天花梁、跨空枋、承椽枋、大额枋等均是包镶做法。大殿木材用量折算约5200立方米。屋顶苫背用白麻刀灰，铺瓦用白灰。通脊的空腔里满装木炭。下檐屋面中段，正对上檐滴水的段落，铺6块青铜板瓦，应是预防冬季上层屋檐冰凌冲击的措施。主要梁枋构件因跨度大都有下垂，但其下沉挠度都在力学允许范围内，木构架基本稳定。两山梁架局部构件有明显下沉，梁架外闪，东部更严重。藻井整体下沉。后檐柱多根柱根糟朽，东西两个墙角的四根柱子最为严重。台基须弥座多处开裂，多处石材层状剥落。外檐彩画普遍褪色，内檐彩画基本完好。

第四个工作组在2003年3月组成，名为"中意故宫保护计划技术小组"，意大利派遣了文化遗产部考古局局长、建筑与景观局局长、中央修复研究所所长，故宫博物院有我和古建部、宫廷部、文保科技部的专家。意方也用三

维激光扫描的方法记录和判断太和殿整体状况，结论与中方相同。双方合作的方向主要是就技术保护进行研究、制订切实的保护方案。

第一是三台石质构件的保护，意大利人擅长进行石质文物外表面的清洗，石料开裂、风化的修复和保护，他们有一整套制度值得学习。如果能借鉴他们的技术，延缓三台的风化，将是一件大功德（图二二）。第二是太和殿内木质文物的保护，就是皇帝宝座下的木质须弥座，布满雕刻，罩红漆，局部贴金。现在木材少量开裂，油漆污染变色、开裂剥落，金色被桐油沁染。意大利人用他们的修复和清洗技术进行了修复试验（图二三）。第三是殿内墙壁表层处理。太和殿各次间下碱贴琉璃圭文砖，上身刷包金土色浆，周边拉红白两色粉线，裱糊一周青地片金龙彩画。传统修缮，如果需要，则重新抹灰或修补。意方的做法则十分精细，他们采取回贴的方法，把空臌的抹灰以及起皮的灰浆贴回去（图二四）。意方的工作留给我的突出印象，是他们满怀对太和殿的敬畏，特别重视跨学科合作和对每一种材料进行成分检测。这次合作的结果，是一份长篇的历史与艺术学报告，和上述三个方面的保护方案。

2006年初，故宫博物院古建修缮中心开始在太和殿搭设保护罩棚，同时为了保证观众的安全，在太和殿周围设置了工程围挡，

图二二 ◆ 中意双方进行三台现状的勘查记录

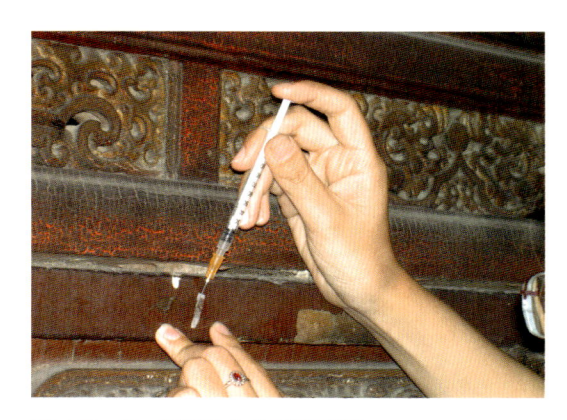

图二三 ◆ 开裂漆皮的回贴试验

图二四 ◆ 内墙抹灰及色浆的保护试验

图二五 ◆ 架子工们正在搭设保护罩棚

图二六 ◆ 从太和殿工地通往开放区外的临时平桥

图二七 ◆ 太和殿保护罩棚全景

不久,在围挡上安设了一个展示太和殿历史和维修方案的图片展,成了导游的新景点。

搭设保护罩棚,是为了在全部保护修缮工程期间都有一个防雨的作业环境,同时也作为施工期间的脚手架和物料运输通道。罩棚顶部需要全封闭,同时在太和殿屋顶施工时又要给工人留下作业空间。罩棚的困难之处在于它的体量太大,而且搭设条件苛刻,必须对三台地面进行严格保护。修缮中心聘请顾永林老工程师为顾问进行设计,最终搭建成前后两坡顶的大罩棚,面阔75米,进深47米,高33米(图二五)。北侧东西两边各设一座提升井架,还创造性地在西北井架附近搭设一座平桥,高11.5米,长84米,通向开放区之外,解决物料运输与观众流的交叉问题(图二六)。整个施工期间,罩棚经受了多场风雨考验。在它南面的无纺布上,喷绘了一幅原大的太和殿南立面图,弥补观众看不到太和殿的遗憾(图二七)。

2006年2月17日,收到北京市文物局关于太和殿修缮工程设计方案的复函以后,开始实施对两山部位大木歪闪、角柱腐朽等重大隐患进行揭露检查。然后有针对性地对木结构进行加固,完成加固后进行屋顶复原。

勘查发现屋顶木结构存在三种大问题:1.西山挑檐檩下垂尺寸已经大大超过规范规定的数值;2.东、西第三次间的童柱顶部朝两个方向开卯口，一个连接顺梁，承托着山面屋顶重量的绝大部分，大约每平方米 1850 千克。一个连接扶桄木。现在顺梁和扶桄木的榫头全都从卯口下沉超过 10 厘米，原有的加固铁箍已经失效（图二八）。3. 支撑藻井的井口爬梁产生通裂缝，藻井下垂 13 厘米。经过力学计算，分析认定西山挑檐檩仍能满足强度要求，历史上对两根扶桄木的加固仍在发挥作用，所以不必处理。顺梁榫头下沉，如果抬升，势必影响到整个屋顶，因此决定维持现状，增加了"龙门枋"式的支顶结构，把原来由榫头承担的重量转移到童柱脚下（图二九）。井口爬梁本身没有腐朽问题，材料可以继续使用，设计增加钢箍加固。（参阅石志敏等《故宫太和殿木构件现状分析及加固方法研究》，《文物保护与考古科学》第 21 卷第 1 期）

图二八 ◆ 顺梁和扶桄木的榫头从童柱头下沉

图二九 ◆ 附加在顺梁下的支顶结构

勘查发现的檐柱糟朽问题，还需要进一步确定糟朽的程度。由于后檐柱在东西两夹室内完全砌在墙里，所以必须拆卸部分墙体。为了尽可能减少拆卸面积，先局部探查，确定非采取加固措施不可后，才按照工程需要，拆卸到所需要的高度。柱子是拼接的，里面用直径 58 厘米的硬木松为芯，外面用 10 块杉木板包镶，最后达到 78 厘米的柱径。实际墩接高度，东北角柱最高，达到 2.19 米。墩接也用松木和杉木两种木材，按照原来的样式做，最后加上不锈钢箍（图三〇、图三一）。

屋面琉璃瓦的拆卸和恢复过程十分复杂。所谓揭露检查，除为了屋顶自身的检修外，也为消减屋面重量，给木结构的深入检查和加固处理创造条件。因为所发现的问题在两山，揭露从两山屋面开始。工程设计方案要求，拆卸下来的琉璃瓦将来都要回到原来的位置上。工人们按照要求，在拆卸前再次核定瓦垄数目，用杖杆标注下来。画成屋面简图，标注了每垄的筒瓦和板瓦的数量、屋脊各部位的长度、脊瓦件的数量。这下发现，前后两坡的瓦垄并不是完全平行，而是上密下疏，工人马上命名为"喇叭档"，这是以前没有掌握的情况。拆卸后的瓦，清理干净后编上位置号码，同时鉴定琉璃瓦的保存状况，进行分类存放（图三二）。

以往故宫古建筑修缮，琉璃瓦损伤严重的就只好更换了。所谓损伤严重，包括破碎和琉璃严重脱落两种情况。这次大修，我们学习了古人的做法，将那些琉璃脱釉严重但是瓦坯完整的瓦，重新回窑挂釉，最终回到屋顶上。这样就有一批过去会被报废的琉璃瓦延续了生命。这是大修初期古建筑科技保护小组的课题，与京西琉璃窑进行了密切的协作，从机理和工艺

图三〇 ◆ 拆卸朽柱的铁箍

图三一 ◆ 墩接松木柱芯

图三二 ◆ 屋顶琉璃瓦拆卸编号

两个方面，保证挂釉的质量。对于屋脊上的各种吻兽，需要时进行清洗和加固，一些破碎的构件，经过粘接，都回到了它们原来的位置（图三三、图三四、图三五、图三六、图三七）。

苫背是古建筑屋顶的关键工序。一般的传统做法，是在望板上铺一层"护板灰"，然后再铺"掺灰泥"，要分二三层铺，每一层都不能太厚。太和殿屋顶做法有两点不同，一是在木望板上涂刷一层"净油满"，是用桐油等调成的有机材料。然后铺一层较薄的白麻刀灰，再用白麻刀灰铺苫背。东西两

图三三 ◆ 污染严重的割角滴子　　　图三四 ◆ 清洗后的割角滴子

图三五 ◆ 拆卸前的太和殿正吻，用 13 块零件拼接

260 —— 第五章 故宫建筑的保护和延续

图三六 ◆ 粘接破碎的正吻零件

山铲除灰背后发现了这种做法,而且发现两山望板保存得非常好,推测是这层材料的作用,因此给予了仿制。二是苫背和铺瓦都使用白灰,在恢复屋面时,也采用了同样的材料。

当发现太和殿前后两坡屋面的苫背保存较好以后,故宫博物院召集专家研究对策,大家一致同意加以保护,不需要继续拆除。但是太和殿屋顶面积超大,上半部坡度也很陡,老灰背与新的白灰层能否紧密结合,是否可以形成足够大的抵抗屋面瓦下滑的力量,大家建议要进行科学试验。故宫博物院委托中国建筑科学研究院结构研究所进行了

图三七 ◆ 修复完成的正吻零件

老灰背抗滑力量的试验，得出数据，做出了老灰背可以继续使用的结论（图三八）。因此调整了工程方案，增加了老灰背的加固措施。（参阅曹晓丽等《故宫太和殿的灰背加固保护维修》，《古建园林技术》2009年第3期）

最后，工人们完全使用传统技术，进行了屋顶的全面恢复（图三九）。在铺瓦的时候，瓦垄恢复了原来的"喇叭档"（微放射状）。在安排几个工位同时施工的时候，注意了屋顶受力的均衡。在"调垂脊"的时候，保持了原有的曲线，按照房屋勘查时的记录，叫作"垂囊"和"旁囊"（图四〇）。在正脊的"脊筒子"里，按照拆卸前的做法，填充了柞木炭来防潮。只留着正脊中央的一块里面是空的。2007年9月5日，依照传统的仪式，把半个世纪前从这里取出来的铜鎏金宝匣又装了回去，只是增加了一纸文书，简记了这次维修的过程和意义（图四一、图四二、图四三、图四四）。（参阅王俪颖《故宫太和殿维修工程施工纪实》，《古建园林技术》2009年第3期、第4期）

图三八 ◆ 老灰背抗滑移试验

太和殿维修是这次大修的一个标志性工程，它坚定执行了《文物保护法》所规定的"不改变文物原状"的原则，体现了故宫博物院为了贯彻这个原则而拟定的方针：祛病延年、保存原物和最少干预。中国古建筑保护史上，存在"带病延年"和"祛病延年"两种方针，在不同的客观条件下都是正确的，

图三九 ◆ 开始铺瓦工程

图四〇 ◆ 按照原来的优美曲线恢复垂脊

图四一 ◆ 工人们装配正吻

图四二 ◆ 维修前的垂脊兽前段落

——263

当条件允许对古建筑存在的隐患进行全面检修，而技术也完全可能消除病患时，祛病延年就是合理的选择。最少干预是中外文物保护共同遵循的。"最少"的标准，不是单纯指干预范围和强度的大小，是否更换材料等，而是要求所有的干预都应该最必要。

图四三 ◆ 维修后的垂脊兽前段落

图四四 ◆ 合龙仪式

倦勤斋内檐装修修复

倦勤斋位于宁寿宫内廷西路，是乾隆花园最北端的建筑，建筑面积只有224平方米。面阔九间，划分成东五间和西四间。东五间有前廊，室内装修成凹字形平面的仙楼。西四间装修成一个小剧场，靠西山墙中间建一座木制亭式戏台，东侧仙楼做看台（图四五）。多年来故宫博物院对它实行封闭管理，也没有实施技术干预。2001年成为大修工程内檐装修保护的试点，2006年3月，故宫博物院与美国世界建筑文物保护基金会（WMF）共同举办了"倦勤斋保护项目竣工仪式"，在祝贺项目完成的同时，宣布将双方合作扩展到整座乾隆花园，目前工作还在进行中。

倦勤斋项目的成功，首先要归功于贯彻了正确的指导思想，制订了明确的规划目标和工作步骤。项目组编制了《乾隆花园文物保护规划》，规划遵循了《威尼斯宪章》和《保护准则》的原则，确定保护程序、保护目标和行动计划。项目组在每一步程序执行之前都要举行中外专家共同参加的"里程

图四五 ◆ 乾隆花园倦勤斋外景

—265

碑会议"，小结上一阶段的成果，研究下一阶段的工作。而且在每个分项开展前，都对参与者进行培训。规划对乾隆花园的历史进行了详尽研究，发现这座花园的内檐装修是在皇帝的直接指挥下制作的，反映了他的审美取向。他命令两淮盐政官员在江南定制了内檐装修零件，很多江南工艺就此进入皇家，形成乾隆花园内檐装修独特的风格。所以，修复工作为寻找当年的工艺和材料，下了很大的功夫。

让我们欣赏一下修复完成的西四间的空间效果。前檐金柱之间立着木雕仿湘妃竹篱笆墙做隔断，第二间开一个月亮门（图四六）。进门，西面就是小戏台，篱笆墙连接着戏台左侧和背后，转到北墙时，与墙上画的篱

图四六 ◆ 前檐金柱篱笆墙和月亮门

笆墙连成一个整体（图四七）。北墙篱笆墙外也是花园景色，延展着倦勤斋窗外的真实风景。月亮门外有两只仙鹤，一只正在梳理羽毛；还有两只喜鹊，一只落在篱笆墙上，另一只正在朝它飞来（图四八）。顺着湘妃竹拼成的柱子，盛开的藤萝爬到天顶上，透过藤萝的枝叶花束可以看到蓝天。画家用圆形和圆锥形的花束表现藤萝花距离看台的远近，让人体会到立体感，藤萝架一直延展到看台上方，营造了小剧场永久的春天（图四九）。

天顶画和通景画的保护是一大专项。它们都是画在绢上，然后裱糊起来，再贴在软天花上和墙壁上。年代久远，画面早已布满灰尘，从天花木顶格上垂下来，画面有断裂。修复需要把它们揭取下来，在修复室的专用大画案上清洗和修复。绢背后所衬"命纸"必须用传统的材料和工艺制作，同时按照

图四七 ◆ 木造亭式小戏台，篱笆墙外画着牡丹

图四八 ◆ 北墙的通景画

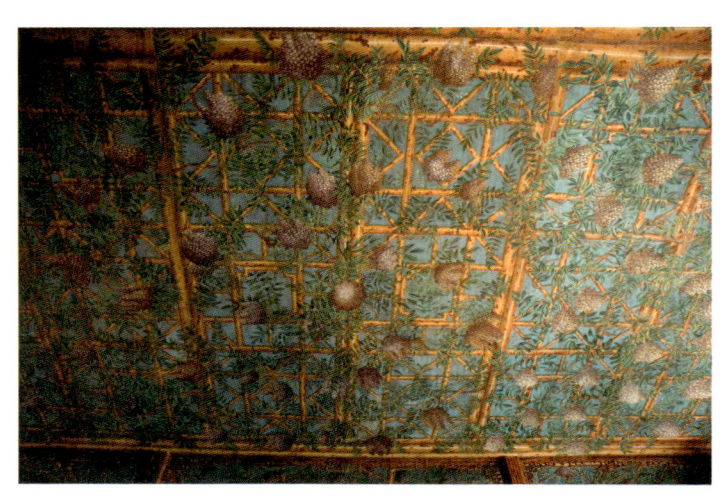

图四九 ◆ 藤萝架天顶画

— 267

保护要求，从材料入手，降低宣纸的酸度。项目组寻访到安徽省，找到了能够生产的工匠，专门生产了一批供修复工作使用的纸张。装裱本是故宫博物院擅长的技术，几十年来，一直有知名专家和不少技术人员从事这项工作。但是这里的画幅太大了，增加了工作难度。当天顶画和通景画回贴时，要平整周正，接缝准确，难度很大。工作组和中美专家一起上手，那激动人心的场面令我至今难忘（图五〇）。

西四间修复还有一项重点，即装修木构件的修复。西四间外观看似是用湘妃竹为主要建材，表达文雅的基调，篱笆墙、戏台、栏杆、看台仙楼上的栏杆罩、落地罩、槛墙，也莫不做成湘妃竹的样子。其实，所有的湘妃竹效果都是用木雕与油漆做出来的。项目组用传统技术修复结构上的问题，同时，检测了油漆材料和污染物的化学成分，筛选有效而无害的化学清洗药剂，实施清洗和封护，最大限度地保护了原材料，保留了原工艺，再现了历史的空间氛围（图五一）。

东五间仙楼使用多种内檐装修构件，如隔扇、木槛墙、栏杆、花牙子、挂檐板等。它们的边框以紫檀为主，普遍使用镶嵌工艺和通常在民间使用的毛竹材料。

在上下两层槛墙的正面，使用了竹黄贴雕。槛墙内部用楠木，外表用紫檀拼贴成卍字花纹做底板（图五二）。所谓竹黄是把毛竹去节去青，经煮、压使平，然后加以雕刻，贴在槛墙上，薄施彩色。下层槛墙贴雕百鹿图，上层为百鸟图，色泽光润，典雅可爱（图五三、图五四）。竹黄本是江南常见的手艺，用来制作笔筒等小型工艺品。倦勤斋这么大型的作品别处似乎还没有发现。

隔扇的裙板、绦环板，还有仙楼中腰的挂檐板，使用了竹丝镶嵌等工艺。所谓竹丝，是将竹篾破成不足1毫米宽的细丝，染成黑、棕、黄三种颜色，拼成1厘米左右宽的竹片，把它们贴在楠木板上，拼成卍字图案。然后再把这块板雕上凹槽，镶嵌乌木的花纹与和田玉（图五五）。隔扇都是"夹纱"做法，即棂花心分成内外两层，两面都是精工细作，中间夹上双面绣的作品，

图五〇 ◆ 通景画回贴

可以从两面观赏。

东五间的修复，故宫博物院从浙江省东阳市请来工艺美术大师进行竹子材料的修复，请江苏省南京市的专家进行丝织品的复制（图五六）。还有一些基本完整的双面绣，加固后使用在原来的位置上（图五七）。

规划确定倦勤斋修复后用于展陈，定向、有限地开放，主要是供专业人员交流，不同于原状陈列，没有放置过多的文物藏品。为实现长期保存的目标，项目组还组织了对倦勤斋室内环境的分析研究，来确定最适宜木结构和装修构件保存的条件。根据研究结论，配置调节和监测温湿度的设备，专门设计了

图五一 ◆ 西四间仙楼看台

269

图五二 ◆ 倦勤斋仙楼二层

图五三 ◆ 竹黄贴雕百鹿图

图五四 ◆ 竹黄贴雕百鸟图

空调,消除霉菌滋生的条件。至于展陈的照明配置,研究人员认为应该再现以自然照明为主的历史氛围,新加的照明只是补充,并使用无紫外线的光源。最后,项目组于2008年编写完成了工程报告,并公开出版,达到全民共享珍贵文化遗产的目的,圆满结束了倦勤斋保护项目。

乾隆皇帝曾经六下江南,艺术修养极高,在他亲自指挥下曾经建造了多座园林,但是连内檐装修都完整保存下来的,乾隆花园是唯一的

图五五 ◆ 仙楼挂檐板的竹丝镶嵌做法

图五六 ◆ 工艺美术大师在进行竹丝镶嵌隔扇的修复

图五七 ◆ 乾隆时期的双面绣原件

一座，它是"乾隆风格"的代表作。现在倦勤斋的经验推广到乾隆花园，进展也十分顺利，它必将成为故宫博物院全面保存文化遗产，延续其价值真实性和完整性的典范。

故宫古建筑彩画保护

故宫古建筑彩画的制作工艺分两大步。第一步是在木构件上制作地仗，用桐油、骨胶、血料等混合砖灰、石灰、面粉，制作成粘接材料，把麻丝、苎布等紧密包裹在木构件的外表面。地仗可以保护裸露的木构件，特别是清代多使用拼接的材料，地仗既起到保护作用，也使构件外表面平整，容易施加油漆和彩画。第二步是彩画，彩画的图案，预先在牛皮纸上画成"谱子"，然后用针在谱子上扎孔，形成镂空的花纹，用白粉把图案拍在完工的地仗表面。用骨胶调制颜料和沥粉，沥粉装在有弹性的工具里，靠人工在画面上挤出凸起的线条。然后刷上大的色块，工匠们用画笔描画细节。用金的彩画要使用专门熬制的"金胶油"，把金箔贴在画面上。

— 271

古建筑彩画的老化和污染从颜料开始，常见的是褪色，颜料层开裂，起甲，脱落，再严重则地仗层空臌开裂，最后与木结构完全剥离。以前，仅颜料层发生问题时可以"过色还新"，即在原地仗上再绘制彩画。如果地仗发生小问题还可以修补，大问题就只能更新了。但是按照文物保护的要求，彩画处理成为古建筑保护中的一大难题，关键是彩画自身的生命周期远远短于木结构，但是如果要更新它，又会遭到质疑。在 20 世纪 70 至 80 年代，被批评是给老人化靓妆。所以当时流行在新彩画的颜料中添加一些东西，使颜色不那么鲜艳夺目，叫作"做旧"。90 年代以后，彩画更新被质疑是破坏了文物的真实性，大家开始讨论彩画更新的合法性。现代保护技术在中国取得发展以来，更多人探索把新技术引入彩画保护工作中，使它们更长久地留存在原来的地方。

故宫是中国清代官式建筑彩画的宝库，具有品类的丰富性和时代的连续性。故宫博物院也一直在研究和探索如何保护它们。几十年来，形成了比较成熟的做法：1. 内檐彩画一般保存状况尚可，除非发生需要抢救的问题，都没有进行技术干预。2. 建立了外檐彩画维修工程的程序：对彩画进行勘查、记录、测量，必要时描、拓实样；与历史文献进行对照研究，明确其年代与价值；进行方案设计；履行专家审核、获得批准等管理程序；按照传统技术实施；检查验收。3. 形成了"复原""复制""整修"三种方案。"复原"是一种更新方案，需要评估彩画的价值和保存状况，按照保护目标的要求，根据缜密研究的结果，把彩画恢复到历史上曾经有过的面貌。1959 至 1960 年，在对前三殿、后三宫及其门庑进行彩画维修工程时，专家认为现存彩画是袁世凯为复辟帝制时匆忙绘制，改变了故宫应有的面貌。而三大殿内檐彩画还是清代原作，应该按内檐制度，把它们移植到外檐来。复原意味着对现状的改变，必须要有坚实的研究做基础。"复制"也是一种更新方案，应用在现存彩画及地仗已经损坏到完全丧失应有功能的地方。复制要对原彩画进行描拓，详细记录原彩画的色彩配置，使新彩画成为老彩画的复制品。"整修"用在老彩画发生比较严重的损害，但是整体还可以维持的情况下，只进行局部的整理和修补，如局部地仗的回贴、局部地仗补作并补齐彩画、局部颜色

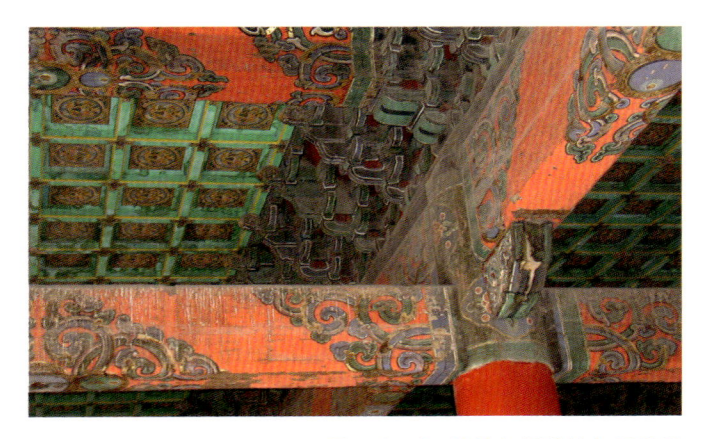

图五八 ◆ 清洗加固前的午门彩画

图五九 ◆ 单披灰地仗和颜色剥落比较严重

图六〇 ◆ 清洗加固适当补色后的彩画

的还新。故宫博物院也进行过用化学药剂进行彩画加固和封护的试验，但是缺少总结，没有形成结论性意见。4.故宫博物院组织专业人员对不同类型的建筑彩画进行临摹，绘制了200余幅彩画小样，妥善保存。

大修工程中，彩画工程采取了"个案分析"的处理方式，根据建筑彩画价值评估和保存状况决定保护方案，基本延续了上述三种做法，同时也进行了少量现代技术修复的试验。彩画保护的出发点和评价标准，不是考虑外观的新或旧，新复原和复制的彩画，一般不"做旧"，它们会在十年时间里自然变旧。

对内檐彩画，继续以原状保存为主的方针，在需要时进行了补齐加固。如午门内檐彩画。它是故宫彩画的一个特殊类别；顺治四年作品，时代较准确；单披灰地仗。现状保护尚好，但是被鸟粪和尘土污染，地仗黏结力不足，连同彩画一起剥落比较严重（图五八、图五九）。为了使彩画更长期地保存下来，实施了除尘、清洗、回贴、局部补色、封护加固，为合理利用室内空间准备了条件（图六〇）。

图六一 ◆ 维修前太和殿的外檐彩画

太和殿外檐彩画采取了复原的方案。本次工程之前的外檐彩画是1959年绘制的，已经经过了40余年，色彩普遍脱落，地仗也显现裂纹，贴金脱落黯淡（图六一）。而且对比发现，当初虽然是从内檐仿制过来，但是各间、各构件上下左右应有的颜色搭配关系与原作并不完全一致，所以决定更新复原。为了贯彻设计意图，故宫修缮中心请张德才老工程师进行指导，他在故宫博物院从事彩画工作50多年，有高超的手艺和丰富的经验。上架大木地仗保留了原有的"压麻灰"，在其上找补和新做一布五灰。张先生特别抓紧对内檐彩画进行拓样和起谱子的环节，避免纹样带有个人的臆测和手法，严格做到按照依据复原。复原完成的彩画，不仅与内檐彩画的"规矩"完全吻合，而且纹饰的细节忠实地反映了清代早期的风格（图六二、图六三）。

图六二 ◆ 刚刚竣工时的太和殿外檐彩画

图六三 ◆ 太和殿内檐彩画的枋心龙纹

274 —— 第五章 故宫建筑的保护和延续

寿康宫年久失修，外檐彩画色彩脱落殆尽，地仗大部分与木骨剥离，一部分已经脱落，只有专业人员还可以勉强辨认出它是龙凤和玺彩画（图六四）。寿康宫外檐彩画采取了复制方案，即描拓原彩画沥粉的纹饰作为起谱子的依据。工程在实施前，把保存还比较完整的彩画连同地仗层，从木骨上剥离下来，保存到库房中，作为标本长期保存（图六五）。

大部分建筑外廊里的彩画，保存状况虽然不如内檐，但较外檐要好得多，所以大多数采取了整修方案。钦安殿东山下檐的大小额枋彩画损伤严重，修缮工程只对它们进行了复制，整座大殿的其他外檐彩画保存较好，均只进行了除尘和局部加固，这也是整修的一种方式（图六六、图六七、图六八）。

贞度门是清光绪十五年（1889）火灾后重建，估计当时工期紧张，大木构件没有充分干燥就实施了油漆彩画工程，所以地仗与木骨剥离的现象非常普遍（图六九）。外檐彩画尤其严重，为了防止它们彻底从建筑物上脱落，只好用薄铁条把彩画连同地仗钉在木材上，对木材起不到保护作用，也丧失了美化作用（图七〇）。维修工程对它的外檐彩画进行了复制，内檐彩画进行了保护修复。保护修复工作由陕西省文物保护研究院承担，他们记录分析

图六四 ◆ 维修前的寿康宫外檐彩画

图六五 ◆ 竣工后的寿康宫外檐彩画

图六六 ◆ 寿康宫前檐廊内彩画

图六七 ◆ 钦安殿东山下檐大小额枋复制了彩画

图六八 ◆ 钦安殿后檐额枋除尘与局部加固

图六九 ◆ 贞度门内檐彩画与木构件"离骨"

图七〇 ◆ 贞度门外檐彩画勉强留在原来的位置

图七一 ◆ 贞度门内檐彩画的修复：穿插枋回贴后清洗效果的对比

278 —— 第五章 故宫建筑的保护和延续

彩画病害的现象、成因，分别采取措施，对症施治，清除彩画表面污染物，如鸟粪、霉斑和灰尘，加固、回贴粉化、开裂、起甲的颜料层，软化、回贴剥离的地仗，最后整理修复后画面的效果，使之协调（图七一）。

故宫外檐建筑彩画"复原"和"复制"保护方案只是个案，它的合理性是基于故宫的特殊性。首先是故宫彩画遗存的丰富性，使得如果需要采取复原的方案，比较容易取得确切、真实的依据，避免个人的臆造。其次是彩画遗存年代相对较短，在北京地区，清代官式建筑彩画技术基本上得到传承，传统材料也基本可以找到，无论复原还是复制，基本可以做到"原材料"和"原工艺"。最后，故宫建筑的审美特征不排斥这两个方案。这些特殊性决定了，正确的复原和复制对延续故宫古建筑价值的真实性和完整性、传递历史信息，是一种积极的措施。这与我国早期或者珍稀建筑彩画的传统技术和材料早已失传、不可能再现的情况，有着根本的区别。让具有历史价值的彩画更长久地保存在原来的位置，也是我们追求的目标，只是现在还没有成熟的技术，需要继续探索。

北京会议与《北京文件》

世界遗产委员会自2003年第27届大会以来，就对北京的故宫、天坛和颐和园等三处世界遗产地面临城市发展的压力、缺少必要的缓冲区等问题表示关切。而恰恰在北京奥运会之前，这三地又都进行着大规模的维修工程。在第30届大会上，有一份报告称这些工程是"仓促进行，缺乏文献依据和清晰的原则以指导修复工作"。因此委员会对我国提出了七点要求：1.澄清这些地点修复工作所采取的原则；2.澄清为何修复工程仓促进行；3.澄清修复工程所使用的文献依据，包括建筑彩画的文献依据；4.在故宫保护总体规划中纳入风险准备和旅游管理的内容；5.为颐和园和天坛世界遗产制订适当的保护总体规划；6. 与其他东亚国家合作，研究在保证世界遗产真实性的同时对建筑彩画进行修复的课题；7. 组织关于亚洲文化遗产地的"突出的普遍价值"、真实性和完整性的区域研讨会，并评估在东亚地区实施国际普遍采用的保护原则的重要性。委员会的要求在国内一度误传为三个遗产地点受到"黄牌警告"，国家文物局及时做了解释。

按照委员会的要求，国家文物局、国际文化财产保护与修复中心、国际古迹遗址理事会和联合国教科文组织世界遗产中心于 2007 年 5 月 24 日，在北京召开了"东亚地区文物建筑保护理念与实践国际研讨会"。故宫博物院承办了这次会议。来自国际组织和 17 个国家的 60 余位专家出席了会议。代表们考察了三个遗产地的保护工程（图七二），经过紧张的讨论，形成了两个文件：第一个是《北京文件——关于东亚地区文物建筑保护与修复》，5 月

图七二 ◆ 北京会议代表在太和殿工地听取情况介绍

280 —— 第五章 故宫建筑的保护和延续

28日晚10点签字。最初刊登在《中国文物报》上。收入这四个机构主编的《国际文化遗产保护文件选编》时翻译为"东亚地区文物建筑保护理念与实践国际研讨会《北京文件》"。第二个是《关于北京世界遗产地保护与修复的评价与建议》，会议上没有来得及最后完成，会后经世界遗产中心润色后提交。故宫博物院的中文翻译本，发表在《中国紫禁城学会论文集》（第六辑）上。这两个文件，以下分别简称为《北京文件》《评价建议》。

《评价建议》归纳了一份"关于委员会要求提供的总体意见"。"与会者认可了由《中华人民共和国文物保护法》和《中国文物古迹保护准则》（2002年）所确定的国家级框架，这个框架为保护中国文化遗产的真实性提供了应有的重视、准确的定义和严格的规定。""北京当前在世界遗产保护方面采用的做法，证明了从明清以来几个世纪中发展而来的建筑传统，反映了流传至今的遗产的持续性和多样性。我们承认，有关负责部门和遗产地管理者成功地根据保护政策和战略的连贯和共同的基础进行工作。上述单位的许多问题已得到了适当和应有的关注。"回答了世界遗产委员会对于修复工作所采取的原则、修复工程仓促、修复工作缺乏依据的质疑。

代表们通过实地参观来了解中国同行们的保护工程，赞同结构安全是决定修复程度的关键考虑因素，赞同整修损毁严重的地面砖、拆除水泥砖。他们观察到清洗后的琉璃瓦和新瓦屋顶呈现了更加光亮的外观，但是在北京的环境中，这种亮光将在相对短的时间内褪去。代表们还赞同原状保护内檐彩画的政策和小心的做法，"认为它们的真实性得到了很好的尊重"。

代表们了解到外檐彩画对建筑物的保护作用，由于暴露在恶劣的环境下遭受严重的风化，通常进行过定期的修复。代表们提出两条建议，"需要试验使用其它处理方式对其进行保护的可能性，这样，重要的历史信息将能够作为活着的文献在原位得到保留"，"希望对传统工艺、技术和材料进行进一步的研究，以便在未来继续改进修复的效果"。

《评价建议》的最后，代表们给三个世界遗产地点未来的工作提出十点建议：

1. 政府应考虑就保护和修复工作出版详细的报告，提供给文保专业人士和研究人员；

2. 可对信息管理系统进行改善，以保证在现场工作的中国及其他国家的文保专业人士及相关研究人员能够很容易地取得信息；

3. 中国政府应继续工作，将风险准备和旅游管理纳入故宫保护总体规划，并完成颐和园和天坛保护总体规划的制订；

4. 在实施必要的修理和修复时，关于尽可能多地保存历史遗迹的现有政策应得到保持和加强，以保证遗产地持续的真实性；

5. 石质部分的保护应追踪这一领域最新的发展成果；

6. 关于建筑彩画，应保持和加强现有政策，以尽可能多地保护历史资料，保留代代传承下来的传统做法；

7. 还应加强研究项目，以便更好地理解与这些建筑彩画相关的材料、工艺和技术，研究工作可以包括从每个遗产地的不同地点广泛地采集样本，以保证对整个遗产地有很好的理解；

8. 如果上述研究项目成为一个更大的亚区域项目的一部分，将会更加有效。因此，可以探讨实施世界遗产委员会建议的这样一个亚区域合作项目；

9. 由于高层建筑对颐和园的视觉统一性具有潜在的不利影响，应对必要的保护周边环境的规划机制给予关注；

10. 关于故宫，应关注其周边近距离范围内的那些历史性建筑，它们可以成为故宫作为文化遗产地的总体规划的一部分。

应该说，代表们在这么短的时间里，通过工地考察、会议讨论，得到的认识和提出的建议是比较全面、专业的。石质文物保护是我们亟待解决的问题，维修信息管理与及时发布、出版工程报告，更是我们工作的长期欠账。代表们的建议让我们看到自己与国际现代文物保护运动的差距。

《北京文件》是一个理论文件，总共 12 节：背景；保护原则；文化多样性与保护过程；档案记录与信息资料；真实性；完整性；保养和维修；木结构油饰彩画的表面处理；重建；管理；展陈和旅游管理；培训。对东亚地区文物建筑保护应该遵循的理念做了尽可能全面、准确的新的归纳，对保护实践的应有程序和环节做了系统的表述。它是对世界遗产委员会第七点要求的回应，一方面说明了东亚地区文化遗产保护工作存在自己的特点，同时也可以适应和执行国际现代文物保护运动的基本原则。这份文件高屋建瓴，足以指导东亚地区的文物建筑保护实践，应该在中国得到普及。

《北京文件》并没有重复现代保护的一些重要概念，而是用"会议回顾"的方式，重申了《实施公约操作指南》《威尼斯宪章》《奈良真实性文件》《中国准则》《西安宣言》等文件中已经包含的原则，然后把这些概念延伸到文物建筑保护的领域。

关于"真实性"，特别强调"任何维修与修复的目的应是保持这些信息来源的真实性完好无损。在可行的条件下，应对延续不断的传统做法予以应有的尊重，比如在有必要对建筑物表面重新进行油饰彩画时。这些原则与东亚地区的文物古迹息息相关"。

关于"完整性"，对于保护工作来讲，"它应考虑到体现遗产重要性和价值所需的一切因素。对一座文物建筑，它的完整性应定义为与其结构、油饰彩画、屋顶、地面等内在因素的关系，为了保持遗产地的历史完整性，有必要使体现其全部价值所需因素中的相当一部分得到良好的保存，包括建筑物的重要历史积淀层"。

《北京文件》解释了现代保护运动的特征，"现代保护理论可以被视为涵盖决策过程的方法论，这一决策过程从认知遗产资源的重要性和价值开始，并构成采取相应保护处理的依据"。"考虑到各个遗产地的文化和历史特性，修复工作不能不经过适当的论证和认知，就按照固定的应用方式或标准化的解决方法进行。"

《北京文件》关注和尊重不同国家和地区的文化特征。"文化遗产的根本特征是源于人类创造力的多样性"，文物保护"采取审慎的态度至关重要。在修复过程中必须充分认识到遗产资源的特性，并确保在保护和修复过程中保留其历史的和有形与无形的特征"。

　　北京会议的召开和两个文件的发布对于故宫博物院是一件大事，对中国的文化遗产保护事业也是一件大事。会议文件是中外专家充分交流的成果，是东西方建筑遗产保护理论的一次碰撞与融合。文件所表达的现代保护运动的核心观点，吸收了西方多年的理论成果，也吸收了中国和东亚地区的经验。特别是在真实性定义方面，从对文化遗产的评估标准，延展到文化遗产保护领域，成为保护活动的宗旨和目标，是一个巨大的进步。故宫博物院为这样一个重要的国际文件的制订做出了贡献，而文件必将为指导故宫古建筑的延续发挥重要的作用。

后记

2020年是故宫建成600周年，也是故宫古建筑"整体维修"的收官之年。我写作了《故宫营建600年》以为纪念，同时也期待本书能够起到更广泛地传播我国古建筑所取得的文化成就，和具有中国文化基因的古建筑保护维修实践与理念的作用。

故宫建筑不是孤立的存在，它是北京老城的中心，在中国传统文化体系中，它也是京城的政治、文化核心。所以写故宫建筑不能不写京城的建设和布局。从元大都城到明清北京城，是一个历史上连续发展、地理上从北向南展开的历史画卷。我从文化遗产的整体性出发，设置了本书的叙事结构。

12世纪中期金代的中都建设，对燕京漕运水源进行开发，奠定了北京水源水系的布局。13世纪下半叶，在忽必烈主持下，以金代离宫琼华岛为中心进行了元大都城建设。郭城的四至今天还可以在地图上画出来：北以北三环以北的元大都城垣遗址公园为界，东、西以二环路及其迤北延长线为界，南以今东西长安街南缘为界。元大都城以宫城（大内）为核心，宫城之西是烟波浩渺的太液池，再西为太子宫和太后宫。这三宫之外建有皇城。郭城内布置了纵横交织的棋盘格式道路网，街巷间设置衙署、太庙、社稷坛、仓库、寺院，划定居民住宅区，沿街设市。对元大都中轴线与明北京中轴线的关系，元代营造应用尺的长度等，学术界一直没有停止讨论，本书采取的是明代延续了元中轴线的论点。元大都中轴线是宫城的南北延长线，北自中心台（一说鼓楼）开始，南至丽正门外，总长3800米。明永乐时将郭城南墙向南延展至今正阳门一线，中轴线南延800米。16世纪中期，嘉靖皇帝下决心修建北京外城，出于实际需要，只建南边一面，形成北京老城凸字形的平面，使明北京城面积超过元大都，中轴线总长达7.8千米。

明代都城的选址和营建，经过洪武、永乐两代君主的努力，留下了南京和北京两座城市，也留下许多令学术界反复讨论的问题。我力争用当时的文献，解释这些疑问。比如元大内的拆毁时间，燕王府是否位于元大内，永乐营建工程的起始与分期等。在永乐皇帝主持下，元大都城成功地改造为明京师，规划和统筹取得了极其伟大的成就。领导工程的军政官员、全国各地工匠和军工、民夫付出了艰苦卓绝的努力和高昂代价，成就了中国古代建筑的又一高峰，留给我们一批珍贵的建筑与文化遗产。本书专设一节，介绍从永乐到正统时期建设北京的功臣们。

本书对宫城的描述从它的格局开始。无论在文献中有多少"说法"，满足使用需求才是根本。中国古代皇帝无一例外有两个身份：首先是国家元首，其次是家族族长。明代朱元璋废除宰相制度后，皇帝还要扮演政府首脑。

作为国家元首，皇帝要对天、地、祖先、社稷、至圣先师等虔诚地表达崇敬之情，因此建天坛、地坛、日坛、月坛、太庙、社稷坛、先农坛、孔庙，亲自祭祀或者遣官祭祀。在宫城里的中轴线前段，建午门、奉天门和奉天殿（清代称太和门、太和殿），以这几座建筑及它们之前的广场作为举办国家盛大典礼的会场。

作为政府首脑，皇帝要亲自听政和处理政务。因此在皇城南门外按照左文右武的原则建设五府六部，表达皇帝"向明而治"的权威地位，也方便大臣们上朝。宫城内，南部设置外朝区域，包括午门、奉天门（清太和门）、奉天殿，东侧的左顺门（清协和门）和文华殿，西侧的右顺门（清熙和门）和武英殿，作为大朝会和皇帝日常处理公务的场所。还在附近设置内阁等政府办事机构。

作为皇家家长和家族族长，在宫城北半部安置了皇帝的家园，称内廷。中轴线后段的乾清宫、交泰殿和坤宁宫，既是帝后寝宫，也是举办家族内部聚会的厅堂。皇帝的母后居住在宫城东西两侧清静的地方。众多的嫔妃和皇子们，分散居住在中轴线两侧的东西六宫、东西五所等处。作为皇帝秘书和服务机构的内官衙署，也安排在内廷附近。

理解了这些基本功能的安排，也就掌握了故宫古建筑布局的钥匙。

指导宫殿空间位置关系的原则有着悠久的传统，战国时期的《考工记》做了记录，后代儒家奉为经典。它把宫城建筑与空间分作门、廷、朝、寝、宫五大类别，规定了它们的层次、位置与功能，形成了"五门三朝""前朝后寝"的制度。明清故宫建筑格局与周礼高度吻合，而且朝、寝、宫表现为三种建筑等第和三种性格：前三殿宽阔而雄厚，后三宫严谨而收敛，东西六宫亲切而深邃。这种等第的表达和性格的塑造，生动展示了故宫的建筑空间艺术。

中国古代建筑以木结构建筑为主流，经过数千年发展，构造与造型早已经十分成熟，成为世界建筑中一个独立、连续发展、具有鲜明特色的体系。明代建筑是其中重要的一个阶段。明代建筑将承重结构简化为"柱梁"系统，弱化了斗栱的承重作用，逐渐转化为屋顶下的装饰性构件，表现建筑等级与功能。本书以故宫建筑为例，尽可能通俗地介绍古建筑常识、造型艺术特征，引导读者欣赏紫禁城建筑空间的构成和艺术，希冀对普及古建筑文化发挥一些作用。

从1912年到1925年，故宫完成了从封建皇宫向国家级博物馆的转化。恰在这个时期，中国的文物古迹保护意识也逐渐树立起来，1948年11月，实现了故宫的完整保护。近一个世纪来故宫博物院为保护和管理好故宫古建筑及其藏品，做出了不懈的努力，取得举世瞩目的成就。如何为子孙后代长期保护故宫，把它所蕴含的丰富文化遗产价值保存下来，传承下去，不仅是故宫博物院的历史责任，也受到全国人民甚至世界的关注。本书最后介绍了故宫古建筑保护的历史进程，特别是2002年以来的大修工程第一阶段的情况，作为收尾。

本书有240余幅插图，包括古代的舆图、现代地图、历史地理及古建筑的复原图、历史照片和新照片，舍此读者无从想象城市的规划布局、建筑群的空间部署以及建筑物的艺术形象，所以它们也是本书内容的重要部分。这些图有的复制自古代书籍，有的转引自当代学者出版的著作，也有个别我手绘的草图，请故宫博物院古建部的杨新成研究馆员帮助我绘成规范的图纸，他还提升了若干翻拍老照片的清晰度。这些转引的资料都注明了来源，我在此一并表示衷心的感谢。

本书2020年出版以来，获得了很高的荣誉，包括"2020年度'中国好书'""2020年度全国文化遗产十佳图书""第十六届文津图书奖推荐图书""第八届中华优秀出版物提名奖"等。当然这是出版社与我共同努力的结果，可我仍不免喜出望外。2025 年是故宫博物院建院百年。作为故宫人，大庆之年应该有所表示，所以我欣然接受了中信出版社的新版邀约。但时间和史料积累还不足以让我对全书进行增订，只能修订了一些不严谨的地方，特别是更正了个别插图说明的错误。

在本书新版出版之际，我要感谢中信出版社通过《故宫营建 600 年》的选题；也感谢他们派出的卢自强、王雪、肖雅馨、徐芸芸编辑团队，她们高效的工作使我"让本书拥有更多读者"的愿望很快得以实现。

2024 年 5 月 12 日

图书在版编目（CIP）数据

故宫营建 600 年：珍藏版 / 晋宏逵著 . -- 北京：中信出版社，2024.7
ISBN 978-7-5217-6619-6

Ⅰ . ①故… Ⅱ . ①晋… Ⅲ . ①故宫－历史－北京 Ⅳ . ① K928.74

中国国家版本馆 CIP 数据核字 (2024) 第 102324 号

故宫营建 600 年（珍藏版）
著者：　　　晋宏逵
出版发行：中信出版集团股份有限公司
　　　　　（北京市朝阳区东三环北路 27 号嘉铭中心　邮编　100020）
承印者：　　北京雅昌艺术印刷有限公司

开本：787mm×1092mm 1/16　　印张：19　　字数：260 千字
版次：2024 年 7 月第 1 版　　　　　　印次：2024 年 7 月第 1 次印刷
书号：ISBN 978-7-5217-6619-6
定价：138.00 元

版权所有·侵权必究
如有印刷、装订问题，本公司负责调换。
服务热线：400-600-8099
投稿邮箱：author@citicpub.com